AMERICANA

DU MÊME AUTEUR

ROMANS

Un long blues en la mineur (Gallimard, Page blanche, 1995)
Galla Placidia (Ramsay, 1987)
Moi, Attila (Casterman, Moi, mémoires, 1990)
Restituta et le Cœur-Roi (Casterman, Passé Composé, 1991)
Thorvald, viking des Orcades (Casterman, Passé Composé, 1993)
Catfish Blues (Seuil, 1997)
Des crocs dans la nuit (Flammarion, Castor Poche, 1998)
Le Dernier Chant de l'Inca (Gallimard, Page Blanche, 1999)
À Chicago, un harmonica sanglote le blues (Seuil, 2000)
Tupac Amaru/La Révolte des Incas (Flammarion, Castor Poche, 2002)
La Ballade de John Henry (Rageot, Cascade, 2003)

NOUVELLES

Le Mendiant généreux (Sixième Continent, 1987)
Grisaille (Sixième Continent, 1988)
Blues story 1962 (Terres d'Encre, 2000)

ESSAIS

La Grande Encyclopédie du blues (Fayard, 1998)
Pour une mediathèque (Promodis, 1981)
Le Blues (PUF, Que sais-je ? n°1956, 4ᵉ éd. 1999)
La Country Music (PUF, Que sais-je ? n°2134, 2ᵉ éd. 1995)
John Lee Hooker (Limon, 1991, réédition CLARB, 2001)
L'ouest mythique (collab.) (Autrement, 1993)
Les Incontournables du Blues (collab.) (Filipacchi, 1994)
Les Incontournables de la Country (collab.) (Filipacchi, 1995)
Dictionnaire de la chanson mondiale (collab.) (Larousse, 1996)
Le Rock. Dictionnaire illustré (collab.) (Larousse, 1997)
Le Guide de la Country Music et du Folk (co-auteur J. Brémond) (Fayard, 1999)
Encyclopaedia Universalis (collab. régulière) (Universalis, 2000-)

DISQUES

Herzhaft Blues (Blues n' Trad, 1991)
Herzhaft Blues : Never Been Plugged (Blues n' Trad, 1994)
Herzhaft Blues : Two Brothers and a Pick (Blues n' Trad, 1996)
Herzhaft Blues : The Herzhaft Special (Blues n' Trad, 2000)

Gérard Herzhaft

AMERICANA

Histoire des musiques de l'Amérique du Nord

De la Préhistoire à l'industrie du disque

Fayard

© Librairie Arthème Fayard, 2005.

INTRODUCTION

Les musiques de l'Amérique du Nord sont la synthèse d'un patchwork d'influences venues de tous les continents : de l'américain lui-même d'abord, bien qu'on l'oublie souvent, négligeant le très grand rôle joué par les Amérindiens dans les musiques américaines ; de toutes les nations d'Europe ensuite ; bien sûr d'Afrique à travers le trafic d'esclaves ; mais aussi d'Asie (Chinois, Japonais, Philippins) et d'Océanie (Hawaï notamment).

Comment et dans quelles proportions ces sons, chants, danses, musiques populaires, rituelles et religieuses se sont-ils amalgamés pour former le vaste corpus des musiques populaires américaines ? Et cela du Grand Nord arctique jusqu'au Nord du Mexique, car les frontières actuelles qui divisent en trois l'Amérique du Nord sont très récentes et très artificielles. L'influence hispanique est importante de Mexico à San Francisco, en Floride et en Alabama ; l'influence française considérable de La Nouvelle-Orléans à la Gaspésie et à l'Acadie à travers la vallée du Missouri ; les nations indiennes ne connaissaient bien sûr pas les limites géographiques des États actuels mais se divisaient en aires linguistiques et culturelles emboîtées les unes dans les autres, de l'Arctique à Mexico. C'est pour cela que nous avons arrêté notre étude à la zone géographique de la

AMERICANA

capitale du Mexique actuel. Cette division peut paraître artificielle mais, au-delà de Mexico et de la zone d'influence nahuatl, d'autres aires de culture amérindiennes mais aussi hispaniques prennent le pas, qui n'ont pas eu beaucoup de prolongements sinon de contacts avec le domaine de notre ouvrage, le reste de l'Amérique du Nord.

Ce livre, fruit de décennies de recherches, de confrontations, de réflexions et de publications, se propose de retracer, à travers sa musique, la singulière aventure nord-américaine, des origines au développement de l'industrie du disque et de la radio. Celles-ci, en faisant pénétrer les musiques enregistrées dans les zones les plus reculées, ont répandu et accéléré la création des œuvres commerciales que l'on connaît bien aujourd'hui (music-hall, variétés américaines, comédie musicale, jazz, folk music, country music, cajun, blues, spirituals et gospel, tex-mex, rancheras etc.) mais qui sont avant tout le résultat de plusieurs siècles de confrontations, d'échanges, de commercialisation, de juxtapositions et de fusions entre des traditions originaires des cinq continents. Ce vaste faisceau d'influences venues du monde entier explique aussi largement l'attrait mondial de l'une ou de l'autre des musiques surgies de ce melting pot nord-américain, véritable world music avant la lettre mais dans laquelle chacun, consciemment ou non, reconnaît quelque part de lui-même. Ce mélange bien involontaire de sons, de modes, de rythmes et de textes est né dans la douleur et la confrontation plus que dans la concorde et l'amitié entre les peuples. Mais le résultat est là : c'est l'harmonie réalisée dans ce creuset qui a séduit les auditeurs à travers le monde.

*Le développement des principales musiques commerciales venues de traditions ethniques est bien documenté, notamment dans les ouvrages parus chez Fayard (*La Grande Encyclopédie du Blues*; *Le Guide de la Country Music et du Folk*; *Encyclopédie du Rhythm & Blues*;*

Introduction

Histoire du negro spiritual et du Gospel) *et bien sûr chez d'autres éditeurs en Europe et en Amérique du Nord. Afin d'éviter les redites et pour conserver à notre ouvrage son but premier – retracer la synthèse des origines des musiques nord-américaines – nous avons arrêté le champ d'étude d'Americana au début du xxe siècle ou, au moins, à 1914 (moment où l'industrie du disque change toutes les données), avec cependant quelques exceptions pour certains domaines musicaux qui n'ont jamais fait l'objet en France de publications en volume, telles les musiques amérindiennes, tex-mex ou irlando-américaines, que nus avons traitées plus complètement dans* Americana, *c'est-à-dire quelque peu au-delà de la date convenue de 1914. De la même façon, nous terminons notre ouvrage par une étude plus avancée dans le temps (jusqu'aux années 1930) des enregistrements, commerciaux ou de terrain des musiques traditionnelles « ethniques » américaines car c'est d'abord à travers cette vaste œuvre discographique que nous les connaissons le mieux.*

Pour des raisons évidentes, cet ouvrage ne traite pas des développements américains des musiques classiques européennes après le xixe *siècle, qui nous semblent appartenir à une autre étude.*

Il est difficile de remercier tous ceux qui nous ont guidé, influencé, volontairement ou non, aidé d'une façon ou d'une autre à travers les années dans ce projet ambitieux. Ils sont des dizaines et nous préférons n'en citer aucun pour ne pas en oublier un seul. Nous exprimerons quand même un remerciement particulier à Lise Brière de l'Isle qui a su, comme toujours, soutenir ce long et difficile travail et supporter nos absences, nos doutes et nos humeurs. Nous aurons aussi une pensée particulière pour Philippe Jacquin avec qui nous avons un temps partagé ce projet et qui nous a hélas quitté trop tôt. Son immense culture, sa profonde connaissance des cultures nord-américaines, sa

AMERICANA

disponibilité, sa générosité auront été déterminantes pour la conception de cet ouvrage. Tout au long de la collecte d'informations et de la rédaction, Philippe Jacquin est demeuré constamment une de nos principales sources d'inspiration. Où qu'il soit aujourd'hui – probablement en train de fumer le calumet de la paix dans le pays des chasses éternelles avec ses nombreux amis amérindiens – nous espérons que ce livre lui parviendra et lui fera plaisir.

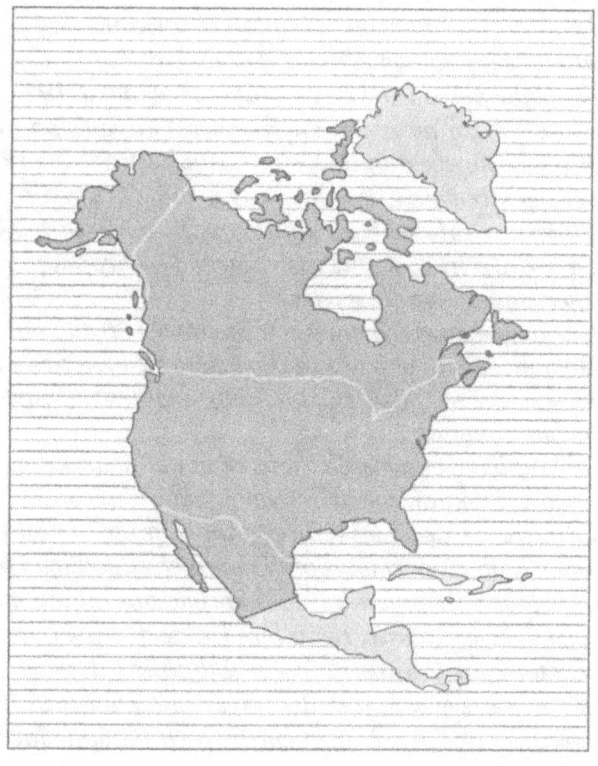

Carte 1 : En gris plus sombre, limites géographiques couvertes par cet ouvrage.

CHAPITRE PREMIER

LES MUSIQUES DES INDIENS D'AMÉRIQUE DU NORD

Si on reconnaît généralement sans problème l'apport culturel et donc musical des premiers habitants de l'Amérique au sud du Rio Grande (nombre d'études mexicaines, dans un réflexe nationaliste qui se revendique des cultures indigènes, systématisent peut-être même trop l'influence des peuples indiens), la situation est fort différente dans le nord. L'apport des traditions orales et musicales indiennes y a longtemps été très sous-évalué. Comme si les grandes civilisations amérindiennes avaient subitement disparu sans laisser de traces avec l'arrivée des Européens au XVIe siècle.

L'histoire est évidemment totalement différente. Les premiers habitants de l'Amérique du Nord sont certainement venus d'Asie. Et cela en plusieurs vagues successives et sans doute d'aires géographiques différentes : l'Extrême-Orient sibérien, la Mongolie et probablement aussi (compte tenu des réminiscences mythologiques recueillies de part et d'autre de l'océan Pacifique) les hauts plateaux himalayens. La plupart des peuples amérindiens conservent dans leurs légendes fondatrices le souvenir mythifié d'un long et éprouvant passage dans la glace et la nuit (tels les Cherokees), épreuve voulue par les divinités pour tester et fortifier les hommes.

AMERICANA

Selon les recherches les plus récentes, le détroit de Bering aurait été d'abord asséché puis recouvert par les glaces, rendant possible pendant longtemps un passage humain sans navigation. Les premiers à tenter le passage du détroit de Bering l'auraient fait il y a environ 25 000 ans, les derniers – les Inuits, probablement par voie maritime – il y a 5 000 ans. Les Inuits qui peuplent le Grand Nord canadien ont des différences génétiques et culturelles importantes avec les autres Amérindiens du Canada. Ils ont d'ailleurs reçu d'eux le nom péjoratif d'Eskimos, ce qui veut littéralement dire dans la langue cree « mangeurs de viande crue », donc des « sauvages » pour les habitants déjà installés en Amérique depuis longtemps.

Les traditions culturelles – et notamment les musiques – des habitants originaux de l'Amérique du Nord ont été étudiées dès les débuts de la colonisation européenne, en particulier par les missionnaires jésuites et franciscains. Dès les années 1530, le journal de Cabeza de Vaca, survivant de l'équipée de Ponce de Leon, contient de nombreuses descriptions des traditions musicales et chantées des peuples Indiens avec lesquels il a vécu durant des années. Le Père Lejeune, un jésuite qui a côtoyé les Hurons en 1634, nous laisse aussi un important témoignage des musiques et des sons qu'il a entendus. Mais c'est le Père Claude Dablon, un Français habile musicien lui-même, qui a le premier transcrit en partitions ce qu'il a pu entendre lors de ses séjours parmi les tribus Mascoutens, Miamis et Illinois autour du lac Michigan en 1669-1670.

Aujourd'hui, les chercheurs disposent d'un très grand nombre d'informations sur les musiques amérindiennes dont plusieurs dizaines de milliers d'enregistrements réalisés sur le terrain entre 1895 et 1939. Depuis 1979 et la création du fameux Federal Cylinder Project,

Les musiques des Indiens d'Amérique du Nord

l'American Folklife Center, un département de la Bibliothèque du Congrès, a restauré et édité plus de 7000 enregistrements effectués par des ethnomusicologues sur des cylindres auprès des Indiens à travers tout le territoire américain. On trouve chansons, pièces musicales, poésies, contes ou interviews. Ces rééditions ont permis à un vaste public, notamment les Amérindiens, d'entendre les plus anciens témoignages préservés des traditions de leurs peuples !

Cela a servi d'aiguillon ainsi que de modèle actif et vivant aux mouvements de Renaissance (ou de Reconnaissance) indienne qui ont commencé dans les années 1970 (*Indian Awareness*). Aujourd'hui, de nombreux enseignants et chercheurs, dont beaucoup d'Amérindiens, étudient les musiques originales de l'Amérique du Nord, leurs évolutions au contact des Européens et des esclaves africains. Ils mettent aussi avec beaucoup de pertinence l'accent sur les apports, bien plus déterminants qu'on ne le croit généralement, des musiques amérindiennes sur les musiques du Canada et des États-Unis, et ceci dans tous les domaines du classique, du jazz au blues et au folk.

UNITÉ ET DIVERSITÉ
DES MUSIQUES AMÉRINDIENNES

L'étude des Indiens de l'époque précolombienne jusqu'au XIXe siècle se fait en général en les replaçant dans des aires géographiques qui ont chacune leurs caractères linguistiques, ethniques et culturels.

En ce qui concerne les musiques, ce cadre est très pratique et correspond grosso modo à des réalités. Mais il ne faut pas non plus mettre entre ces zones géographiques commodes des barrières trop rigides. Rien ne

AMERICANA

s'emprunte plus facilement que l'expression sonore. Et dans ce domaine, comme dans beaucoup d'autres, les frontières sont en fait mouvantes, fluides et changeantes.

En outre, si la diversité est bien réelle, il y a aussi de nombreux points communs. Le chant est en Amérique du Nord notablement plus présent que les instruments de musique, mais ceux-ci sont tout de même présents quasiment partout. Toutes les aires utilisent des onomatopées, des bruits de bouche, des termes en forme de modulations ou de cris qui ne se retrouvent pas dans le langage parlé. Mêlés à des textes chantés et articulés, ils possèdent une grande puissance poétique d'évocation.

Les musiques indiennes ont aussi toujours et partout un lien avec l'au-delà, le « monde des esprits », la spiritualité. Il s'agit de s'assurer de la bienveillance des forces occultes, que ce soit pour célébrer la moisson, la chasse, le mariage, la mort ou même pour courtiser l'élue de son cœur.

Ces musiques sont très largement fixées – et souvent de façon très stricte – par la tradition orale avec transmission et initiation du maître à l'élève, de la mère à la fille, et en particulier aux techniques idiomatiques vocales et instrumentales pratiquées par les Amérindiens. Il faut savoir que, contrairement à une idée fort répandue, plusieurs nations indiennes, notamment parmi celles du sud-ouest de l'aire nahuatl, avaient inventé des systèmes de notation musicale qui s'apparentent aux systèmes aztèques.

Les musiques des Indiens d'Amérique du Nord

LES TERRITOIRES MUSICAUX DES INDIENS

Les musiques des Indiens des régions forestières de l'Est

De l'océan Atlantique au Mississippi et du Nouveau-Brunswick au golfe du Mexique, s'étend le domaine d'une vaste « nation » indienne avec des racines linguistiques et culturelles communes : Algonquins (nomades), Iroquois (sédentaires), Hurons, Delawares (dans le Nord-Est) ; Muskogees, Creeks, Cherokees, Choctaws (dans le Sud-Est, la vallée du Mississippi et les contreforts appalachiens) ; Chippewas, Menominees, Potawatonis autour des Grands Lacs.

Le style vocal de ces peuples met l'accent sur les registres médium et basse. Le verset finit souvent par un cri avec de rapides vibratos en fin de couplet, dit yodle indien. La plupart des textes de cette région consistent d'abord en onomatopées et syllabes sans signification lexicale mélangées à des textes élaborés. Le chanteur ne « compose » pas mais attrape les versets qui flottent dans l'air et doit les mettre ensemble de telle façon qu'ils engendrent la paix et l'harmonie. La plupart des chansons présentent un système antiphonique d'appel et de réponse. Le chanteur lance une courte phrase mélodique à laquelle les autres participants – notamment les danseurs – répondent. Les femmes doublent l'octave masculine. Cette utilisation antiphonique est particulièrement marquée dans la basse vallée du Mississippi et a certainement beaucoup influencé les musiques qui y sont nées ultérieurement.

Les instruments de musique sont fréquents : récipients plus ou moins remplis (que l'on frappe ou que l'on gratte avec toutes sortes d'ustensiles, dont un large peigne à crans de bois), les récipients peuvent être de

AMERICANA

corne, des troncs évidés, des calebasses, des carapaces de tortue. On frappe toutes sortes de tambours, en général avec des baguettes : tambours à eau, à double face que l'on accroche à la taille, cylindriques posés sur des trépieds. On trouve aussi un vaste assortiment de flûtes, des flageolets, des sifflets. Les musiciens utilisent quelques instruments rudimentaires à cordes pincées, provenant de végétaux ou d'animaux (le Kanhawa).

Danseurs et danseuses ont les pieds entourés de colliers d'éclats de coquillages ou de carapaces de tortues et battent ainsi la mesure tout en exécutant leur danse.

Malgré la présence rare de quelques gammes tritoniques, la musique des Indiens de cette zone, notamment dans le Sud-Est, utilise massivement des gammes pentatoniques, faisant souvent alterner jusqu'à les confondre dans un tourbillon envoûtant les modes majeur et mineur d'une même gamme pentatonique.

Les musiques des Indiens des plaines

Cette zone ethnique et linguistique s'étend du Mississippi aux montagnes Rocheuses et du centre-sud du Canada jusqu'au Texas. Elle comprend les peuples des plaines du Nord (Crees, Pieds Noirs, Piegans, Beavers, Cheyennes, Lakotas) ; des plaines du Sud (Comanches, Kiowas, Osages) ; de la Prairie (Winnebagos, Potawatomis, Fox).

Dans cette aire, le chant est nasal et tendu, avec un accent immanquable sur les tonalités hautes. La fin des phrases est marquée par de fortes pulsations vocales sur des notes soutenues. La mélodie est sans cesse interrompue par de longs monologues d'onomatopées, de cris, de sanglots.

Le morceau commence généralement par un court solo chanté par le leader dans les aigus, à la limite de ses

Les musiques des Indiens d'Amérique du Nord

possibilités vocales. Les autres entrent en scène et répètent alors ce que chante le leader ou bien vocalisent autour de lui. Il y a ensuite un chorus avec deux ou trois phrases musicales chantées à l'unisson. La strophe est donc en général découpée en AA'/ BC/BC. Elle est répétée à plusieurs reprises durant l'exécution de la chanson. À la fin, tout le monde reprend le chorus qui forme une sorte de coda. Les Indiens appellent cela la « queue » de la chanson.

Les gammes pentatoniques dominent mais on trouve aussi des quadritoniques, cependant en moins grand nombre.

Un tambour accompagne toujours le chant avec des rythmes complexes, alternant battements fortement accentués (appelés « honneur ») avec des battements faiblement accentués («cœur»). Le tambour des plaines est à simple tête et frappé souvent avec une baguette rembourrée de fourrures et décorée de plumes. On trouve également d'autres instruments comme la flûte jouée par l'embout arrière, le flageolet, des sifflets de métal ou d'os, des clochettes, des racloirs accrochés aux pieds et nombre d'autres idéophones.

Les musiques des Indiens du Grand Bassin

Cette aire linguistique et ethnique s'étend des montagnes Rocheuses à la chaîne des Cascades, de la Fraser River au fleuve Colorado. Elle englobe les Utes, les Paiutes, les Shoshones qui sont reliés, par la langue et certaines pratiques culturelles, aux peuples nahuatl (Aztèques).

On trouve de très nombreuses manifestations rituelles du chant, de la danse et de la musique, tels les rituels cycliques (cérémonie de la puberté), la danse de l'Ours, la ronde Paiute...

AMERICANA

Les danses sont en général accompagnées par un seul chanteur, ce qui est très rare chez les Indiens d'Amérique du Nord. Les « chants » sont composés de longs textes parlés entrecoupés d'images poétiques qui rappellent fortement les traditions de l'Extrême-Orient asiatique. Les mélodies sont courtes, « en boucle », reprenant toujours les mêmes motifs et variations. Les gammes utilisées sont la plupart du temps pentatoniques avec la présence de tritoniques dans les pièces considérées comme les plus anciennes. Le chanteur répète chaque verset selon une structure AA BB CC/AA BB CC...

On trouve dans cette zone très peu d'instruments de musique à l'exception de quelques percussions, des bâtons que l'on frappe les uns contre les autres, un seul tambour – un instrument étroit et allongé à une seule tête, frappé à la main, quelques sifflets... Le chanteur soliste, que l'on rencontre assez fréquemment, s'accompagne par contre d'un arc musical à une ou deux cordes. Les premiers explorateurs espagnols croiront d'ailleurs reconnaître une forme de guitare primitive et répandront l'idée d'une origine européenne de ces Indiens (les Indiens du pays de Galles !).

Les musiques des Indiens du Sud-Ouest

Le Sud-Ouest couvre les États actuels de l'Arizona, du Nouveau Mexique et le sud de la Californie. Deux grands peuples se partagent ce territoire : les Pueblos (Hopis, Zunis) et les Athabascans (Navajos, Apaches, Papagos), ces derniers étant des nomades venus envahir le territoire des sédentaires Pueblos entre les IXe et XIIIe siècles. Le terme « apache » veut d'ailleurs dire « ennemi » en langue pueblo. Les Pueblos parlent des langues de l'aire nahuatl (les Aztèques, selon leurs propres mythes, proviendraient de ces régions) mais

Les musiques des Indiens d'Amérique du Nord

aussi les dialectes tewa, tiwa, towa. Les « envahisseurs » Navajos et Apaches ont, eux, largement conservé leurs langues qui ont des racines directement retracées depuis l'Extrême-Orient asiatique.

Le chant comme les instruments diffèrent substantiellement selon les deux populations.

Les Pueblos chantent d'une façon directe, presque monocorde, en formant de grands chœurs. Les textes sont longs, complexes, alambiqués et ésotériques mais très évocateurs, entrecoupés de nombreux cris et onomatopées. La structure de la chanson est généralement AA BB A sur un tempo modéré et des rythmes, là aussi, très complexes, souvent brisés. Les Pueblos utilisent le tambour-tonneau, grand et large à double tête, souvent fabriqué à partir d'un tronc creux peint de couleurs très vives. Ils jouent aussi de très nombreux grattoirs, frottoirs (fruits évidés, carapaces de tortues...), des idéophones là aussi en grande quantité comme des clochettes d'ossements ou de métal, cousues aux vêtements des danseurs.

Les Athabascans chantent selon une ligne mélodique de vaste ampleur, très variée avec un style vocal nasal. Les tempos sont nettement plus rapides. Ils jouent une grande variété de tambours dont le très caractéristique tambour à eau (un pot d'argile solidifié avec une tête de cuir) que l'on frappe avec une baguette longue et recourbée, dont l'embout est large. Ils utilisent aussi d'innombrables idéophones : paniers d'osier placés à l'envers contre le sol et frappés avec des feuilles de yuccas, grattoirs, sifflets... Il faut mettre à part l'étonnant « fiddle » apache, un instrument à une ou deux cordes (en poils d'animaux), joué en solo pour accompagner un chanteur profane qui possédait un statut social à part et pouvait être itinérant, accueilli par toutes les tribus !

AMERICANA

Les musiques des Indiens du Nord-Ouest

Le Nord-Ouest recouvre une longue zone de 160 kilomètres de large, entre l'océan et la chaîne montagneuse des Cascades, qui s'étend de la langue sud de l'Alaska au nord de la Californie. Cette aire englobe les peuples Esclaves, Chipewyans, Yellowknifes, Kaskas, Sekanis, Okangans, Bellas Bellas, Nootkas, Tlingits, Kwakiutls, Chinooks...

Dans ces régions, le chant est tendu et dramatique, presque jusqu'à l'emphase. Le chanteur engendre l'émotion en montant vers des aigus maximaux dans les passages les plus évocateurs. Le texte littéraire, une histoire souvent interminable, est presque minoritaire au profit d'onomatopées et de bruits de bouche (claquements, sifflements, coups de gorge).

Le chanteur crée aussi le rythme avec ses effets de bouche, suivi souvent par des tambours de bois sculptés et peints représentant faucons, corbeaux, oies sauvages. On trouve de nombreux sifflets, flûtes, cornes ainsi que des instruments à vent faits de bois sculpté, à peu près uniques en Amérique du Nord.

Aux marges de l'Arctique

Cette vaste zone s'étend de l'Alaska au Groenland, elle comprend presque tout l'Alaska et le nord du Canada, sauf la côte Ouest. Elle est peuplée de nombreuses ethnies, à la fois très séparées par la géographie mais reliées par la langue et certaines pratiques culturelles que l'on appelle Eskimos ou Inuits : Netsiliks, Coppers, Caribous, Igluliks.

Ces peuples composent des chansons. Ils en doivent d'ailleurs au moins une dans leur vie au groupe afin d'y résumer les désirs et souhaits de leur existence, le contenu et l'accomplissement de leur destinée terrestre.

Les musiques des Indiens d'Amérique du Nord

Le chant est aussi souvent nasal, les chœurs monophoniques, l'ampleur ne dépasse pas l'octave. Le chanteur utilise toutes sortes d'effets de pulsations sur les notes hautes, beaucoup d'ornementations autour de la mélodie. Ceci découle sans doute des concours vocaux, très répandus dans l'Arctique, qui font se confronter des chanteurs virtuoses de toutes ethnies. Chacun démontre en vocalisant son endurance, sa virtuosité, sa capacité d'expression et d'émotion. Les chansons sont assez brèves et ont des structures très compliquées. Chaque phrase se termine par des notes répétées et alambiquées.

Le tambour « à main » d'environ 60 cm de diamètre est tenu à la main par un crochet de bois ou d'os et joué avec une baguette souple et très flexible. Moins répandu, le tambour « posé », une boîte de bois rectangulaire fixée sur un trépied, est davantage utilisé pour des manifestations rituelles (la fête du Messager).

ÉVOLUTIONS DES MUSIQUES AMÉRINDIENNES

Lorsqu'on étudie les musiques amérindiennes sur tout le continent, il faut toujours avoir à l'esprit que la colonisation européenne dure depuis cinq cents ans. Les chocs de cultures sur une aussi vaste période ont évidemment provoqué des transformations profondes chez les conquis comme d'ailleurs chez les conquérants.

Dans l'imaginaire originel des Amérindiens, de l'Alaska à la Terre de Feu, le temps n'est pas perçu comme une avance dans l'inconnu, une chronologie linéaire mais comme une série de cycles récurrents et plus ou moins immuables. On peut tenter de les infléchir légèrement, de retarder l'arrivée d'un cycle néfaste par exemple mais, en fin de compte, les efforts des hommes devront s'incliner car le déroulement des

AMERICANA

événements est inéluctable et ressort de la volonté de l'outre Monde.

Dès lors, dans quelque domaine que ce soit, évolution veut dire adaptation, adoption et syncrétisme plutôt que déplacement, innovation ou succession. Cela explique la vigueur et la récurrence de mouvements millénaristes parmi les Indiens, auxquels on assiste jusqu'à nos jours dans l'ensemble du continent.

On adapte et on adopte les musiques des autres peuples qui, eux aussi, sont supposés détenir une parcelle de vérité dans leur recherche de conciliation avec les Esprits. Des idiomes internes et externes fusionnent mais, lorsque les malheurs s'abattent sur le peuple, il est fort opportun de rechercher, de retrouver et de revitaliser des traditions tombées en désuétude. Leur abandon a peut-être été la cause de ces tourments qui ont frappé les hommes et leur retour peut favoriser celui des Dieux favorables.

Le choc de la conquête et de la colonisation européennes a provoqué une accélération certaine des phénomènes de pantribalisme, de panindianisme ou d'intertribalisme. Trois exemples célèbres parmi beaucoup d'autres (il faudrait aussi décrire la *Snake Dance*, la *Eagle Dance*) témoignent de cette évolution historique intérieure aux traditions amérindiennes.

La Ghost Dance (La Danse des Esprits)

En 1889, Wowoka (Jack Wilson), un Indien Paiute, craint et respecté parmi les siens pour sa capacité à communiquer avec les Esprits, déclare avoir eu une vision répétée : l'observance à la lettre de la Ghost Dance (la Danse des Esprits) aboutira à la résurrection progressive de tous les Indiens morts dans les batailles contre les Blancs, notamment des plus grands chefs, au retour de

Les musiques des Indiens d'Amérique du Nord

vastes troupeaux de bisons et enfin à une gigantesque confrontation finale, sorte de bataille d'Armageddon indienne, qui se conclura au massacre et à l'expulsion de tous les Européens de la terre américaine.

La cérémonie se répand très rapidement dans les plaines. Elle s'exécute en groupes de très vastes audiences dansant en cercle et chantant à l'unisson sans accompagnement instrumental.

La résurrection de la Ghost Dance déclenche des troubles et des révoltes partout. Le gouvernement des États-Unis l'interdit en 1890. Mais elle continue de façon souterraine, transportant les espoirs millénaristes des Indiens jusqu'à nos jours.

Musicalement, cette Ghost Dance est dérivée d'une très ancienne « Danse en Rond » des Indiens du Grand Bassin, exécutée à l'origine pour célébrer les saisons. Ses mélodies sont courtes, avec un chant de très faible ampleur (moins d'une octave). Les textes littéraires sont courts également, imagés, ambigus et ont souvent été comparés aux *haïkus* japonais.

La Native American Church (L'Église amérindienne)

Cette religion a été pratiquée par les Indiens du Mexique bien avant l'arrivée des Blancs. Ce sont les Mexicains qui l'ont introduite chez les Apaches vers le XVIIIe siècle. Elle s'étend progressivement au reste de l'Amérique du Nord aux XIXe et XXe siècles, au point d'être reconnue comme une des religions « nationales » aux États-Unis !

La Native American Church a pour vocation de fortifier le monde amérindien en agglutinant tous les rites et toutes les croyances indiens dans un vaste syncrétisme qui a fini par englober aussi un grand nombre de traits du christianisme.

AMERICANA

Les réunions des fidèles ont lieu dans un vaste tipi ou dans une caverne. Elles commencent généralement en fin d'après-midi et durent jusque après le breakfast suivant. On y prie, chante, on pratique la fumerie rituelle et on ingère le peyotl, un hallucinogène traditionnel chez les Indiens du Mexique.

Chaque participant à la réunion a l'occasion de chanter en solo au moins un set de quatre chansons, assez courtes, qui constituent une adresse à Dieu et aux autres participants. Le ton est donc introspectif avec d'importantes parties murmurées et psalmodiées. Les textes sont entrecoupés de nombreuses onomatopées, cris, bruits de bouche et chaque strophe se termine par un rituel « He Ne Yo We », un vocable qui n'est employé que dans la Native American Church. Le tempo est en général très rapide et le chant souvent accompagné d'un grattoir et d'un petit tambour à eau.

Le Pow Wow

Il s'agit du plus répandu et du plus influent de tous les mouvements panindiens.

Il se pratique autant dans les réserves que dans les zones urbaines et cela quasiment chaque week-end, regroupant jusqu'à des centaines de musiciens et de chanteurs. Il est très vivant encore aujourd'hui parmi les tribus indiennes, les communautés, les associations, voire les organisations civiques. Le Pow Wow dure au moins un jour entier, mais souvent plusieurs de suite et se déroule devant des milliers de spectateurs.

Il trouve son origine au XIXe siècle dans les rituels pratiqués par les sociétés masculines des Indiens des prairies (Inloshkas, Hetuskkas, Iruskes, Kansas, Omahas, Pawnees...). Ils exécutaient alors des cérémonies rituelles avec musique, danse, festin dans le but de

Les musiques des Indiens d'Amérique du Nord

célébrer les exploits des guerriers racontés par eux-mêmes ou par un survivant.

Vers 1860, ces cérémonies sont adoptées par les tribus des plaines du Nord sous le nom de Grass Dance ou Omaha dance, associées à la Sun Dance, bien plus ancienne.

Au début du XXe siècle, la Grass Dance a absorbé diverses pratiques rituelles extérieures. Le terme Pow Wow est alors donné à ces réunions par les Européens (de l'algonquin « pauau » qui signifie « guérisseur » mais aussi « rituels pour guérir »). Le terme est progressivement aussi adopté par les Indiens.

Deux formes différentes de Pow Wow se déroulent jusqu'aujourd'hui, qui ont chacune leur contenu, leur organisation, leur terminologie, leurs costumes et leurs chorégraphies.

Le *Pow Wow des plaines du Nord* commence par une grande parade d'introduction au cours de laquelle chaque participant entre dans un cercle de danseurs qui s'élargit souvent de façon démesurée. Elle est dirigée par une garde chamarrée en uniforme, composée des Indiens vétérans des forces armées américaines avec déploiement de drapeaux américains et de ceux des différentes nations indiennes. Une fois que le cercle est complet et que chaque étendard est fixé, on chante une prière en langage indien puis en anglais. Chacun reçoit alors un mot de bienvenue de la part du comité d'organisation. Puis des danseurs en costumes recherchés et très colorés exécutent les danses de guerres intertribales (Grass Dance, Wolf Dance...). Ce Pow Wow présente six danses différentes qui ont chacune leurs costumes particuliers : la « Tradition masculine », la « Tradition féminine », la « Grass Dance des hommes », l'« Habit Tintant des femmes », la « Danse déguisée des femmes », la « Danse des femmes aux châles ».

AMERICANA

Ces danses alternent durant des heures avec d'autres à signification sociale, pour célébrer un événement ou une personne, en tant qu'offrande de remerciement à un généreux donateur...

Le *Pow Wow des plaines du Sud* commence par la danse de la Jarre qui peut durer des heures. Puis les repas alternent avec des danses dont les noms, les rites et les costumes diffèrent quelque peu des Pow Wows du nord. Après cela, les participants reprennent leurs vêtements de tous les jours pour exécuter les 49 Danses (à fonction sociale) jusqu'à l'aube suivante.

Les Pow Wows se sont développés à partir des styles musicaux des Indiens des plaines et on retrouve toutes leurs caractéristiques. L'accompagnement nécessaire vient du grand tambour de basse frappé par trois ou quatre musiciens agenouillés autour. Chacun frappe avec une baguette rembourrée, soutenant la pulsation des chants. Peu à peu, une complexité rythmique très subtile et excitante s'installe, qui n'est pas sans évoquer le swing des formations de jazz. Les textes sont composés comme presque toujours de textes littéraires entrecoupés de bruits divers.

D'autres danses qui n'ont pas obligatoirement de signification spirituelle ou communautaire se sont développées avec succès bien au-delà des Amérindiens et sont d'ailleurs souvent aujourd'hui présentées dans les Pow Wows. Ce sont des danses avec accompagnement d'instruments de musique autant d'origine européenne qu'indienne. Les guitares électriques, les fiddles, les accordéons et les saxophones se mêlent aux instruments traditionnels. Citons la Stomp Dance d'origine Cherokee; la Squaw dance qui vient des Navajos; le très populaire Chicken Scratch des Papagos...

Les musiques des Indiens d'Amérique du Nord

LES INFLUENCES EXTÉRIEURES SUR LES MUSIQUES AMÉRINDIENNES

Les Amérindiens ont souvent très facilement absorbé les influences européennes, ce qui d'ailleurs faisait les délices des missionnaires catholiques, jésuites et franciscains notamment, qui voyaient ces « âmes simples » se tourner vers la « vraie foi » avec l'ardeur et la fougue des néophytes. En tout cas, dès les premières années de la conquête, les Indiens du golfe du Mexique, de la Floride au Texas, apprennent à chanter et jouer la musique catholique.

Au XVIIe siècle, ce sont les missionnaires protestants hollandais et anglais qui convertissent les Indiens. Dans ce but, ils se mettent à traduire les hymnes dans plusieurs langues indiennes. Peu à peu, les Amérindiens les adaptent à leurs propres traditions musicales. Ils en composent bientôt à leur tour. On trouve des traces remarquables de ce syncrétisme dans la Indian Shaker Church de la côte Nord-Ouest des États-Unis. Elle mêle en effet des éléments hymnodiques chrétiens à la danse des Esprits.

Avec l'arrivée de colons irlandais et écossais, le fiddle se répand au XVIIIe siècle parmi les Indiens, au point d'être considéré par maintes ethnies comme un instrument authentiquement indigène ! De nombreux fiddlers sont Indiens, tel le célèbre groupe des O'Odham fiddlers du sud de l'Arizona. Avec le XIXe siècle, les mélodies et les rythmes indiens s'enrichissent d'éléments européens comme des polkas, des valses, des two-steps, des mazurkas, etc. À la même époque, l'idée européenne que l'on peut faire de la musique uniquement pour se distraire ou bien dans un but lucratif – idées quasiment absente de l'âme indienne

AMERICANA

– se répand. Des promoteurs blancs puis les Indiens eux-mêmes montent de nombreux spectacles qui tournent dans tous les États-Unis et, bientôt, le monde entier, depuis les premières troupes de Navajos jusqu'au célèbre American Indian Dance Theater.

De la même façon, les artistes indiens introduisent de nombreux mots anglais, bientôt des chansons entières, souvent à base de thèmes amoureux et de morceaux humoristiques avec une pointe d'exotisme « peaux-rouges » afin de vendre shows et disques au-delà du public amérindien.

La musique classique ou légère de forme européenne a aussi connu de nombreux musiciens, solistes et compositeurs indiens. C'est Thomas Commuck qui, en 1845, a composé le premier recueil : 120 hymnes pour l'Église Épiscopale dont chacune porte le nom d'un chef indien célèbre.

L'INFLUENCE DES AMÉRINDIENS SUR LES MUSIQUES AMÉRICAINES

Longtemps négligé, nié ou méprisé, l'apport des Indiens sur les musiques américaines, notamment celles du Sud (blues, country music et sans doute jazz) est aujourd'hui de plus en plus affirmé, argumenté et étudié (avec les travaux de l'ethnomusicologue Bruno Nettl). Petit à petit, ces travaux remettent en perspective la genèse et l'élaboration de ces musiques.

Cela n'est en fait surprenant que lorsqu'on ne connaît pas l'histoire des États-Unis. Comme l'écrit le chercheur américain J. Leitch Wright Jr (dans *Encyclopedia of Southern Culture*) : « Pendant longtemps, on a voulu faire croire que les Indiens n'ont que peu affecté la musique sudiste, mais en réalité, toutes les recherches

Les musiques des Indiens d'Amérique du Nord

montrent que l'héritage amérindien est absolument considérable et souvent dominant. La culture indienne, sous toutes ses formes, a eu un impact énorme sur les autres populations venues s'installer dans le Sud : autant sur les Européens que sur les Africains. »

En fait, jusqu'au milieu du XIXe siècle et la fin du siècle pour la région du Delta, rattachée à l'État du Mississippi en 1886, Indiens, Noirs et Blancs ont coexisté en terre sudiste et n'ont cessé d'échanger les pratiques culturelles, tout autant d'ailleurs que leurs gènes et leur sang ! L'influence des Indiens sur les Blancs ne saurait être sous-estimée mais celle des Indiens sur les Noirs est considérable. Ils ont vécu associés et interdépendants dans la vallée du Mississippi. En effet, les Indiens ont été pendant longtemps les premiers esclaves forcés à travailler dans les plantations. Afin d'éviter les révoltes, les hommes ont souvent été déportés vers les Antilles britanniques ; les esclaves noirs qui devaient les remplacer étaient largement de type masculin et on les mariait aux Indiennes restées seules. En fait, les Anglais puis les Américains, contrairement aux Espagnols, n'ont pas fait la différence entre Indiens et Noirs dans leurs plantations. Il n'y avait que des « darkies » devenus « black » et enfin « colored people » qui sont certainement tout autant d'origine africaine qu'amérindienne. L'apport indien dans la culture sudiste a été énorme dans les traditions orales, la toponymie, le langage, la cuisine (la Soul Food notamment !), les coutumes, les modes de vie comme dans la danse et la musique.

Enfin, certaines des figures les plus importantes de la musique américaine ont, à partir du XVIIIe siècle, travaillé sur des thèmes indiens, annotant, recueillant et popularisant : George Herzog, Helen Roberts, David Mc Allester, Gertrude Kurath, Theodore Baker... Frances Densmore et Alice Fletcher vont encore plus

AMERICANA

loin. Elles reprennent les thèmes indiens, les traduisent en anglais, arrangent quelque peu l'harmonie et le rythme et les publient sous forme de recueils de folksongs qui sont, jusqu'à aujourd'hui, appris dans les écoles américaines, les camps de vacances et font maintenant partie intégrante du répertoire folk américain au point de paraître provenir des îles Britanniques !

Au XIXe siècle, Edward Mc Dowell avoue ses emprunts aux mélodies indiennes. Dans sa foulée, de nombreux compositeurs américains s'intitulent « Indianistes », autant par respect pour les peuples originaux de l'Amérique que dans le désir de se démarquer de l'Europe, afin de créer une musique américaine « nationale ». Si la plupart de ces indianistes travaillent d'après les recueils d'ethnomusicologues, certains – Frederick Burton, Thurlow Lieurance – vont vivre chez les Indiens afin de tenter de saisir leur identité et de s'en inspirer. Arthur Farwell (1872-1952), peut-être le plus connu de ces Indianistes, crée les Wa-Wau Press afin de publier leurs nombreux travaux et œuvres. Ce mouvement passe un peu de mode avec la Deuxième Guerre mondiale, mais la musique indienne ne cesse d'inspirer Henry Cowell (*Amerind Suite*), Elliott Carter (*Pocahontas*), Colin Mc Phee (*Iroquois Dance*), Harry Partch et jusque plus récemment Philip Glass avec son *Koyaanisqatsi*.

CHAPITRE II

LES MUSIQUES HISPANIQUES EN AMÉRIQUE DU NORD

Colonisateurs principaux de l'Amérique du Sud, les Espagnols ont aussi jeté les bases d'une société européenne en Amérique du Nord. Ils ont les premiers exploré, colonisé, organisé politiquement et géré durant plus de trois siècles des territoires considérables qui font aujourd'hui partie des États-Unis, laissant une empreinte culturelle hispanique indélébile. Les États actuels de la Floride, de l'Alabama, de l'Arkansas et une partie du Kansas ont été possessions espagnoles. La totalité du sud-ouest des États-Unis (Californie, Utah, Colorado, le Nouveau-Mexique avec l'Arizona et le Nevada) sans parler du Texas étaient des colonies espagnoles puis (ou) partie de la République du Mexique jusqu'au milieu du XIXe siècle. Et s'il y a aujourd'hui des frontières politiques tracées, il n'y a pas de limites géographiques réelles entre ce sud-ouest des États-Unis et le nord du Mexique. Le plateau nord mexicain se prolonge en effet presque jusqu'au Colorado. La côte plate s'étend au nord du golfe du Mexique et est sillonnée de fleuves et de rivières qui ont toujours rendu la pénétration assez aisée. C'est ainsi que, dès l'époque précolombienne, cette aire géographique possède une certaine unité linguistique et ethnique avec tout le nord du

AMERICANA

Mexique actuel, une continuité territoriale qui dure en fait jusqu'à la guerre entre les États-Unis et le Mexique au milieu du XIXe siècle.

CONQUÊTE ET ÉVANGÉLISATION DES TERRITOIRES DU NORD

Ce sont les explorateurs et les conquistadores espagnols qui ont ouvert d'immenses territoires de l'Amérique du Nord à la colonisation européenne.
Dès 1513, Ponce de Leon (à la recherche de la mythique fontaine de jouvence) a pris possession de la Floride. Panfilo de Narvaez reconnaît le vaste royaume d'Apalache, de la côte de l'Alabama actuel jusqu'au Kansas inclus. Cabeza de Vaca explore et parcourt un immense territoire qui va de la côte de Floride au nord du Mexique actuel. Guérisseur, conquistador, évangélisateur, Cabeza de Vaca jette les bases de l'Amérique du Nord espagnole et met en place les routes et les règles du commerce avec les nombreuses nations indiennes qu'il rencontre et avec lesquelles il vit durant une décennie dans les années 1520-1530.
Les expéditions continuent. Hernando de Soto prend possession de la basse vallée du Mississippi et du Texas. Le More noir Esteban et le père Marcos de Niza évangélisent les Indiens en grand nombre et ceci jusqu'en Arizona. Ils « découvrent » les sept cités mythiques de Cibola, en fait les villes des Indiens du sud-ouest, Pueblos et Zunis.
Fernand Cortes lui-même puis Francisco de Ueloa explorent la Californie et l'annexent à la couronne espagnole.
Francisco Vasquez de Coronado monte une véritable expédition qui durera plus d'un an afin de coloniser le

Les musiques hispaniques

sud-ouest de l'Amérique du Nord (qui prend le nom de Nouveau-Mexique). Cette expédition comprend hommes d'armes espagnols, soldats indiens alliés (Tlaxcaltèques), troupeaux de chevaux, de bœufs et de moutons, des porcs qui s'implantent en Amérique du Nord. Outre cette colonisation durable, Coronado découvre aussi le canyon du Colorado. Et c'est un de ses lieutenants, Juan de Padilla qui apprend à jouer aux Indiens des instruments à cordes et comment les fabriquer.

Dès le milieu du XVIe siècle et encore davantage au siècle suivant, l'effort colonisateur espagnol marque déjà les sociétés indiennes : mœurs, religion, modes de vie et musique. En outre, un fort métissage de la société coloniale hispanique établit encore davantage en Amérique du Nord un monde hispano-américain dont l'importance est considérable jusqu'à aujourd'hui. Ces « Territoires du Nord » sont peuplés de grands éleveurs qui jettent les bases de la culture ranchera dominée par l'image romantique du vaquero (qui deviendra cow-boy aux États-Unis), de mineurs, de petits fermiers (généralement métis), de nombre de religieux (Franciscains, Jésuites) qui bravent les dangers, les massacres et la torture pour évangéliser les Indiens, bâtissant quantité de missions qui sont en fait les fondations de la plupart des villes de ces régions : Tucson, Santa Fe, San Antonio, San Francisco, Los Angeles...

LES MUSIQUES HISPANIQUES DES TERRITOIRES DU NORD JUSQU'AU XIXe SIÈCLE

En Floride

Le vaste territoire de la Floride outrepasse très largement les limites de l'actuel État américain qui porte ce nom et s'étend *de facto* sur la Floride, l'Alabama et une

AMERICANA

partie de la Georgie. Il a été le sujet de guerres constantes pour sa possession entre Espagnols, Français et Anglais. En 1564, des colons huguenots établissent Fort Caroline. Des témoignages écrits font état de la présence de plusieurs musiciens français qui donnent des « représentations » et apprennent aux Indiens à jouer leur musique ainsi qu'à fabriquer des instruments.

Dès l'année suivante (1565), le capitaine espagnol Menendez de Avila prend le fort et établit la ville de San Agustin (aujourd'hui Jacksonville) qui deviendra pour plusieurs siècles la capitale de cette vaste province hispanique. Les Espagnols apportent harpes et vièles et organisent même des orchestres avec des « sauvages Apalaches ». Lorsque le corsaire anglais Francis Drake prend et pille la ville en 1586, la chronique de son expédition signale des musiciens partout et « le vacarme infernal des joueurs de flûte sur le port ».

Hors de la capitale, les Espagnols implantent aussi partout en Floride des missions catholiques. Les Franciscains qui évangélisent en masse les Indiens leur apprennent, ici comme ailleurs, le chant religieux, l'harmonie, la polyphonie, l'orgue et la harpe. En 1750, à San Agustin et dans les autres villes du territoire, on recense de très nombreux orchestres, autant religieux que profanes ; on donne des bals un peu partout, depuis les théâtres que chaque ville possède jusqu'aux haciendas des gros propriétaires terriens.

Du Texas à la Californie

Comme dans tous les territoires hispaniques, le développement de l'évangélisation va de pair avec l'apprentissage de la musique. Bien que leurs aires d'intervention ne soient pas totalement délimitées, on trouve en majorité des Franciscains en Californie, au

Les musiques hispaniques

Nouveau-Mexique, au Texas, et des Jésuites en Arizona ou au nord du Mexique actuel. De très nombreuses sources écrites (récits de voyage, rapports administratifs ou religieux, relations, archives juridiques) font référence aux musiques ecclésiastiques, à leur pénétration chez les Indiens (hispanisation des Amérindiens autant qu'indianisation des Espagnols d'ailleurs). Ces sources décrivent aussi nombre de musiques profanes mais « officielles » : réceptions de personnages importants, musique militaire, concerts de cour, bals... Partout, la présence, souvent majoritaire, d'Indiens qui jouent, chantent, interprètent et bientôt composent est soulignée, généralement pour se féliciter de leurs dons naturels et du fait que la musique « apprivoise » ces « anciens sauvages ».

De plus rares sources décrivent aussi les musiques populaires : la ballade espagnole qui s'américanise de plus en plus au fur et à mesure des décennies de colonisation, le chant et les musiques traditionnelles indiennes qui s'hispanisent de la même façon, la présence de vièles et de guitares, la création d'instruments originaux mêlant les techniques amérindiennes avec celles des Espagnols utilisant des carapaces de tortue, des crins de chevaux, des arcs que l'on munit de cordes !

En 1598 et 1610, l'Espagne crée officiellement la province du Nouveau-Mexique avec comme capitale la mission de Santa Fe, devenue un gros bourg.

Le célèbre franciscain Cristobal de Quiñones (mort en 1609) est certainement le premier professeur de musique savante en Amérique du Nord : il a consacré une grande partie de sa vie missionnaire à apprendre aux Indiens le chant, l'orgue et la notation musicale. D'autres Franciscains suivent son exemple : Bernardo de Marta évangélise par la musique les Pueblos qui, sous sa houlette, forment des chœurs et donnent des représentations locales, mais aussi dans tout le Mexique ; le frère Roque de Figuredo en mission chez les Zunis dans les années 1620 leur apprend l'orgue, le cornet, la trompette. Ces exemples servent à d'autres missionnaires. Un rapport officiel sur la province du Nouveau-Mexique insiste sur le fort degré d'éducation musicale des Indiens, s'émerveille des talents des Taos pour la polyphonie et des succès des écoles de musique installées par les missions à Pecos, Sandia, Isleta Pueblos.

En 1776, les autorités dressent un vaste inventaire des missions du Nouveau-Mexique. La partie consacrée à la musique signale l'usage généralisé (et souvent la grande dextérité) parmi les populations d'instruments de musique comme tambours, trompettes, violes et violons, guitares.

« Les Indiens jouent et chantent avec une grâce qui ravit l'oreille... Hommes et femmes des tribus sont le plus souvent bien meilleurs musiciens que les purs descendants d'Espagnols qui se sont laissé alanguir... »

La situation est à peu près identique en Californie où un rapport de 1742 atteste que « l'on entend de la musique partout, des Églises jusqu'aux tavernes portuaires ». Le même texte s'émerveille de la grande qualité des instruments de musique fabriqués par les Indiens des missions « dont la renommée s'étend jusqu'en Nouvelle-Grenade et même en Espagne ».

Dans ces territoires hispaniques du nord, la musique est répandue partout. Dans les haciendas les plus reculées, au cœur des villages, des hameaux, on signale la présence de violonistes de talents, de guitaristes, d'harpistes et d'innombrables chanteurs. Plusieurs textes insistent sur la capacité des Indiens à intégrer les instruments et les musiques venus d'Espagne dans leurs propres rituels, leurs danses, leurs représentations

Les musiques hispaniques

dramatiques, pratiques que l'on retrouve encore aujourd'hui chez les Pénitents ou les Matachines du Nouveau-Mexique.

À la fin du XVIIIe siècle, on décrit ou recense d'innombrables chansons folkloriques, formées d'après les *canciones* et les *romances* espagnoles mais américanisées. De même, les airs de danse mêlent les rythmes et les pas espagnols et français avec les traditions, ou plus encore les innovations des peuples indiens. Il existe alors un véritable art musical et dansé hispano-indien d'Amérique du Nord qui se décline avec des airs fondateurs de genres comme *El Jarabe* ou *La Zorita*.

C'est aussi dès cette époque que les gardiens d'immenses troupeaux de bovins ou d'ovins, vaqueros et bergers, composent musiques et chansons, mêlant réminiscences espagnoles avec leurs expériences américaines. Ils les interprètent à la guitare et au violon. Ces thèmes créés au XVIIIe siècle sont à l'origine directe de nombreuses traditions nord-américaines du XIXe siècle, mexicaines ou états-uniennes.

L'ÉVOLUTION AU XIXe SIÈCLE

Les liens très étroits entre les musiques populaires mexicaines et celles des territoires hispaniques du Nord se sont poursuivis et approfondis tout au long de la première partie du XIXe siècle et ont souvent perduré après l'appropriation de ceux-ci par les États-Unis.

La musique de la Californie hispanique a continué à s'enrichir d'influences diverses grâce aux grands ports comme Monterey, centre commercial et cosmopolite de la Californie mexicaine ou San Francisco. Après le coup de force de Fremont et l'annexion de la Californie par les États-Unis en 1848, les musiques se sont encore

AMERICANA

davantage diversifiées avec une immigration considérable due à la ruée vers l'or. On signale un peu partout des ensembles composés de deux à quarante (!) musiciens qui animent les soirées des haciendas, les réceptions, les théâtres et les bals qu'ils soient populaires ou réservés à une élite bourgeoise. Les listes de danses comprennent des valses, des polkas, des scottishs, des rédowas mais aussi, et souvent de façon majoritaire, des pas hispaniques comme la habanera. Cette composante mexicaine devient de plus en plus importante au xxe siècle avec la forte immigration venant cette fois du Mexique.

Dans les États actuels du Nouveau-Mexique, de l'Arizona et du Texas, l'influence hispanique a été très importante et reste d'ailleurs pratiquement dominante encore aujourd'hui.

Jusqu'aux années 1920-1930, toute la musique populaire de ces régions s'est développée sous l'influence des orchestres constitués par les missions et les églises, regroupant Espagnols, Métis et Indiens dans un savoureux melting pot qui a donné naissance aux orchestres dits typiques (*tipicas*) ensembles à cordes qui mélangent les chœurs d'église avec les violonistes et les guitaristes des tavernes des ports du Golfe du Mexique ou des relais de poste. Les *string bands* du sud-ouest des États-Unis apparaissent comme des développements naturels de ces *tipicas*. L'apport du jazz à ces orchestres les modifie de façon importante dans la première partie du xxe siècle. Mais, à l'instar de nombre d'auteurs espagnols, on peut aussi voir dans les caractères hispaniques des musiques de ces régions une des composantes fondatrices du jazz, cet élément étant régulièrement occulté par la plupart des historiens du jazz anglo-américains.

Après l'indépendance du Mexique, la jeune République décide de peupler et de développer ses territoires

Les musiques hispaniques

du nord. À cette fin, on encourage une forte immigration d'Europe centrale, notamment des fermiers de langue allemande à cause de leur réputation de grands travailleurs et d'excellents laboureurs. Ils s'établissent de part et d'autre du Rio Grande vers 1825-1835, en particulier au Texas alors encore mexicain. Dans leurs bagages musicaux, ils apportent en Amérique du Nord l'accordéon, une invention récente en Allemagne. Cet instrument se répand très vite dans tout le Nouveau-Mexique. Les orchestres mexicains sont séduits par la puissance de l'accordéon, la plénitude de ses sonorités, sa souplesse d'utilisation et de transport. En quelques années, il va devenir l'instrument dominant des Tejanos (Texans). Il s'intègre au mieux avec la guitare, le bajo sexto (la grande guitare basse à douze cordes) et le tambour (tambora de rancho) afin de former le quatuor ou le trio typique de la musique norteño qui s'appelle progressivement Tejano Conjunto ou tex-mex en anglo-américain.

Une chanson populaire norteño particulière s'est développée dès le XVIIIe siècle dans les ranches, colportée par les vaqueros et nourrie de récits tragiques (*romances*) décrivant les exploits plus ou moins héroïques de personnages puissants ayant existé mais magnifiés par le conteur. Durant le XIXe siècle, les mêmes musiciens créent les *corridos*, chroniques qui détaillent les événements et les faits divers locaux, dressent le portrait puissant de personnalités locales ayant défrayé la chronique par leurs qualités exceptionnelles. Alors que le siècle s'avance, ces corridos sont de plus en plus composés, chantés, déclamés avec une passion exacerbée qui emporte l'adhésion d'un public populaire de plus en plus vaste par un guitariste et chanteur, soliste ou leader d'un petit ensemble, généralement un trio. Le guitariste pratique sur son instrument une américanisation

AMERICANA

des styles créés en Andalousie : il frappe les cordes basses, chante un ou deux versets, ponctue de rapides figures d'arpèges et recommence. Le succès de ces corridos est largement dû à l'exaltation des valeurs des « Nordistes » mexicains qui les placeraient au-dessus des autres hommes : courage hors du commun, vaillance sans faille, attitude machiste vis-à-vis des femmes, ce qui n'exclut pas d'innombrables peines de cœur qui renvoient le héros vers une nouvelle errance et de nouveaux exploits. Parmi les corridos fondateurs du genre au milieu du XIXe siècle, il faut citer *La batella de Los Tulares*, récit incroyablement épique d'une révolte indienne sanglante partie de Californie et qui s'est répandue jusqu'au Nouveau-Mexique. Cela engendre de formidables poèmes épiques en chansons et en musique sur les guerres entre les États-Unis et le Mexique, sur la triste perte d'un si vaste territoire confisqué abusivement par les « gringos » ; enfin, sur les révolutions de Pancho Villa et de Zapata qui deviennent, par leurs exploits magnifiés, des sortes de super-héros de la geste nationaliste mexicaine.

Ces corridos ont eu une influence énorme sur la genèse du western, autant littéraire que cinématographique. Sur le plan musical, on les retrouve, adaptés à un public anglo-américain à l'origine de la plupart des folksongs du Texas, de l'Arizona, du Nouveau-Mexique, du Nevada et même jusqu'aux thèmes de la frontière canadienne ! Il faut sans doute aussi y voir une des racines musicales importantes du style si particulier de blues noir texan.

Au fil des années, le tejano ou tex-mex n'a pas cessé d'évoluer et de s'imposer comme la musique des classes laborieuses d'origine hispanique. Elle adapte et mexicanise toutes les danses emmenées en Amérique par les immigrants originaires d'Europe centrale (polka,

Les musiques hispaniques

valse, mazurka) tout en empruntant aussi très fortement aux autres musiques mexicaines comme le Mariachi et la Ranchera. Le Tejano s'enracine dans la multitude de bars de voisinage, surtout à San Antonio et à Guadalupe, de part et d'autre du Rio Grande. Le chanteur, la plupart du temps aussi guitariste, évoque de plus en plus les problèmes de la vie quotidienne des ouvriers auxquels il s'adresse : dureté des conditions de travail, alcool, querelles, nostalgie, infidélité... Au début du XXe siècle, le tejano est véritablement l'équivalent pour les Hispaniques de la country music pour les anglo-américains ou du blues pour les Noirs anglophones.

Cette musique, forte et très émotionnelle, est si populaire que les orchestres tejanos sont aussi très demandés en dehors des bars, afin d'animer fêtes et cérémonies dans les haciendas, les tavernes les plus huppées. Elle se répand ainsi dans tout le nord du Mexique jusqu'aux côtes Atlantique et Pacifique, et enfin à Mexico où elle se heurte à la prépondérance des orchestres mariachis (violons, guitares, guitarrons, cuivres) qui affichent leur profond mépris pour les musiciens de tejano, considérés comme des paysans illettrés. Mais son succès finit au cours du XXe siècle par influencer toutes les musiques populaires de la moitié nord du Mexique. Cette musique rurale est justement louée pour sa simplicité, sa vérité, ses textes enracinés dans la réalité sociale et politique du Mexique, et aussi pour son exaltation patriotique. Elle est également appréciée pour ses caractères « nordistes », ses capacités à se moderniser et à évoluer au contact des musiques anglo-américaines (le grand voisin est à la fois détesté et admiré), tout en sachant garder sa spécificité et son authenticité.

AMERICANA

TRANSCRIPTIONS ET ENREGISTREMENTS DE MUSIQUE HISPANIQUE

Charles F. Lummis est un des tout premiers folkloristes à collecter, transcrire puis enregistrer systématiquement les airs et les thèmes des chansons populaires hispaniques du sud-ouest des États-Unis à partir de 1890. Il nous laisse un ouvrage fondamental, *Land of Poco Tiempo* ainsi que 350 cylindres d'enregistrements musicaux et chantés.

Son exemple sera suivi par John Lomax au Texas, qui poursuivra sa longue carrière de folkloriste à la Bibliothèque du Congrès. Aurelio M. Espinosa, linguiste et folkloriste attaché à Stanford University, poursuit et approfondit l'œuvre de Lummis. Seul puis aidé de son fils Jose Manuel, Espinosa passe au crible tavernes, théâtres et ranches du Nouveau-Mexique, de la Californie, du Colorado, enregistre en nombre des ballades hispaniques et transcrit des centaines de thèmes qu'il publie dans *El Romancero de Nuevo Mexico*. Son travail sera poursuivi dans les années 1940 par Juan Rael, lui aussi attaché à Stanford University.

Il faut aussi citer dans les années 1930 l'importante œuvre de collecte et de transcription effectuée par J. D. Robb et Ruben Cobos (de l'Université d'État du Nouveau-Mexique) ; de Arthur Campa (Denver University) qui publie *The Spanish Folk Song* et *Hispanic Culture of the South West*, devenus des ouvrages fondamentaux sur ce thème.

Enfin, nous connaissons plus précisément les origines espagnoles et mexicaines de la musique texane grâce aux travaux d'Americo Paredes qui effectue un minutieux travail de collecte dans l'ensemble du Texas jusque dans les années 1950, crée un enseignement sur les ballades hispaniques anciennes à l'Université du Texas et fait le lien direct avec les musiques des émigrants mexicains du XXe siècle. Son ouvrage *A Texas-Mexican Cancionero : Folksongs of the Lower Border* est lui aussi fondamental.

Ces travaux d'ethnomusicologues ne doivent pas occulter les enregistrements commerciaux de musiques nordistes, notamment de tejano, tout à fait considérables et dont l'influence a été capitale autant au Mexique qu'aux États-Unis. Dès 1928, Bruno Villareal grave les premiers disques commerciaux de tejano/tex-mex. Il est suivi par d'autres pionniers comme Narciso Martinez qui émigre de Reyes au Texas et qui partagera sa vie entre la musique et son métier de routier. Il est considéré comme le premier virtuose connu de l'accordéon tejano. Accompagné du joueur de bajo sexto Santiago Almeida, Martinez définit véritablement, avec ses disques gravés pour le petit label Ideal (de San Benito) et ses énormes succès (*La Chicharronera* ; *La Polvadera*), les canons du tex-mex jusqu'à aujourd'hui. L'œuvre enregistrée de Narciso Martinez est gigantesque, des centaines de disques durant cinq décennies, autant sous son nom qu'en accompagnateur de chanteuses très populaires comme Carmen & Laura ou Lydia Mendoza.

Lydia Mendoza est la grande figure féminine du premier tejano Conjunto. À partir de 1927, elle se produit seule accompagnée de sa mandoline ou de sa guitare dans un style dépouillé qui souligne son chant tendu, vibrant et mélancolique. Sa vaste œuvre est riche de ballades ultra-sentimentales avec une irrésistible atmosphère désenchantée et une touche féminine voire féministe qui explique aussi son succès (*Mal Hombre*). Son influence est capitale sur une kyrielle de chanteuses autant dans le tex-mex que dans la country music.

AMERICANA

Né à San Antonio, donc aux États-Unis, Santiago Jimenez (surnommé El Flaco : le maigrichot) amplifie l'œuvre fondatrice de Martinez : il introduit l'usage d'une rythmique à double basse (*tololoche*) qui donne un balancement irrésistible et jazzy à toute sa musique. Tout en devant vivre de divers métiers manuels, Santiago Jimenez connaît de grands succès devenus autant de classiques du tex-mex : *Viva Seguin*, *La Piedrera*.

Valerio Longoria est lui aussi originaire de San Antonio qui s'impose au cours de la première partie du XXe siècle comme une des grandes capitales du style tex-mex. Longoria introduit et impose les figures du boléro et de la triple métrique dans la musique tejano.

LES AUTRES MUSIQUES DU NORD DU MEXIQUE

Comme on l'a vu tout au long de ce chapitre, il est impossible d'étudier les musiques hispaniques d'Amérique du Nord en fixant leur aire à la barrière totalement artificielle de la frontière qui sépare les États-Unis du Mexique. En fait, outre le tejano, toutes les musiques de la vaste moitié nord du Mexique sont très populaires des deux côtés de la frontière et s'influencent les unes les autres.

La Ranchera, dont l'attrait artistique et l'impact commercial se font sentir de Tucson ou Los Angeles jusqu'au-delà de Mexico, puise une partie de son inspiration dans la tradition tejano mais aussi dans la country music des États-Unis dont elle est, d'ailleurs, un équivalent mexicain. Le chanteur ranchera, généralement aussi un guitariste, vit sa ballade – une composition à la première personne – avec une passion à l'emphase mélodramatique. Son style vocal est

Les musiques hispaniques

alangui avec un très fort accent norteño : il étire la note finale dans un effet de glissando qui met en transe ses audiences féminines. La description de ses tourments est ponctuée de cris des musiciens (*ay ay ay*) et, dans les concerts, de l'audience qui vibre et vit avec le chanteur.

Bien qu'il y ait souvent des mélodies rancheras endiablées et drôles, les textes sont généralement nostalgiques et pessimistes : la complainte des pauvres paysans qui ont dû quitter leur terre, leur ferme, leurs parents et amis pour affronter la « jungle » de la grande ville mexicaine. Ou pire passer la frontière des États-Unis et là-bas subir le mépris des gringos !

Le genre puise ses racines très loin dans l'histoire du Mexique. Il mélange les sonorités amérindiennes de la côte Pacifique (les formidables musiciens Huicholes mais aussi les groupes Tarahuamaras, Yaquis et Ixtoles, tous de l'aire linguistique nahuatl) avec les chansons des vaqueros des XVIIIe et XIXe siècles. Mais le précurseur de la musique ranchera est le Son Jalisco, musique traditionnelle de la région de Jalisco à l'ouest du Mexique. Le premier disque du genre est enregistré en 1906 par Jose Marmolejo.

Mais c'est Jose Alfredo Jimenez l'indubitable grand pionnier de la ballade ranchera. Dans les années 1940, il définit les canons modernes du genre. Avec lui, le pessimisme maniéré qui enveloppe toute la chanson ranchera atteint le grand art. Son extraordinaire auto-épitaphe (*La vida no vala nada* : la vie ne vaut rien, seules ont compté la bouteille de tequila, toujours fidèle, et la défense de l'honneur bafoué) est encore aujourd'hui considérée comme le sommet de la musique ranchera et appartient au répertoire des artistes les plus jeunes d'un genre toujours très vivace bien que, comme son homologue anglo-américain de Nashville, il ait

AMERICANA

largement dérivé vers l'hyper-commercialisme et les stéréotypes.

La musique mariachi puise aussi ses origines dans la région de Jalisco, un des grands viviers de la musique du nord du Mexique. Le terme de « mariachi » est peut-être une corruption du mot français « mariage » qui remonterait à l'occupation du Mexique par les troupes françaises sous Napoléon III. L'entourage de l'éphémère empereur Maximilien aurait commencé à faire venir dans Mexico et les grandes villes des orchestres de Jalisco pour les bals et les cérémonies, notamment les mariages. Il semble que cette pratique ait été amplifiée ensuite par le dictateur Porfirio Diaz, grand amateur de musique mariachi, qui a lui-même mis au point et stylisé les costumes chamarrés des orchestres et leurs sombreros, en faisant une sorte de « musique officielle de cour ».

Au XIXe siècle, les orchestres mariachis ne comprennent que des violons, des guitares, des harpes, un guitarron auxquels s'ajoutent le bajo sexto, la contrebasse mexicaine. Les trompettes – si caractéristiques du style au XXe siècle – remplacent pour des raisons de puissance acoustique les harpes. Le genre prend une ampleur internationale vers 1920 avec le succès foudroyant, auprès des touristes venus des États-Unis, de la Cantina Tenampa, une taverne légendaire de Mexico. Les bars et les cafés de Mexico et de la plupart des grandes villes du pays présentent des orchestres mariachis qui jouent à la demande des clients la chanson voulue et se font payer l'air joué à l'unité ! Le chanteur, les danseuses et tout l'orchestre entourent le client qui, preuve nécessaire et étalée de sa générosité et de son enthousiasme, donne un gros billet aux mariachis. Cette pratique, devenue traditionnelle, suppose que l'orchestre mariachi dispose

Les musiques hispaniques

d'un énorme répertoire : entre 1 500 et 15 000 airs par orchestre ! Bientôt, les places de Mexico se peuplent à la tombée de la nuit d'orchestres mariachis qui jouent quelques airs auprès de passants venus les engager pour animer un dîner entre amis ou entre amoureux. Cette pratique toujours très vivante s'est répandue dans toutes les grandes villes du Mexique.

Sur le plan musical, le genre mariachi s'est peu à peu affranchi de ses racines du Jalisco pour, tout en restant plus ou moins fidèle au format orchestral figé dans les années 1920-1930, adopter et adapter des chansons venues d'autres genres : Ranchera, tejano, Cumbia (musique mexicaine de la côte caraïbe). La popularité de certains orchestres mariachis tels les Mariachi Vargas a engendré dans les années 1930 la naissance d'un genre cinématographique « mariachi », équivalent des westerns chantants hollywoodiens de la même période. Ils sont d'ailleurs autant tournés à Hollywood (pour le public hispanique des États-Unis) que dans les studios mexicains. Ces films se passent dans l'ouest rural mexicain et mettent en scène des héros vaqueros redresseurs de torts qui sont souvent aussi des chanteurs-musiciens de mariachi. Les scènes d'action et les scènes sentimentales sont entrecoupées de nombreuses chansons qui deviennent souvent des succès du disque et assurent aux vedettes de ces films un statut de « superstar » du cinéma et de la chanson.

Les musiques de la côte nord-est (caraïbe) du Mexique connues sous le nom générique de Huapangos mélangent aussi les riches folklores indiens de ces régions autrefois soumises par les Aztèques avec l'apport espagnol et les rythmes des îles des Caraïbes.

L'huasteco plonge, comme son nom l'indique, ses racines dans les fortes traditions musicales des

AMERICANA

Aztèques. Le violon, adopté par les Amérindiens dès le xvie siècle, est le grand instrument soliste, accompagné de guitares de toutes dimensions dont la petite jarana indienne. Le chant est très caractéristique des goûts indiens (et de l'Asie extrême-orientale) pour les voix féminines de tête et l'usage immodéré du falsetto. Le répertoire a été fort longtemps traditionnel, reprenant les mêmes thèmes datant des débuts de la conquête espagnole. Mais, peu à peu, le genre a évolué, notamment sous l'influence du disque dans la première partie du xxe siècle. Les orchestres huastecos (tels les très populaires Los Camperos de Vales) adaptent à leur style les succès des autres musiques nord-mexicaines et se concentrent aussi sur les solos de violon et de guitare, de plus en plus virtuoses, avec des techniques d'accordages très particuliers qui sont imités dans le monde entier. Le genre est aujourd'hui très présent dans les tavernes de Puebla, Tlaxco ou Tampico notamment.

L'*arribeño* est une des plus anciennes formes de chanson espagnole qui remonte au Moyen Âge. Implantée par les premiers conquistadores en Amérique, elle est uniquement composée de versets décimaux. Elle a certainement eu une énorme influence sur le cours des musiques de toutes les terres hispaniques en Amérique du Nord, Floride et Californie incluses. Encore vivante au xixe siècle, elle n'est plus pratiquée qu'à l'intérieur des terres du Nord-Est mexicain et a été enregistrée sporadiquement par des artistes aussi prenants que Guillermo Velazquez.

Enfin, le *Veracruzno* (Son Jarocho) est une musique très influencée par les airs des Caraïbes avec des orchestres composés de guitares, harpes, contrebasse et de nombreuses percussions. Elle est surtout pratiquée

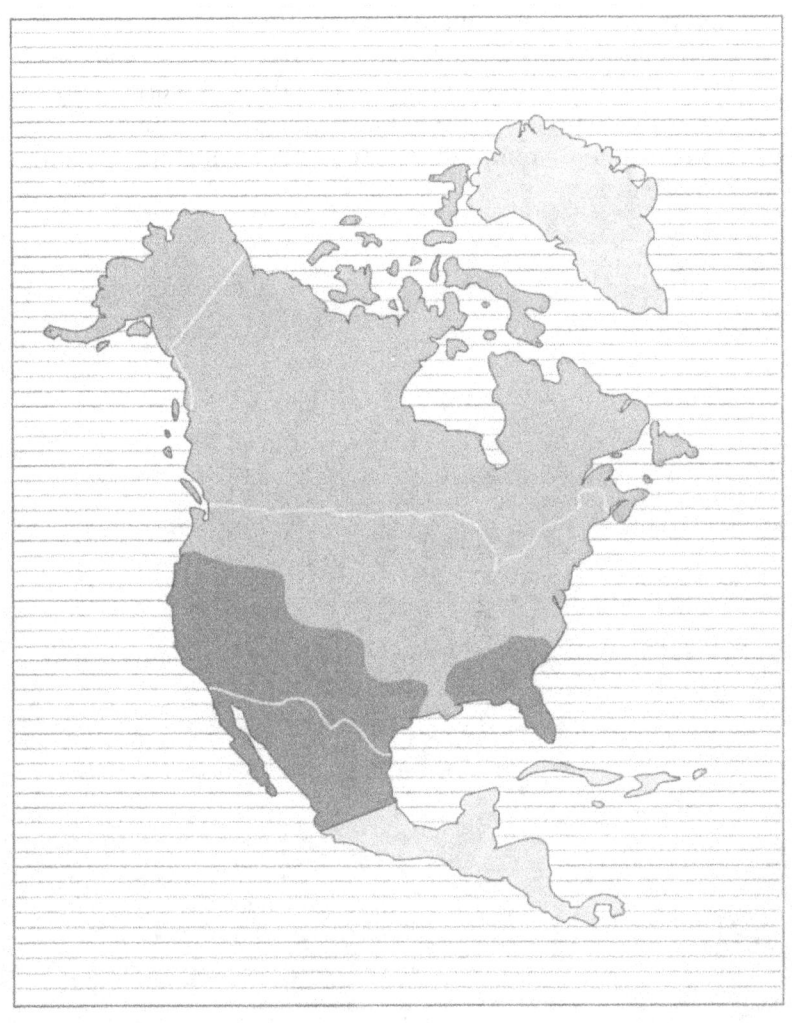

Carte 2 : En gris plus sombre, aire de forte influence hispanique dans les limites géographiques couvertes par ce livre.

AMERICANA

dans les tavernes du port de Vera Cruz et le long de la côte caraïbe. Les figures emblématiques du genre – Don Nicolas Sosa, Graciana Silva ou Boca Del Rio – ont soudain vu leur musique popularisée dans le monde entier avec la reprise de *La Bamba*, un air traditionnel du veracruzno, remontant sans doute au milieu du XIXe siècle.

CHAPITRE III

LES MUSIQUES FRANÇAISES EN AMÉRIQUE DU NORD

Après les Espagnols (mais souvent en même temps qu'eux), les Français ont été les premiers européens à explorer l'Amérique du Nord. Jean Cabot (dès 1497) et Jacques Cartier (en 1534) explorent le nord du continent. Mais une présence française permanente ne commence vraiment qu'en 1604 avec la fondation du Port Royal (aujourd'hui en Nouvelle-Écosse) puis celle de Québec en 1608 sur le Saint-Laurent par Samuel Champlain. En quelques décennies, grâce aux gigantesques efforts conjugués d'explorateurs, de missionnaires, de colons et d'audacieux trappeurs, c'est la France qui, parmi les puissances européennes, possède la plus grande portion du territoire nord-américain depuis la baie d'Hudson au Canada jusqu'au golfe du Mexique. Les Français menacent même les Espagnols autant en Floride qu'au Tejano (Texas). Vers 1670, selon tous les observateurs de l'époque, la mainmise française sur l'ensemble du continent nord-américain semble inévitable.

Une simple étude attentive de la toponymie le long de la vallée du Mississippi-Missouri montre à quel point la présence française a été, durant une longue période, considérable dans cette partie du continent. La plupart des noms de lieux sont français. De fait cette région – il s'agit de l'ancienne Louisiane, qui s'étendait du sud au nord des États-Unis actuels – a largement été repérée, explorée, cartographiée et colonisée par les Français. Aujourd'hui encore, des Indiens Crees de la région de Minot (Dakota du Nord), résidant dans la réserve des Turtle Mountains et probablement liés à des coureurs des bois venus de France, pratiquent couramment un patois dérivé du français ! N'eût été l'indifférence de la métropole vis-à-vis de ses colonies américaines, l'Amérique du Nord eût été certainement et largement francophone.

En réalité, les Français n'étaient pas très nombreux à tenter l'aventure américaine aux XVIIe et XVIIIe siècles mais ils étaient trappeurs, coureurs des bois, forestiers et se mariaient fréquemment avec des Indiennes, nouant ainsi des relations privilégiées avec des nations amérindiennes. Ces liaisons de sang et d'intérêts serviront longtemps (avec des moyens venus de métropole tout-à-fait dérisoires) à contenir l'avance des Anglais. Ces métis de Français et d'Indiens aideront ensuite de façon déterminante les premiers explorateurs envoyés par les États-Unis à prendre possession du Far West. Cependant, sans parler de la résistance des Français du Canada à toute anglicisation, leur assimilation à la société américaine après la naissance des États-Unis est aussi bien plus difficile que pour les immigrants venus des autres pays européens. Les colons français en Amérique du Nord – contrairement aux autres qui fuyaient leur pays pour diverses raisons – étaient en fait venus là comme partie d'une stratégie de conquête : il s'agissait de gagner l'Amérique du Nord à la France et cela contre les Espagnols et les Anglais. Leurs descendants, de la Louisiane au Québec, continuent encore aujourd'hui cette lutte qui n'est plus militaire mais linguistique, culturelle et

Les musiques françaises

religieuse. Cela n'exclut évidemment pas qu'une très grande majorité de « Français » se sont fondus dans la société américaine, anglicisant leurs noms au fur et à mesure des années, et perdant progressivement leurs traditions culturelles.

Quoi qu'il en soit, l'apport français sur les musiques d'Amérique du Nord est très conséquent, souvent considérable. Dans certaines régions, il a donné naissance à des traditions musicales et chantées spécifiques qui ont à leur tour fortement influencé l'évolution des autres musiques américaines.

LES MUSIQUES DE LA NOUVELLE-FRANCE

Le Canada (du mot huron « Kanata », rapporté par Cartier en 1534) s'appelait en fait Nouvelle-France jusqu'en 1763 bien que le mot Canada ait désigné aussi le pays dans le langage courant. C'est cette colonie française dont nous étudions ici la musique.

Selon tous les témoignages écrits (comme celui de Marc Lescarbot, un avocat et musicien amateur venu en Amérique en 1607), la présence française s'accompagne partout d'une vie musicale importante. Le premier évêque de Québec, François-Xavier de Laval, introduit l'orgue au Nouveau Monde, met sur pied des chorales. La musique populaire ou profane semble regorger de motets, de danses diverses surtout venues du Nord-Ouest de la France. On signale nombre d'orchestres un peu partout le long des établissements français, chaque groupe professionnel a son répertoire de chansons populaires, sans doute très vaste comme l'attestent les archives de l'Université Laval à Québec.

Aux XVIIe et XVIIIe siècles, les habitants de Nouvelle-France sont fermiers, laboureurs, trappeurs. La politique de peuplement est particulièrement active dans la deuxième partie du XVIIe siècle, notamment au temps où Jean Talon est le représentant du roi en Nouvelle-France. Presque tout le monde joue d'un instrument de musique et (ou) connaît d'innombrables chansons et airs de danse de sa région d'origine. Toutes ces traditions musicales et chantées sont orales jusqu'au XIXe siècle où neuf mille airs et chansons sont fixés sur partitions, révélant que plus de 90 % de ces morceaux ont leur origine dans la France du Nord. Ce sont pour la plupart des textes traditionnels souvent chantés *a capella* dont l'origine lointaine peut parfois être tracée jusqu'aux troubadours du Moyen Âge de langue d'oïl (*Le Prince d'Orange* ; *Les Quatre Fils Aymon*) et adaptés à l'Amérique française. L'américanisation de ces chansons se manifeste par de nouveaux textes, souvent multiples et divers, sur une seule et même mélodie familière. On se sert d'un texte connu depuis la France dont on change d'abord quelques mots, des strophes entières ou qu'on finit par réécrire complètement pour décrire la vie américaine. C'est ainsi que *À la claire fontaine*, chanté par les soldats dès 1608 à Québec, devient peu à peu un des symboles du nationalisme franco-canadien, adopté comme hymne « national » par la Société Saint-Jean-Baptiste en 1834 à Montréal. De même, une célèbre chanson du nord-ouest de la France, *Par derrière chez mon père* devient *Vive la Canadienne* !

donne :

    Par derrière chez mon père
    Vole mon cœur vole
    Par derrière chez mon père
    Lui y-a-t-un pommier doux, doux, doux...

    Vive la Canadienne
    Vole mon cœur vole
    Vive la Canadienne
    Et ses jolis yeux doux, doux, doux...

Les musiques françaises

La plupart de ces chansons ont des refrains qui permettent d'associer le groupe (famille, profession puis nation franco-canadienne) à la chanson et d'en faire, peu à peu, un symbole d'appartenance, un lien pour une collectivité qui, ne l'oublions pas, est majoritairement analphabète.

Ces chansons sont d'abord interprétées dans le domaine privé : veillées, travaux des champs, rencontres amicales, événements familiaux. Cependant, grâce aux Voyageurs, elles se répandent très loin dans l'intérieur des terres, le long des rivières et des lacs jusqu'aux trappeurs qui sont les seuls Européens à peupler le cœur de la vallée du Missouri et au-delà.

Véritable corps social, métis de Français et d'Indiens, ces très nombreux *Voyageurs* s'aventurent jusque très loin dans le « grand Ouest » américain, explorant le cours des rivières autant au nord (jusque sur l'Athabaska !) qu'au sud (ils descendent et remontent le Missouri de Saint Louis jusqu'aux montagnes Rocheuses). Ils manœuvrent leurs canoës à la pagaie sur les rivières et les lacs afin de transporter des marchandises et des passagers pour de grandes compagnies de commerce, pour l'armée ou pour les entreprises de fourrure. Ils s'imposent vite comme une force incontournable en Amérique du Nord, ayant plus ou moins le monopole du transport dans la plus grande partie de l'Ouest nord-américain, depuis les tout débuts du XVIIe siècle jusque vers 1860, lorsque les bateaux à vapeur et le chemin de fer rendent obsolètes leurs pagaies, leurs canoës et leur savoir faire. Le rôle de ces Voyageurs a aussi été capital dans l'exploration et la mise en valeur de l'Ouest des États-Unis : sans eux, aucune des expéditions américaines n'aurait réussi, à commencer par celle de Lewis et Clarke, juste après la cession par Napoléon de la Louisiane aux États-Unis.

AMERICANA

Organisés selon une confrérie informelle, ils revendiquent avec fierté leur double origine, « Peaux-rouges » et Français. Ils s'habillent presque tous de la même façon : une casquette de laine rouge, un justaucorps indien, parfois une veste de cuir à franges, une chemise à gros carreaux, souvent un assemblage de tissus dépareillés et cousus, une gibecière avec un sac qui contient poudre et munitions, viande séchée, tabac et « longue pipe », le calumet des Indiens qu'ils ont adopté. Audacieux, bagarreurs, francs buveurs, paillards, les Voyageurs français vivent dans un monde riche d'histoires plus vraies que nature, d'exploits homériques colportés et grossis par chaque conteur, de chasses et de pêches miraculeuses et dangereuses, de bivouacs protégés des intempéries par leurs canoës renversés, de confrontation aux tribus hostiles, aux éléments déchaînés... Ces histoires sont à l'origine directe de la vision ultra-romantique de l'Ouest américain qui se développe depuis leurs histoires contées à la veillée jusqu'à la littérature de la Frontière, puis aux Westerns du cinéma dans lesquels on croise souvent des « Old Timers » hirsutes et vantards, portraits assimilés abusivement aux États-Unis des célèbres Voyageurs français.

Leurs histoires sont très souvent contées mais aussi chantées sur un air familier arrangé et américanisé. Ils s'accompagnent parfois d'un idéophone ou d'un instrument de musique : osselets, cuillères, guimbarde, violon à une corde (!) ou parfois à quatre puis, au XIXe siècle, d'un harmonica ou d'une petite guitare amérindienne. Leur monde musical très riche frappe les nombreux auteurs qui les croisent. C'est ainsi que l'anglais Hugh Gray dans ses *Lettres du Canada* (1806-1808) relate ses impressions : « [Les Voyageurs Métis] chantent tous ensemble, le plus fort possible et en marquant la mesure avec leurs pagaies. Il y a toujours un leader que les

Les musiques françaises

autres suivent, reprenant dernière strophe ou refrain mais ce leader ne dure que le temps d'une ou deux chansons dont il est le spécialiste, se vantant d'avoir inventé le morceau. Ainsi, *En roulant ma belle* est l'apanage de Le Duc ; Jacques ne jure que par *La belle rose blanche* et Louis est remarquable sur son air favori, *Trois canards s'en vont baignant.* »

Mais dans l'est de la Nouvelle-France ce sont les *ordres* qui implantent les premiers en Amérique une tradition musicale réservée aux festivités. Parmi eux, on retient avant tout l'ordre du Bon Temps, établi en 1606 par Champlain sur le modèle de ceux des chevaliers du Moyen Âge. Il s'agit de former et désigner dans chaque établissement de peuplement un groupe soudé, discipliné, zélé chargé de nourrir, d'organiser le ravitaillement des Français venus plus ou moins volontairement en Amérique. La tâche de ces ordres – chacun des membres porte autour du cou une chaîne caractéristique – est aussi de présenter les plats avec une solennité et une pompe destinées à distraire les colons français du froid, de la solitude, de la nostalgie, du danger des bêtes sauvages et des attaques indiennes. Dans le même esprit, ils doivent « animer » plusieurs repas par semaine avec de la musique jouée par des orchestres organisés qui mêlent musiciens français et amérindiens. On ne sait pas grande chose du contenu musical proprement dit de ces repas sauf qu'on y trouvait des instruments de musique aussi variés que des idéophones, des percussions, des tambours, des violes et des violons ainsi que des flûtes et quelques luths. L'ambiance y était souvent joyeuse, débridée et donnait lieu en fin de repas à toutes sortes de débordements des sens sur lesquels même le clergé fermait les yeux. Cela vaudra en partie aux Français d'Amérique une réputation de « débauchés », tare que les Anglais mettront souvent en avant dans leur lutte contre eux afin de vanter la rigueur et la supériorité de leur sens moral et de leurs bonnes mœurs.

Certains des plus riches colons français (riches marchands, haut gradés militaires) se proclament « aristocrates du Nouveau Monde » et tentent de recréer plus ou moins les manières de la cour de France, en particulier en ce qui concerne l'étiquette et la musique. C'est ainsi que se crée progressivement une *musique aristocrate franco-américaine* dont il nous reste des témoignages édifiants. Ainsi, dès le 14 novembre 1606, le retour après une mission d'exploration du baron de Poutrincourt, gouverneur de Port Royal, donne lieu à la création d'une pièce (scènes mimées en tableaux ; morceaux de poésie ; chants et musique) écrite par Marc Lescarbot, jouée par une troupe de colons et d'Indiens à la manière des célébrations données en l'honneur du retour du roi de France dans chacune de ses résidences. Grâce à l'imagination de Lescarbot, Neptune, personnifié par quelqu'un qui aurait ressemblé à Poutrincourt, arrive dans une nef entourée d'Iroquois récitant des louanges en vers qui mélangent le français et la langue indienne ! Lescarbot fera de nombreux émules et la musique est omniprésente dans la vie sociale intense qui domine la société huppée franco-américaine, en particulier sous le règne de Frontenac, gouverneur de Nouvelle-France entre 1672 et 1698, dont le château Saint Louis – lieu de riches réceptions et de vastes bals qui défraient la chronique locale – résonne constamment de la musique d'orchestres, de solistes, de professeurs, de musiciens attachés à cette véritable cour franco-américaine. Ces manières sont imitées par tous ceux qui se veulent puissants, officiels administratifs,

Les musiques françaises

militaires et même certains dignitaires ecclésiastiques. Ce qui déclenche la fureur des Jésuites qui mettent en garde contre « tous ces excès de chansons légères et de musiques profanes qui mènent à la débauche des sens ».

Loin des réceptions de Port Royal, Québec ou Montréal, les *missionnaires catholiques* (les huguenots seront expulsés de Nouvelle-France en 1629) vont jouer un rôle très important dans la création de musiques américaines. Le but premier de ces ordres religieux (Récollets, Ursulines) est de maintenir la foi (et les principes d'une société civilisée) chez des colons isolés, en proie au doute et livrés à eux-mêmes. Mais l'objectif à long terme des missionnaires est bien sûr d'évangéliser les Indiens. Certains gagnent le pays Huron puis le grand Ouest canadien, s'aventurent au sud, loin dans la vallée du Mississippi, jusqu'à se heurter à leurs homologues espagnols. Même si les martyrs sont nombreux (les Pères Jogues, Jean de Brébeuf et Gabriel Lalemant sont torturés à mort), leurs succès sont impressionnants : en quelques décennies, des nations amérindiennes entières se convertissent au catholicisme et fournissent enfants de chœur et musiciens !

La musique est en effet indissociable de la mission évangélisatrice et d'abord en entonnant des hymnes « harmonieux et sereins » pour impressionner et édifier les « sauvages ». Mais les traditions amérindiennes modifient très vite les airs venus de France. Pour hâter la conversion des chefs et des notables, les missionnaires adaptent les chants indiens en autant de thèmes d'évangélisation. En 1642, Jean de Brébeuf écrit *Jésus Ahatonhia* pour les Hurons. Il prend une mélodie folklorique française très connue (*La jeune pucelle*), y ajoute des rythmes et des accords des musiques sacrées des Hurons et écrit avec l'aide d'un jeune converti indien des paroles dans leur langue :

> Vous êtes des êtres humains
> Réjouissez-vous/
> Jésus est né
> Il est comme vous
> Fils de Dieu, il est aussi Huron

Ce folksong devenu très célèbre reste un des thèmes favoris des Hurons jusqu'aujourd'hui et a été adapté et transformé dans différentes langues indiennes du Canada ! Comme dans les territoires espagnols de l'Amérique du Nord, les Jésuites font un énorme travail d'évangélisation et de promotion des langues et des traditions indiennes, leur but étant de « civiliser » le plus vite possible leurs ouailles afin que les Indiens puissent s'administrer eux-mêmes en bons chrétiens. Tel le Père Paul Le Jeune, ils créent partout des écoles de chant et de musique fréquentées autant par les colons que par les Indiens, avec des établissements centrés sur l'éducation des filles. Une chanteuse et violiste iroquoise, Agnès de Saint-Joseph, est citée en exemple pour ses « extraordinaires » talents musicaux et se produit d'ailleurs jusqu'en France.

À la fin du XVIIIe siècle, l'ensemble de ces traditions franco-américaines forment une des bases considérables de toutes les musiques américaines, particulièrement les folksongs dont beaucoup semblent être de pures adaptations en anglais de chansons élaborées et colportées par les Voyageurs ou les missionnaires. En 1861-1865, le folkloriste Ernest Gagnon collecte et publie plusieurs centaines de chansons au Québec, devenu alors anglais. Contrairement aux autres collecteurs américains de l'époque, Gagnon transcrit les airs et les chansons telles qu'il les entend chanter et jouer sans tenter de modifier ni corriger les « erreurs », idiotismes et autres particularités textuelles et musicales.

Grâce à lui, on s'aperçoit que beaucoup de thèmes originaires de France ont considérablement évolué, dans le rythme, la mélodie et surtout dans le texte. *Un Canadien errant*, texte signé de Gérin-Lajoie, une chanson célèbre aujourd'hui encore qui raconte la révolte antibritannique de Papineau, est en fait l'adaptation de *Si tu te mets anguille*, une vieille chanson française très prisée des Voyageurs, dont les paroles originales trouvent d'étranges échos dans de nombreux thèmes du folklore américain, du nord du Canada à la basse vallée du Mississippi où l'anguille est devenue un poisson-chat :

> Par derrière chez ma tante
> Il lui y-a-t-un étang
> Je me mettrai anguille
> Anguille dans l'étang
> Si tu te mets anguille
> Anguille dans l'étang
> Je me mettrai pêcheur
> Je t'aurai en pêchant.

LE MISSOURI FRANÇAIS

Les témoignages de la vivacité des musiques et chansons françaises tout au long de la vallée du Mississippi-Missouri, peuplés de nombreux établissements français, sont plus rares mais tout de même significatifs, notamment dans l'État actuel du Missouri où une forte colonie française venue largement de Picardie pour exploiter les gisements miniers locaux a implanté et américanisé le parler et le folklore picards. L'abandon de la Louisiane par la France les a – comme nombre d'autres communautés francophones qui, elles, ont disparu – laissés

AMERICANA

longtemps incrédules et les a fait se replier sur eux-mêmes dans une réaction d'orgueil et de défense qui a préservé et enrichi une tradition étonnante, dominée par la figure exemplaire de Petit Jean, héros « français » au destin tourmenté à cause des Anglais. Certains musiciens du nord-est des Ozarks (Rose Pratt, Charlie Pashia, Joe Politte) qui ont enregistré pour la Bibliothèque du Congrès témoignent de la permanence, tard dans le xxe siècle, de traditions très anciennes et fort originales.

Négligées jusqu'aux années 1930 (et les travaux de collecte du canadien Carrière), les chansons et les musiques franco-américaines des vallées du Missouri et du Mississippi ont fait l'objet d'études plus approfondies dans les années 1970-1980 et révélé là aussi la survivance de traditions lointaines ainsi que leurs influences plus forte qu'on ne l'imaginait sur le folklore des États-Unis, country music et blues inclus.

LA LOUISIANE

À La Nouvelle-Orléans (l'autre extrémité de la France d'Amérique, ville fondée par Jean-Baptiste Le Moyne, sieur de Benville, en 1718 – simple fort à l'embouchure du gigantesque fleuve Mississippi inspiré du plan de La Rochelle), un missionnaire capucin, Raphaël de Luxembourg, fonde la première école de musique en 1725 au cœur de ce qui est aujourd'hui le Vieux Carré. Il est très vite imité par de nombreux couvents et missions comme la célèbre École des Ursulines (1736) dont la méthode d'apprentissage continuera d'être utilisée au début du xxe siècle ! Pierre Fleurtel, chanteur, chef de chœur, enseigne à de nombreux élèves dès 1725. Il compose aussi beaucoup de pièces et de chansons originales et est imité par d'autres dont les noms (et certains

Les musiques françaises

fragments de leurs œuvres) nous sont parvenus : François Saucier, Jean Louis, Claude de Borde, Hubert Sauvagin... La culture et les mœurs français vont marquer très durablement La Nouvelle-Orléans, même si la ville est cédée aux Espagnols de 1762 à 1803, puis vendue par Napoléon Ier à la jeune République Américaine. Les bals « français » avec leurs codes et leurs manières inspirées de la cour de Versailles deviennent immanquablement néo-orléanais. La musique est partout : bals, innombrables concerts, rencontres et annonces musicales, tavernes où « coule à flots alcool et musique », salles de danses populaires, bars attenant aux salons où il y a toujours une animation musicale, maisons closes tenues par des quarteronnes... D'abord uniquement marqués par les racines françaises, les musiciens puisent de plus en plus leur inspiration dans les sons venus des Caraïbes ou de l'Amérique du Sud comme on peut déjà l'entendre dans les œuvres lyriques des franco-américains Sylvain de Gretry ou Renaud d'Ast de Daleyrac. Il est remarquable que les musiciens et les compositeurs louisianais ait été très peu influencés (et sans doute pas intéressés) par les musiques venues du reste de l'Amérique du Nord.

Fort différente, la communauté francophone des bayous de Louisiane s'est constituée au début du XVIIIe siècle lorsque les Acadiens des provinces maritimes du Canada, en révolte perpétuelle contre les Anglais devenus maîtres du pays, furent déportés massivement mais par petits groupes dans les ports britanniques le long de la côte Atlantique. Après un invraisemblable périple, une partie d'entre eux gagnèrent à pied la Louisiane encore française pour n'y être accueillis qu'avec condescendance par la brillante bourgeoisie de La Nouvelle-Orléans. Ces frustes

AMERICANA

Acadiens, devenus « *Cajuns* » par américanisme, se replièrent alors dans les marais insalubres de l'arrière-pays et s'y installèrent avec l'aide de Noirs affranchis qu'ils convertirent au catholicisme et à la langue française. Ces « paroisses » demeurèrent elles aussi farouchement « françaises » malgré une extraordinaire pression anglophone. Peu à peu, la tradition musicale et orale cajun s'est constituée, plus vraiment acadienne, francophone plus que française, fortement pénétrée d'américanismes et remarquablement brillante. Elle mêle aux sons de l'ancienne France de fortes influences hispaniques et amérindiennes, ainsi que l'accordéon germanique, les harmonies de la country music, du blues, des folklores et des rythmes mexicains et caraïbes. Les Cajuns de Louisiane sont célèbres pour leurs instruments bricolés à partir de boîtes à cigares, de fils métalliques tirés des clôtures ou des poils de chevaux tels les crins-crins (fiddles) qui copient les modèles de violons à partir de la fin du XVIIIe siècle (notamment les violons triangulaires du Marais Brûleur). On trouve aussi d'innombrables percussions, souvent de simples adaptations d'instruments des Indiens des marécages : petits fers (fabriqués avec les dents des râteaux à riz), frottoirs, cuillères, os de vache sculptés...

Quant à l'accordéon qui est l'instrument principal de la musique cajun d'aujourd'hui, il a en fait été introduit au milieu du XIXe siècle par les immigrants allemands du Texas et s'est vite imposé (comme d'ailleurs dans la musique tex-mex) pour sa puissance et ses vastes possibilités comme jouer à la fois les accords et la mélodie. L'accordéon franco-louisianais est un petit modèle, plus maniable, limité à vingt notes (dix en tirant, dix en poussant) et deux paires d'accords.

La musique cajun se pérennisera par le disque à partir de 1928 (Joe Falcon, Cleoma Breaux), gagnera

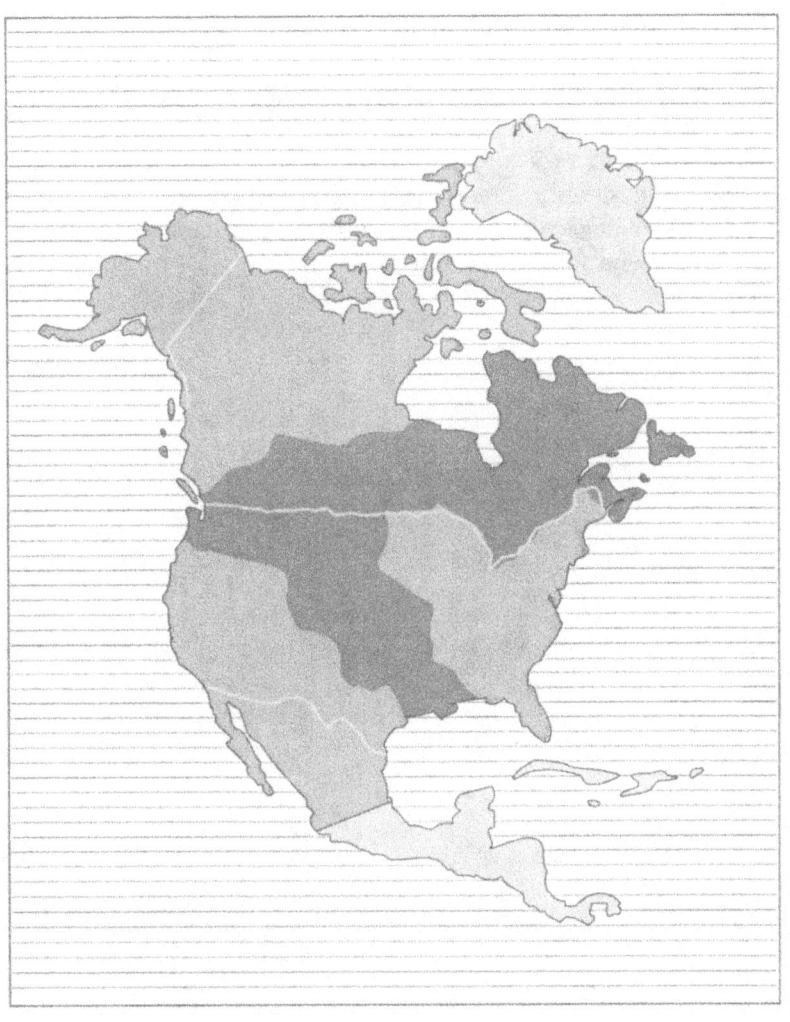

Carte 3 : *En gris plus sombre, aire de forte influence française dans les limites géographiques couvertes par ce livre.*

AMERICANA

progressivement tout le sud des États-Unis et trouvera un remarquable public international dans les années 1960. Jusqu'à faire croire, bien à tort, qu'il s'agit là des seules survivances de musiques d'origine française.

En fait, ces dernières ont fortement marqué l'ensemble des traditions populaires américaines, autant au Canada qu'aux États-Unis. Elles ont été adoptées et transformées par les Américains et par de très nombreuses nations amérindiennes.

CHAPITRE IV

INSTALLATION DES MUSIQUES POPULAIRES BRITANNIQUES

Avec la mainmise progressive de l'Angleterre sur une partie du continent nord-américain, c'est le monde britannique qui à son tour s'y installe. Mais l'Angleterre procède d'une autre façon que celle de ses adversaires espagnols et français. En effet, la Nouvelle-Angleterre est destinée à accueillir les membres des sectes religieuses protestantes dissidentes de l'Église anglicane chassés des îles Britanniques. Ils fondent en Amérique des établissements qui deviendront vite les premières véritables villes anglo-américaines. C'est donc une société basée sur le sacré et le rituel religieux qui se met en place dans ces colonies. Ces fondements marqueront toutes les activités humaines, musique incluse.

Les colonies anglaises du sud sont d'emblée très différentes de la Nouvelle-Angleterre. Les leaders des premiers navires d'immigrants qui arrivent en Virginie se veulent les représentants de l'aristocratie britannique. Ils y amènent tout ce qu'ils peuvent de la culture anglaise, même si celle-ci ne tarde pas à se mêler aux traditions des nombreuses et importantes nations amérindiennes, notamment les Cherokees. D'autres colons qui proviennent des couches paysannes britanniques (petits fermiers, serviteurs, travailleurs plus ou moins serviles) sont largement illettrés et installent leurs traditions populaires en Amérique du Nord. Sur le plan musical, ces traditions sont aussi très différentes selon que les Britanniques qui les apportent, les colportent et les pratiquent sont des Anglais ou des Celtes (Gallois, Écossais ou Irlandais). Elles divergent aussi selon que les colons sont des religieux à la morale rigoriste ou des manœuvres et domestiques de statut semi-servile envoyés plus ou moins de force dans les colonies américaines. Enfin, ces traditions sont bien différentes aussi si les Européens ne font que passer (tels les militaires britanniques stationnés dans les colonies américaines en bien plus grand nombre que leurs collègues espagnols ou surtout français), ou s'ils viennent pour s'installer définitivement. Enfin, au XVIIIe siècle, les classes sociales sont davantage marquées en Angleterre que dans le reste de l'Europe occidentale et la musique de l'aristocratie n'y rencontre que très rarement la musique des couches populaires. La musique « aristocratique » appelée aussi « instruite » est écrite, se joue aux claviers ou à l'orchestre. Elle prolonge en Amérique anglaise les siècles de musique de cour voulue par des seigneurs mécènes. Elle est enseignée et souvent jouée par des musiciens professionnels venus d'Europe, Anglais, Français et Allemands, qui apportent aux riches du Nouveau Monde les dernières compositions à la mode, les danses qui font fureur dans la bonne société de Londres, Paris ou Madrid. Car pour ces aristocrates américano-britanniques, plus on est au diapason de l'Europe, plus on est capable de tenir un haut rang dans la société coloniale.

À côté de cette aristocratie autoproclamée, hautaine et distante, on trouve dans les colonies anglaises d'Amérique du Nord une foule de petits fermiers, travailleurs manuels, artisans, serviteurs, généralement illettrés.

Installation des musiques populaires britanniques

Comme en Angleterre, ils sont totalement écartés du monde aristocratique dont ils ne partagent guère la culture. Ils amènent avec eux les chansons et les airs de danse, qu'ils connaissent généralement par cœur mais qui sont parfois écrits, tel le populaire recueil de danses annotés de façon simplifiée par Arne et Shield d'après des traditions orales. Ces thèmes proviennent des différentes régions de Grande-Bretagne d'où les colons sont originaires et qu'ils adaptent spontanément à l'Amérique. Les chanteurs, conteurs et musiciens du sous-prolétariat agricole, de loin le plus important en Amérique du Nord britannique, aménagent sur des bases européennes tout ce qu'ils entendent autour d'eux ; en particulier les musiques, les chants et les danses des nations amérindiennes qui demeureront toujours la population la plus nombreuse dans les colonies britanniques puis, au fur et à mesure que l'esclavage des Noirs se développe, ceux des différentes régions d'Afrique. La musique et les chansons de ces colons américains du petit peuple décrivent ainsi leur nouveau mode de vie. Ils seront à la base des folksongs américains d'origine britannique.

Tout cela va fortement marquer l'empreinte britannique en Amérique dans tous les domaines.

Dans ce chapitre, nous allons étudier les apports musicaux anglais aux colonies américaines, le domaine celtique, très différent mais aussi très influent, étant décrit plus tard.

MUSIQUES DES CENTRES URBAINS DE LA NOUVELLE-ANGLETERRE

À partir de 1620, les colons protestants (Puritains, Quakers) venus de Grande-Bretagne construisent en Nouvelle-Angleterre un monde dans lequel l'idéal religieux sévère et strict s'impose dans la vie privée autant que publique. Et cela jusque dans l'organisation de l'espace dans la cité. Tout doit être conforme à la vision rigoriste des édiles protestants. Toute la vie doit tourner autour de la religion, y compris, bien sûr, la musique.

Boston est certainement le cœur de ce système. La cité est édifiée au milieu du XVIIe siècle comme un modèle de vertu. Durant près d'un siècle (jusque vers 1720), les magistrats, les bourgmestres et le clergé mènent une répression furieuse contre toutes les formes de danse et de musique profanes. Un texte municipal de 1693 détaille tous les instruments de musique interdits à Boston (de la guimbarde au violon) en mentionnant leur degré d'« imprégnation démoniaque ». De fait, il n'y a guère que les claviers qui bénéficient d'une certaine mansuétude !

Cependant, au fur et à mesure que la ville se développe et prospère, les besoins et les désirs d'amusements d'une population jeune et dynamique desserrent progressivement le carcan puritain. En 1713, George Brownell ouvre même la première école de danse à Boston, malgré les manifestations et les menaces à son encontre. Finalement, incapables d'endiguer le mouvement, les Églises créent leurs propres écoles de musique, orientées vers la « décence » et l'« amour de Dieu » : des professeurs européens ou déjà américains y enseignent aux jeunes Bostoniens à lire, écrire et jouer de la musique.

Loin de détourner ces jeunes gens de la danse et de la musique profanes, ces écoles religieuses leur permettent au contraire d'acquérir les compétences nécessaires à la musique légère, aux airs de danse, aux chansons populaires ! Ce mouvement involontaire d'échange entre la musique d'inspiration religieuse et les autres, incessant va-et-vient, sera une des grandes caractéristiques de tous les folksongs américains.

Installation des musiques populaires britanniques

En 1728, la venue à Boston de Stephane Deblois, un New-Yorkais d'origine française, marque aussi le premier concert de musique de danse donné dans le cœur du monde puritain de la Nouvelle-Angleterre et déclenche une ardente polémique entre les Bostoniens. Malgré les efforts des clergés et des citoyens les plus rigoristes, rien ne réussit à arrêter ce mouvement d'ouverture. En 1754, la famille Deblois ouvre le Deblois Concert Hall (futur Boston Concert Hall). Le mouvement prend de l'ampleur avec l'arrivée massive de forces militaires britanniques venues à partir de 1768, mater les velléités d'indépendance des habitants de Boston qui sont au cœur de la Révolution américaine. De nombreux orchestres professionnels distraient les militaires anglais : ceux de William Turner, Sampson Morgan ou Josiah Flagg. Mais c'est William Selby qui, saisissant le mieux les aspirations musicales des autochtones, ouvre ses concerts aux Bostoniens de toutes conditions : il mélange intelligemment thèmes sacrés et profanes, musiques de cour et chansons populaires et attire de vastes audiences au Boston Concert Hall. Il reste d'ailleurs à Boston après l'indépendance des États-Unis.

Avec la création de la jeune République américaine, tout le système rigoriste bostonien vole en éclats. Les autorités ecclésiastiques et civiles qui avaient toujours gouverné conjointement la cité se séparent selon les principes démocratiques. Finalement, les nouveaux édiles américains constatent « la nécessité de fournir aux excellents citoyens de Boston les lieux de rencontre et d'amusement nécessaires à la vie de toute société ».

Bien qu'elle soit aussi en Nouvelle-Angleterre, *New York* a toujours été l'opposée de Boston : une cité ouverte où le commerce est roi, attirant une foule de colons venus de toute l'Europe occidentale. Le port est fondé par les Hollandais en 1626 sur une île (Manhattan) achetée aux Indiens. Malgré les efforts des Néerlandais pour consolider leur présence en Amérique, la couronne britannique s'empare définitivement de la ville dès 1664.

On pense que la vie musicale à New York a été, dès sa création, à la fois très intense et très populaire (jusque dans les tavernes des bas ports) mais les premiers témoignages ne datent que de 1736 : Theodore Pachelbel (le fils de Johann), un organiste célèbre, vient s'installer à New York (il y mourra en 1750) de même que William Tuckey ou Lewis Hallam qui crée la première compagnie de théâtre de la ville. Au milieu du XVIIIe siècle, New York abrite quantité de professeurs de musique et de danse, de salles de bals, de concerts sans compter les célèbres chœurs de Trinity Church qui délaissent souvent l'inspiration religieuse pour se produire dans la bonne société. Mais la musique inonde les quartiers populaires : Vauxhall Gardens est un immense centre de concerts et de danses en plein air que fréquentent tous les New-Yorkais.

Au moment de la création des États-Unis, New York City a, dans le reste du pays, la réputation d'une cité sulfureuse dont les habitants se mélangent sans mesure, raffolent d'amusements sans fin. Au point que beaucoup d'édiles du Massachusetts rechignent à entrer dans la République américaine en compagnie des habitants de cette « cité de la perdition ».

Philadelphie est un autre monde, la ville principale de la colonie de Pennsylvanie créée en 1682 par William Penn pour servir de refuge aux victimes des persécutions religieuses de toute l'Europe. Très vite, Philadelphie s'impose comme la plus grande ville des colonies

Installation des musiques populaires britanniques

britanniques d'Amérique du Nord et la capitale économique et culturelle. Comme à Boston, le puritanisme des fondateurs de la ville et de leurs descendants (en particulier les Quakers qui contrôlent la ville) mène une guerre acharnée aux « amusements ». Mais le va-et-vient incessant du grand port, les nécessités commerciales et économiques ont aussi leurs lois. Même si c'est souvent de façon semi-clandestine, les cabarets, les salles de danse, les tavernes fleurissent un peu partout.

En 1740, à la suite d'une vaste campagne de moralisation, George Whitfield et ses partisans réussissent à fermer – souvent par la force et le feu ! – de nombreux « lieux de débauche où l'esprit de Dieu est bafoué ». Mais cette victoire puritaine n'est que de courte durée. La menace indienne, extrêmement pressante en Pennsylvanie au milieu du XVIIIe siècle, se heurte au pacifisme absolu des Quakers qui prônent la non-violence en toutes occasions. Les habitants de Philadelphie appellent alors au secours. Les milices de défense, dirigées par des trappeurs et coureurs des bois aux mœurs plus que lâches, affluent dans la ville, suivis par l'armée anglaise. Pour contenter tous ces « braves défenseurs de la cité », on reconstruit cabarets, tavernes et même maisons closes ! En 1757, Philadelphie connaît son premier concert public, et voit en 1759 l'ouverture de son premier magasin de musique... En 1763, James Brenner organise régulièrement des bals et des concerts pour toutes les classes sociales de la ville.

Sitôt le danger indien écarté, les Quakers tentent de reprendre la ville en main, et essaient de terroriser les habitants. En vain ! Les nouveaux élus américains rappellent alors solennellement que Philadelphie fait partie des États-Unis et que les « citoyens de la ville sont libres de dépenser leur temps et leur argent comme bon leur semble ».

AMERICANA

LE VIEUX SUD QUAND IL ÉTAIT ENCORE JEUNE

La superficie des colonies sudistes, les énormes distances qui séparent les établissements humains les uns des autres, le peuplement très épars, la création de nombreuses plantations disséminées sur tout le territoire afin d'y cultiver canne à sucre et coton et ainsi ravitailler la métropole anglaise font que la situation de ce qui deviendra le « Vieux Sud » est totalement différente de celle qui prévaut en Nouvelle-Angleterre. Les colonies sudistes ne sont absolument pas soumises aux pressions morales des Quakers et des Puritains. Les colons sont de religions différentes. Les catholiques et les presbytériens sont très nombreux. Ils proviennent souvent des régions celtiques à la morale moins rigide. En outre, l'idéologie de ces Églises est d'encourager la musique et le chant durant la messe comme à la maison.

Les États du Sud, le Maryland, la Virginie et les deux Carolines sont colonisés à partir du XVIIe siècle. Au lieu d'implanter des ports comme en Nouvelle-Angleterre, les Anglais profitent des larges voies fluviales pour pousser loin à l'intérieur du continent. Ces terres qu'on achète aux autochtones où dont on prend possession par la force sont vendues aux audacieux qui osent affronter les maladies et les Indiens parfois hostiles afin de se lancer dans la culture du tabac et du coton, jugées nécessaires par la Couronne britannique. Beaucoup de ces colons meurent ou fuient dès la première année. Quelques-uns réussissent à s'implanter durablement et, grâce à ces cultures très profitables, ne tardent pas à devenir assez riches pour mener une vie de gentlemen's farmers à l'anglaise, s'appuyant pour prospérer sur une main d'œuvre semi servile d'origine irlandaise ou écossaise puis africaine. La vie musicale dans ces plantations

Installation des musiques populaires britanniques

est, selon les nombreux témoignages, intense : pas de musiciens professionnels comme dans le Nord mais une quantité d'amateurs doués – planteurs, contremaîtres, serfs irlandais et écossais, Africains – souvent illettrés et qui, ne pouvant compter que sur eux-mêmes, innovent autant dans la structure musicale que dans la pratique instrumentale. La vraie musique folklorique américaine s'élabore dans le creuset fermé mais bouillonnant de la plantation du Vieux Sud. Les influences anglaises semblent vite noyées par les précédents habitants indiens, français ou espagnols puis, encore davantage, par les apports des travailleurs celtiques ou africains. Et n'oublions pas qu'avant la création des États-Unis, la continuité territoriale des colonies britanniques d'Amérique du Nord n'existe pas : peu de voies de communication, commerce difficile entre les colonies, obligation de passer par la métropole pour la plupart des opérations et des transactions. Le monde social et culturel du Vieux Sud est infiniment plus proche des colonies britanniques des Caraïbes, notamment de la Jamaïque où la vie culturelle est depuis longtemps originale et brillante, que de la Nouvelle-Angleterre, morne, triste et lointaine.

Jusqu'à l'indépendance des États-Unis, le Sud sous domination britannique ne compte que très peu de villes, plutôt quelques gros bourgs comme Annapolis, Williamsburg, Norfolk ou Wilmington. Ces cités ne regroupent guère que quelques administrations, banques, commerces et tavernes. L'exception est Charlestown qui devient Charleston. Fondé en 1670 par des planteurs venus de Jamaïque et de la Barbade auxquels s'ajoutent vite une très importante et très entreprenante communauté juive séfarade, le port apparaît longtemps comme une excroissance des Antilles britanniques. Les riches planteurs et les commerçants des Îles viennent plusieurs fois par an sur le continent afin d'y faire des

AMERICANA

affaires et aussi très souvent y retrouver des maîtresses et s'y encanailler loin des regards et des ragots de la plantation. Ils y croisent aussi les planteurs du Vieux Sud qui considèrent la ville comme une « petite Nouvelle-Orléans ». Charleston grouille d'une vie intense sans commune mesure avec son importance démographique. Dès le début du xviiie siècle, on y trouve des écoles de musique et de danse (avec des chorégraphes venus d'Europe comme Henry Holt ou John Essex) et des commerces d'instruments de musique et de partitions. C'est en 1735 à Charleston qu'on présente *Flora*, le premier opéra joué dans les colonies britanniques d'Amérique du Nord ! On note aussi une abondance de sociétés musicales qui créent des spectacles et font venir quantité de troupes comme la St Cecilia Society qui sponsorise troupes, orchestres et concerts. Mais les classes dirigeantes ne sont pas seules à courir à Charleston. Elles y amènent ou y croisent des employés, contremaîtres, serviteurs, marins, voyageurs, esclaves, sans compter les nobles Cherokees ou Choctaws, « Indiens civilisés » qui viennent au port faire du troc et du commerce. Les salles de théâtre et de bals voisinent avec les maisons closes, les salons de jeux, les tavernes appelées *groggeries* et que l'on trouve d'ailleurs de plus en plus dans tout le Sud. Ces *groggeries* ou rhumeries sont loin de ne servir que du rhum, les patrons en profitent plutôt pour vendre leur alcool maison, le *bush head whiskey*. Le *groggery* type se compose d'une pièce pour boire et d'une autre pour jouer. À Charleston, mais encore plus dans la campagne, les fermiers blancs y côtoient les manœuvres agricoles irlandais et les esclaves noirs qui viennent aussi jouer, boire et y échanger les produits de leur jardin ou de leur artisanat contre leur *red eye rum* !

Quoi qu'il en soit, vers 1750, Charleston est un bouillon de culture : d'innombrables établissements

Installation des musiques populaires britanniques

présentent des musiques jouées et élaborées par des musiciens venus de trois continents qui échangent leurs idées et leurs traditions.

LES FONCTIONS DE LA MUSIQUE DANS LES COLONIES BRITANNIQUES

Durant la période coloniale britannique en Amérique du Nord, la musique est un métier. On recense de très nombreuses échoppes et boutiques qui vendent des instruments, des partitions, des textes de chansons et autour desquelles gravitent quantité de professeurs de musique et de danse venus d'Europe ou déjà anglo-américains. Leurs cours sont donnés d'après des méthodes anglaises comme *An Introduction to the skill of music* par John Playford. Cependant vers 1760-1770, c'est un nombre considérable de méthodes qui circulent en Amérique (pour flûte, piano, violon, harpsichord...) dont une partie de plus en plus importante est conçue en Amérique même. En outre, les colons raffolent des dernières compositions à la mode en Europe qui sont importées et vendues en Amérique sous forme de feuillets. L'américanisation de ces publications est souvent née de la nécessité pour les musiciens anglo-américains de développer localement des publications anglaises de plus en plus taxées et onéreuses et qui, en plus, sont souvent très mal faites, ne comprenant qu'une mélodie grossièrement annotée, seule figurant la ligne de basse hors de toute harmonie. La transposition et l'improvisation, donc l'américanisation sont ainsi nécessaires, y compris pour des musiques dites « instruites ».

En outre, afin de développer leurs activités, beaucoup de magasins de musique installent à côté ou à l'arrière de leurs échoppes des « tavernes musicales », véritables *groggeries* urbaines que l'on trouve jusqu'à Philadelphie

AMERICANA

avec la célèbre enseigne de Michael Hillegas. C'est surtout dans ce cadre urbain qu'à partir de 1740 se développent au fur et à mesure que la révolte gronde contre la métropole britannique, des compositions totalement américaines, odes patriotiques détournées, pamphlets en demi-teintes de plus en plus incendiaires alors que la répression s'abat lourdement sur les colons américains. Ces compositions sont vantées dans les gazettes locales, elles-mêmes alors frappées par la censure. À cause de cette dernière qui détruit quantité de publications jugées subversives, beaucoup de ces chansons protestataires (ancêtres directes des célèbres *protest songs* qui continueront tout au long des siècles, de Joe Hill à Bob Dylan en passant par Woody Guthrie) ont disparu. Mais celles qui nous sont parvenues témoignent de la naissance irrésistible d'une sensibilité américaine particulière (*My days have been so wondrous free* par Francis Hopkinson).

En Amérique anglaise comme en Europe au XVIIIe siècle, la musique se développe dans les cercles privés de la bourgeoisie moyenne qui veut affirmer sa réussite sociale en créant un environnement culturel croyant imiter celui de l'aristocratie. Dans ces salons, les garçons sont orientés vers la musique instrumentale (surtout violon et flûte) tandis que les jeunes filles chantent et s'accompagnent au piano, mais aussi, forte originalité des colonies anglo-américaines influencées par les Espagnols, à la guitare. De nombreux textes nous renseignent sur ces soirées bourgeoises durant lesquelles les invités sont charmés par les filles des hôtes qui chantent, jouent et dansent pour les invités. Comme l'écrit, médusé, le savant anglais John Burroughs : « Après un dîner aux règles très strictes et au savoir-vivre que nous avons oublié [en Angleterre], nous sommes passés au

Installation des musiques populaires britanniques

salon où Mrs W. accompagna sa fille. La jeune M. chanta. [...] Et voilà que, sans doute grisée par nos bravos et les vapeurs de l'alcool qu'on nous servait trop généreusement, M. se mit à danser toutes sortes de pas avec une fougue que son maintien n'eût pas fait soupçonner, y compris ceux que ne pouvaient lui avoir appris que les sauvages qui peuplent en trop grand nombre ces maisons des riches Américains. Et cela sous le regard plus que bienveillant de ses parents.»

En effet, ces cercles bourgeois américains sont loin de ne pratiquer que la musique « instruite » ou « sérieuse », c'est-à-dire européenne. Les traditions musicales et dansées anglaises sont pénétrées très tôt en Amérique par celles des Indiens puis celles des serviteurs Irlandais ou Noirs qui sont légion au XVIIIe siècle. On connaît les frasques du jeune fils de Thomas Jefferson qui défraie la chronique des gazettes mondaines locales, en passant ses soirées « à s'encanailler avec les gens de couleur, danser avec leurs femmes et jouer du violon avec eux la moitié de la nuit ».

Les clubs réservés aux hommes, une spécialité anglaise, s'implantent aussi en Amérique du Nord dès la fin du XVIIe siècle, particulièrement dans le Vieux Sud des plantations. On en trouve d'importants dès 1720 dans le Maryland et en Virginie qui accueillent des « gentlemen venus de lieues à la ronde ». La pratique de la musique figure en bonne place parmi la liste des activités de ces clubs, en particulier ceux de fiddlers tel le Fiddlers, Fools and Farces, cercle d'Annapolis réputé pour la qualité de ses musiciens. Là aussi, alors que le XVIIIe siècle s'avance, ces clubs d'hommes deviennent le lieu de compositions et d'interprétations de chansons engagées, de plus en plus hostiles au pouvoir anglais.

AMERICANA

Mais, en Amérique britannique, la musique est aussi et peut-être d'abord publique, celle des salles de concert et théâtres créés par des entrepreneurs comme Andrew Adgate à Philadelphie ou bien James Hewitt à Boston et à New York. Mais aussi celle véhiculée par des maisons d'édition musicale qui fleurissent en Amérique dans la deuxième partie du XVIIIe siècle autour des magasins de musique (comme le réseau créé par Benjamin Carr en Nouvelle-Angleterre). Ces maisons d'édition répandent et façonnent les goûts musicaux de l'Amérique britannique.

La fronde anti-anglaise des colonies américaines de Nouvelle-Angleterre amène la présence accrue de militaires venus de Grande Bretagne. Chaque régiment possède son orchestre qui parade dans la ville mais donne aussi des concerts dans les lieux publics et même jusque dans les tavernes populaires. Ces musiciens amènent fifres, tambours et trompettes. Mais si les colons adoptent facilement la musique militaire, ils vont très vite l'adapter et en détourner le sens : *Yankee doodle* amené à Boston en 1768 par les troupes britanniques chargées de mater la révolte locale devient, modifié et arrangé, un des airs fétiches des insurgés américains !

On trouve aussi dans les tavernes populaires quantité de chansons grivoises ou à boire venues d'Europe qui, elles aussi, deviennent autant de charges politiques anti-anglaises : *Sons of Freedom* (*Les Fils de la Liberté*) est basé sur *Sons of England* ; *Liberty Song* provient de *Hearts of Oak*, une bluette anglaise de William Brown ; le très patriotique *The President's march* n'est que l'adaptation de *The better sort*, une rengaine anglaise !

Les bals publics des colonies britanniques sont également le lieu d'une intense américanisation des musiques venues d'Angleterre, particulièrement dans le Vieux

Installation des musiques populaires britanniques

Sud, mais aussi dans certains centres urbains de la Nouvelle-Angleterre. De nombreux témoignages décrivent les bals qui commencent par des menuets et des valses mais qui, l'alcool et la bonne humeur aidant, présentent les danses américaines plus ou moins improvisées reflétant le mélange des nombreuses populations qui habitent l'Amérique du Nord britannique, et qui tournent souvent aux démonstrations patriotiques anti-anglaises. Les danses françaises – la France est une puissance amie des colons frondeurs puis alliée des insurgés américains – font particulièrement fureur dans leurs versions très américanisées : sarabandes, gavottes, courantes, passe-pieds, bourrées, gigues... Quant à la contredanse française, elle devient vite la cotillion's dance américaine avec des danseurs en ligne et des changements de pas et de figures selon les injonctions d'un maître de danse improvisé. Il s'agit bien sûr de l'ancêtre direct des square dances et des line dances, encore si pratiquées aujourd'hui.

Une *chanson populaire anglo-américaine* se développe très vite au XVIIIe siècle. Il s'agit d'abord de ballades sentimentales : histoires d'amours impossibles, de catastrophes naturelles, d'accidents et de faits divers ; d'exploits de chevaliers et de belles dames qui deviennent immanquablement autant de personnages et d'événements américains ! Ces chansons sont publiées dans des *Broadsides*, feuillets de papier vendus dans la rue et qui comprennent les paroles des chansons avec (mais pas toujours) une rapide notation musicale, généralement les seuls accords. La plupart du temps d'ailleurs, ces chansons nouvelles reprennent des mélodies célèbres et on note simplement « sur l'air de... » ou « à la manière de... ». Ces Broadsides ne sont que la version américaine d'une activité en vigueur dans les rues

AMERICANA

des villes britanniques dès la fin du xviie siècle. Les Quakers et les Puritains luttent avec une énergie farouche contre ces « chansons idiotes qui corrompent l'esprit des gens et les détournent de Dieu » selon le prêche célèbre du Puritain Cotton Maher. Mais les airs et les paroles circulent encore davantage oralement, hors de toute publication, en particulier dans les aires rurales et dans le Vieux Sud mais aussi, dans la deuxième partie du xviiie siècle, dans les parcs et les artères des cités urbaines de Nouvelle-Angleterre. Là aussi, on trouve de plus en plus de compositions américaines engagées, violemment anti-anglaises, colportées par des chanteurs de rues qui critiquent le régime colonial, la répression, la vie difficile des gens simples, les faits et gestes de personnalités en vue. Les musiques sont la plupart du temps des adaptations de vieux airs anglais ou celtiques mais aussi de morceaux du répertoire « instruit », tirés de l'œuvre de contemporains comme Purcell ou Haendel, simplifiés et américanisés. Si la plupart de ces compositeurs et chanteurs populaires sont demeurés anonymes, certains ont défrayé la chronique, tel John Peter Zenger, arrêté par les troupes britanniques et incarcéré de nombreuses années pour « ses chansons qui colportent des idées virulentes, immorales, fausses et séditieuses ».

LA MUSIQUE D'ORIGINE ANGLAISE AU CANADA

Face aux Anglais qui leur disputent la mainmise du nord du continent américain, les Français apparaissent longtemps comme bien plus dynamiques et plus audacieux. Malgré la prise de Québec par les Anglais entre 1629 et 1632, le xviie siècle est largement à l'avantage des Français. Mais la métropole ne s'intéresse que peu aux exploits de ses expatriés américains. Et par le traité

Installation des musiques populaires britanniques

d'Utrecht (1713), la France cède à l'Angleterre toute l'Acadie (qui devient la Nouvelle-Écosse). Comme nous l'avons vu, les Français d'Acadie, en butte aux persécutions religieuses, linguistiques et politiques, sont finalement déportés en 1755 par petits groupes dans les autres colonies anglaises d'Amérique.

Dès lors, la pression anglaise paraît irrésistible. En 1758, ils prennent Cap Breton, dernier port maritime d'importance tenu par les Français ; en 1759, ils battent l'armée de la Nouvelle-France aux plaines d'Abraham et contrôlent *de facto* tout le Canada. Le traité de Paris en 1763, qui met fin à la guerre de Sept Ans, entérine la possession du Canada par les Anglais.

Afin de consolider son emprise, la Couronne britannique entreprend aussitôt une politique de peuplement « anglophone » qui ensevelirait les Français sous le nombre. La situation démographique tourne vite au désavantage des Français avec l'indépendance des États-Unis, d'autant plus que la France ne soutient pas les projets de La Fayette qui veut continuer la lutte et reprendre le contrôle de la Nouvelle-France. Après 1783, des milliers d'Anglais vivant en Amérique et qui désirent rester fidèles à leur patrie affluent au Canada, bousculent les Français qui avaient exploré et peuplé l'Ontario et le Grand Ouest. Les Provinces maritimes suivent le même chemin. Seul le Québec va vraiment réussir à résister à l'anglicisation linguistique et à la conversion au protestantisme.

Les nouveaux colons britanniques du Canada viennent d'Angleterre mais encore davantage d'Écosse, d'Irlande et, de façon considérable, loyalistes des anciennes colonies de Nouvelle-Angleterre. Malgré les efforts d'homogénéisation des autorités britanniques, ces populations apportent en fait au Canada une grande variété d'expériences sociales, religieuses et culturelles.

AMERICANA

Sur le plan musical, cela se traduit très vite par la création de *folksongs canadiens* originaux. Par exemple, dès la fin du XVIIIe siècle, *Bold Wolfe* est un thème très populaire parmi les anglo-canadiens. Il s'agit d'une ode au général James Wolfe, commandant des forces britanniques tué lors du siège de Québec en 1759. La mélodie est basée sur un vieil air médiéval anglais tandis que les paroles adaptent au général Wolfe des strophes initialement à la gloire de... Guillaume le Conquérant! De même, *Ye maidens of Ontario* est une américanisation de *Ye gentlemen of England*; *The banks of Newfoundland* n'est autre qu'une adaptation de la célèbre chanson de marins irlandais, *Sailing on all the seas*; *Donkey riding*, une autre chanson de marins très renommée au Canada encore aujourd'hui, provient de la ballade écossaise *Highland laddie* tandis que *The squidd jigging ground* est une vieille ballade écossaise qui conserve son titre en Amérique mais avec un texte et des versets très différents.

Les orchestres militaires jouent au Canada aussi un rôle considérable dans toutes les villes où des troupes sont stationnées. Ils amènent les dernières mélodies et les airs à la mode en Angleterre, se produisent dans divers lieux publics (y compris les kiosques à musique des jardins) et privés, animent les soirées et les bals les plus courus de Montréal, Halifax, Newark (aujourd'hui Niagara) ou York (Toronto). Ils constituent la base de départ des premiers musiciens professionnels canadiens qui ne soient pas d'origine française. Par exemple, Frederic-Henri Glackmeyer, d'origine allemande, qui dirige l'orchestre du régiment de Brunswick stationné au Canada décide d'y rester, occupe l'emploi d'organiste à la basilique de Québec, devient un enseignant très prisé de viole et de clavecin, crée la Société d'Harmonie du Québec et compose plusieurs pièces canadiennes à

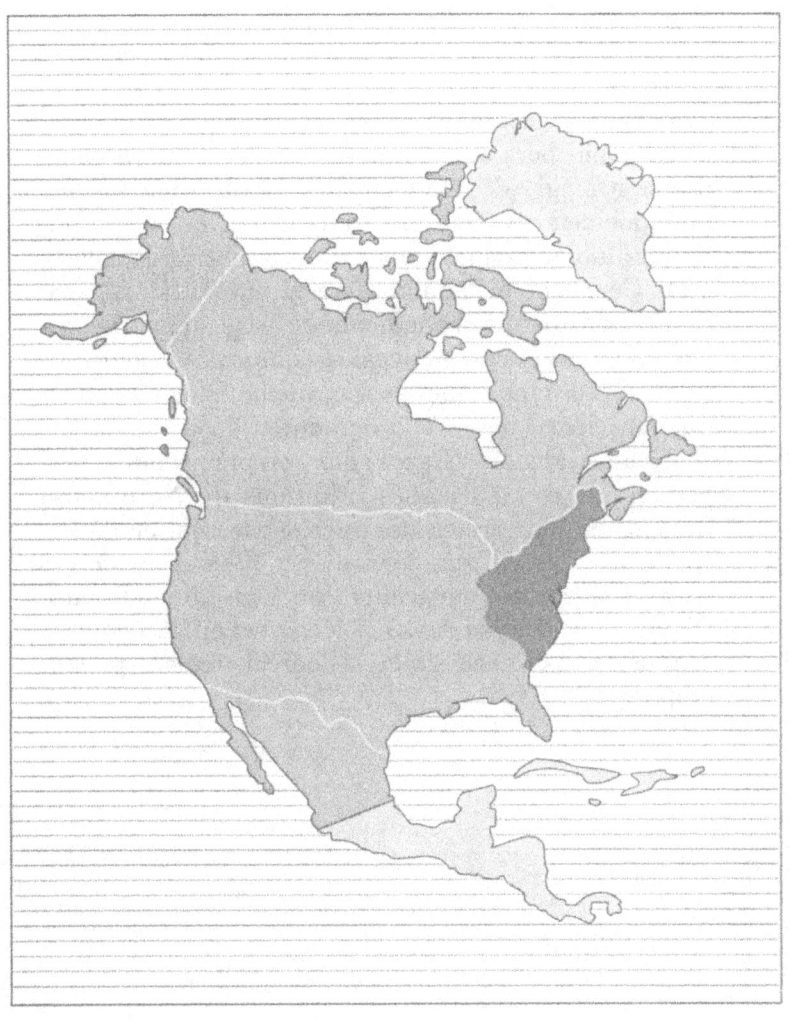

Carte 4 : *En gris plus sombre, les colonies britanniques d'Amérique du Nord avant les guerres contre la France.*

AMERICANA

succès comme *Châteauguay*, ballade à la gloire des forces britanniques qui ont repoussé les troupes des États-Unis lors de la deuxième guerre d'Indépendance en 1813. Mais les immenses étendues du Canada, le très faible peuplement hors des grandes villes de l'Est, l'absence d'une stratégie de conquête territoriale (que sauront appliquer en revanche les États-Unis), la peur d'une immigration non anglophone qui détacherait la colonie de la Couronne britannique, freineront de fait la création d'une identité canadienne. Sur le plan musical, passé l'Ontario, chaque localité compte des violoneux, souvent d'origine française qui, même lorsqu'ils abandonnent leur langue et prennent des patronymes à consonance anglaise (Boyce pour Bois par exemple) perpétuent de très anciennes traditions du Nord-Ouest français ou bien créent des micro-styles qui ne dépassent guère les villages avoisinants. Beaucoup de ces styles, souvent très particuliers, ont sans doute disparu. D'autres ont survécu dans l'isolement et ont fini par être connus au XXe siècle grâce à l'enregistrement phonographique.

CHAPITRE V

LES MUSIQUES D'INSPIRATION RELIGIEUSE

Presque toutes les musiques de l'Amérique du Nord, même celles les plus profanes, ont des racines religieuses extrêmement fortes qui remontent loin dans le temps.

Il faut bien sûr d'abord parler des *musiques amérindiennes* que nous étudions en détail dans le chapitre premier. Ces peuples ne connaissaient aucune séparation entre le sacré et le profane, une notion liée à celle de péché qui n'existait dans aucune société indienne. Pour eux, tout était d'essence religieuse, fruit d'une osmose entre le monde visible et l'invisible qu'il convient de ne pas froisser mais d'amadouer par diverses manières dont la musique et la danse. Comme nous l'avons vu, les Espagnols et les Français convertissent d'ailleurs beaucoup les Indiens au christianisme grâce à la musique et au chant.

Cependant, notamment dans le Sud-Est, face à des nations indiennes particulièrement réceptives à la fois à la musique et au christianisme (Cherokees, Choctaws), les Protestants utilisent aussi la musique dans leur mission d'évangélisation. Les huguenots qui s'installent en Floride en 1560 apportent aux premiers Américains les chants liturgiques, les psaumes. D'autres Églises suivent la même voie avec un succès certain, en particulier les Moraviens en Pennsylvanie face aux Mohawks et aux Mohicans ou dans le Connecticut avec l'œuvre énorme du Reverend Wheelock qui engendre nombre de vocations chrétiennes. Sous son influence directe, plusieurs prédicateurs Indiens vont à leur tour, chantant, jouant et dansant, évangéliser leurs compatriotes. Avant la guerre d'Indépendance, le missionnaire indien de la nation montauk Samson Occom publie *A choice of collection of Hymns and Spirituals* qui continue à être utilisé par de nombreuses églises indiennes des États-Unis et du Canada.

Quant aux esclaves ou affranchis noirs, leur conversion au christianisme se fait presque dès leur arrivée et en tout cas de façon systématique à la fin du xviie siècle. Sur le plan musical, on possède des témoignages sur la Société des Nègres, une congrégation de serviteurs noirs de Boston qui chante psaumes et hymnes. La Société pour la Propagation de l'Évangile (*Society for the Propagation of the Gospel*) est créée au début du xviiie siècle et entreprend une vaste œuvre d'évangélisation des Noirs (et des Indiens) avec un enseignement approfondi du catéchisme, l'apprentissage du chant de psaumes, notamment à la Trinity Church de New York, à Philadelphie, Newport (Rhode Island) et Williamsburg (Virginie). Des gazettes notent la ferveur des Noirs qui chantent leur extase, leur émotion, les fidèles qui entrent en transe... Richard Allen (1760-1831), un Afro-Américain libre, joue un rôle capital dans la création des Églises noires à la fin du xviiie siècle. Il publie en 1801 le premier recueil de textes d'hymnes à destination des Noirs américains : « *A collection of Spirituals Songs and Hymns selected from various authors* » qui comprend quelques textes écrits par Allen lui-même

Les musiques d'inspiration religieuse

mais bien davantage des hymnes et des spirituals qu'il a glanés auprès des chrétiens noirs libres ou encore esclaves. C'est avec cet ouvrage fondamental et l'action délibérée de Allen que commence vraiment l'afro-américanisation des chants religieux apportés par les Européens, spirituals et gospels. Dans sa mouvance, Newport Gardner (1746-1826) qui a étudié dans la célèbre école de chant (*singing school*) d'Andrew Law, un éminent professeur de Rhode Island, apparaît comme le premier compositeur noir connu. Non seulement Gardner compose des hymnes – telle la célèbre *Promise Anthem* qu'il écrit « à destination de la race africaine » – mais il ouvre peut-être la première école de chant religieux noire à Newport, dans le Rhode Island. Nous verrons plus en détail les mouvements musicaux religieux noirs dans le chapitre VI, consacré aux éléments afro-américains dans la musique nord-américaine.

LA MUSIQUE RELIGIEUSE CHEZ LES IMMIGRANTS EUROPÉENS JUSQU'AU XIXe SIÈCLE

Mais évidemment l'origine du chant religieux chrétien vient d'Europe. Réformistes, calvinistes, anglicans, presbytériens, méthodistes, moraviens, baptistes et catholiques... tous chantent des hymnes, des psaumes en vers et, pour cela, ils ont besoin d'enseignants, d'instruments de musique, de répétitions, de chorales.

Au début, le corpus de chants religieux vient d'Europe, en particulier avec l'ouvrage, très répandu, de Thomas Sternhold et John Hopkins, *The Whole Book of Psalms* (publié en 1562). Il faut attendre 1640 pour qu'une première publication proprement nord-américaine soit éditée. Il s'agit de *The Bay Psalm Book*, œuvre

AMERICANA

de pèlerins installés dans la baie du Massachusetts qui se séparent des Puritains sur plusieurs points doctrinaux, en particulier sur l'utilisation du chant et de la musique dans la religion. En 1651, les Presbytériens venus d'Écosse en Nouvelle-Angleterre publient *The Psalms of David*.

Mais la musique et le chant religieux sont avant tout l'apanage des *Moraviens*, cette dissidence protestante de langue allemande dont les membres persécutés en Europe s'installent nombreux en Pennsylvanie et en Caroline du Nord au XVIIe siècle. La doctrine évangéliste des Moraviens les amène à créer une œuvre de construction d'instruments, de représentation et de compositions musicales. Ces dernières sont des créations originales, certes dérivées au départ des compositeurs moraviens d'Europe (Dencke, Herbst, Joahnn Friederich Peter) mais de plus en plus américaines avec une présence accrue de parties instrumentales. Les Moraviens s'adressent aux premiers colons américains sans grande éducation formelle et assez vite l'américanisation du chant religieux est très importante. Ce qui deviendra « la vieille manière de chanter » (*Old Time singing*) se caractérise par des voix très séparées les unes des autres avec une absence de coordination ; des fioritures vocales ; des timbres forts ; des tempos très lents ; un rythme irrégulier et peu marqué.

C'est bien sous l'influence de ce mouvement moravien qu'apparaissent au XVIIIe siècle les *écoles de chant (singing schools)* qui vont tant influencer les musiques populaires américaines. On crée des écoles à Windsor dans le Connecticut en 1727, à New York en 1753, à Boston en 1782. Plusieurs soirées par semaine durant un trimestre, les enseignants de musique et de chant des congrégations religieuses inculquent aux fidèles, souvent des jeunes gens entre seize et vingt ans, les

Les musiques d'inspiration religieuse

rudiments du chant religieux. Leur succès est très rapide autant pour la musique et le chant que parce qu'il s'agit d'une occasion de se rencontrer en dehors des parents. Cet engouement oblige les enseignants à devenir itinérants, d'abord en Nouvelle-Angleterre mais de plus en plus dans le Sud au cours du XIXe siècle.

Tout cela engendre un vaste débat dans les paroisses de la Nouvelle-Angleterre jusqu'alors rétives à tout ce qui risque de distraire de la « vraie foi » : le chant est-il licite, recommandable ? Doit-on chanter régulièrement pour entretenir la flamme de la foi ? Si oui, qui en est le leader, les choristes ? Où doivent-ils se placer ? Comment doivent-ils se tenir ? Quel livre ou méthode de musique et de chant utiliser ? Quels airs doivent être conservés et lesquels bannis ? Doit-on utiliser le *Old Time singing* ou évoluer ?

Ce bouillonnement créatif de la musique et du chant religieux est bien plus fort en Amérique qu'en Europe et va aboutir à la création de *spirituals americains*. Au moment de l'indépendance des États-Unis (1783), quarante-deux recueils de musique et de chant religieux ont déjà été édités qui permettent d'apprécier l'évolution du chant, son américanisation sous l'influence des nombreux étudiants formés par les écoles de chant qui apportent des idées neuves et ont la volonté affirmée de se rapprocher des fidèles américains, classes pauvres, manœuvres agricoles, domestiques, colons isolés... *The American Harmony* publié en 1769 par William Tans'ur et Aaron Williams décrit et annote les caractéristiques du chant religieux américain ; William Billings publie *The New England Psalm singer* qui comprend essentiellement des compositions américaines, de plus en plus éloignées des canons et des préoccupations des fidèles européens. À la fin de sa vie (en 1800),

AMERICANA

l'œuvre de Billings est riche de cinquante recueils de textes en musique, originaux, très poétiques, dans lesquels la référence religieuse est mise en situation dans la vie des petites gens avec de fréquentes allusions à la situation politique américaine. La forme de ces morceaux, airs et paroles, est très fortement adaptée des folksongs américains.

L'influence de Billings est considérable. Il suscite de nombreuses vocations de compositeurs américains comme Daniel Read, Abraham Wood, Andrew Law, Timothy Swan, Justin Morgan, qui publient des milliers de spirituals américains. Ces compositeurs sont parfois des musiciens professionnels mais le plus souvent il s'agit de fermiers, d'instituteurs, de boutiquiers, de représentants de commerce, d'édiles. Ils ont en commun une foi chrétienne sans faille qui est le plus souvent leur seule éducation livresque et une formation rapide dans l'une ou l'autre des écoles de chant. Ces spirituals sont des airs et des textes dérivés des chansons populaires auxquelles on donne un sens religieux. Ils sont totalement ancrés dans la réalité sociale et politique du Nouveau Monde, souvent remarquables par leur authenticité, leur enthousiasme, parfois leur lyrisme et l'émotion qu'ils engendrent. Nombre d'entre eux sont encore chantés aujourd'hui. Au fur et à mesure des années, et surtout bien sûr aux États-Unis, ces spirituals sont repris, adaptés, peaufinés et interprétés par des chanteurs et instrumentistes solistes qui portent la bonne parole aux quatre coins de la jeune nation. L'orgue, instrument obligé de l'église, ne peut se déplacer avec les prédicateurs itinérants. Donc, ces chanteurs de spirituals s'accompagnent de violes, de flûtes ; de violons malgré l'anathème lancé par nombre de congrégations contre ce qui est considéré comme « l'instrument du diable » ; et même de banjos malgré la résistance des

Les musiques d'inspiration religieuse

fidèles pour cet instrument associé aux amusements des esclaves dans les plantations.

LES PARTICULARITÉS DU CANADA BRITANNIQUE

Après la mainmise anglaise sur le Canada, les Églises protestantes, notamment les Anglicans, s'implantent avec les nouveaux colons anglophones et tentent de minorer l'influence des catholiques. En ce qui concerne chant et musique, l'ouvrage qui sert de base aux protestants est *Hymns and Spirituals Songs* publié en Angleterre par Isaac Watts en 1707. Il s'agit de textes en vers tirés de la Bible ou, assez souvent, écrits pour la circonstance. Ces versets sont mis en musique sur des mélodies anciennes, largement connues des fidèles.

Cette méthode évolue au Canada dans les Églises de Halifax (vers 1760), le port militaire certainement le plus vite anglicisé, avant de gagner tout le Canada britannique. Mais c'est surtout au début du XIXe siècle que la musique religieuse anglo-canadienne trouve son originalité, avec de plus en plus d'ouvrages édités au Canada (*Union Harmony* en 1801) qui confient le chant mélodique leader à la voix de ténor alors qu'en Angleterre il est confié à la voix de tête.

Les écoles de chant, créées en Nouvelle-Angleterre dès 1750, se répandent au Canada avec l'afflux de réfugiés pro-britanniques fuyant les États-Unis. En 1796, Stephen Humbert ouvre à St John dans les Provinces maritimes la première école de chant et de musique sacrée canadienne, enseignant les bases minimales de la musique. Cette idée connaît un grand succès auprès du petit peuple qui voit dans cette simplification une possibilité de participer à la vie musicale sans avoir d'éducation. On enregistre aussi un engouement inédit pour ces pratiques chez les catholiques francophones.

AMERICANA

L'Église catholique, pourtant au départ d'esprit fort différent, réagit donc en allant dans le même sens que ses concurrentes protestantes. Le *Vespéral Roman*, publié en 1802, est un recueil de chants liturgiques catholiques mais avec des notations minimales qui les mettent à la portée de tous. Dans cet ouvrage et surtout dans ceux, nombreux, qui paraissent les années suivantes, on trouve à côté de thèmes sacrés venus d'Europe des chansons d'inspiration religieuse originales mais dérivées de thèmes folkloriques bien connus des franco-canadiens (*La Fête de la Sainte Famille*). Vers 1840, on peut dire que la plupart des hymnes catholiques franco-canadiennes sont, tout comme leurs homologues protestantes, des adaptations de chansons profanes bien connues (*Ah! Vous dirai-je maman* devient *Ô digne objet de mes chants*), d'airs de musique légère ou des compositions originales de Franco-Canadiens comme le Père Jean-Denis Daulé dont le *Nouveau Recueil de Cantiques à l'usage du diocèse de Québec* connaît un énorme succès.

LES CAMP MEETINGS

Avec la création et le renforcement des États-Unis, la pratique religieuse protestante va encore davantage se populariser. L'idée que nul croyant n'a besoin d'intermédiaire pour communier avec Dieu va de pair avec l'idéal démocratique de la jeune nation. Certaines sectes protestantes instaurent une liberté absolue de culte qui se manifeste par la prolifération d'églises en bois ou, plus souvent, d'églises sous une tente de toile (*tent meetings*) ou à ciel ouvert (*brush arbor meetings, camp meetings*). Dans ces lieux naturels, la prière et la proclamation de la foi sauvent l'âme du pécheur et le repenti renaît. Loin des Églises établies et hiérarchisées, ces meetings dans la

Les musiques d'inspiration religieuse

nature sont l'expression communautaire des pauvres, des méprisés, des « vrais chrétiens ».

Pour se rapprocher de Dieu, des fidèles, autant Blancs que Noirs, libres, affranchis et même esclaves, se réunissent une première fois dans une vaste clairière du comté de Logan dans le Kentucky en juillet 1800. Chacun proclame sa foi, se débarrasse de ses péchés et exhorte les autres à en faire de même et à renaître (*born again*) dans un christianisme débarrassé de toutes fioritures ou intermédiaires. Le succès de ce premier rendez-vous amène la tenue du gigantesque *camp meeting* de Cane Ridge, à la frontière du Kentucky et de l'Ohio en août 1801. Là, plus de dix mille personnes plantent leur tente pour une longue semaine de « retour à la religion ». L'émotion est générale, envahit même les journalistes et les chroniqueurs présents. Les chants improvisés fusent de partout, celui qui se sent inspiré sermonne ses voisins, des milliers de gens se convertissent à nouveau et jurent de ne plus jamais pécher. Cette réunion de colons isolés, qui ont une vie quotidienne difficile, précaire et dangereuse engendre des délires spasmodiques, une communion indescriptible d'âmes simples. Cane Ridge peut vraiment être considéré comme le symbole et le point de départ de ce mouvement des *camp meetings* qui va se répandre comme une traînée de poudre dans tout le sud des États-Unis du début du XIXe siècle avant de gagner certains États du Nord, jusqu'au Massachusetts.

En raison du caractère des participants, généralement des fidèles semi-illettrés et en tout cas sans aucune éducation musicale formelle, on n'utilise pour chanter dans les *camp meetings* que des hymnes et des textes basés sur la mémoire et la tradition orale. De plus en plus, les prédicateurs et leurs ouailles les plus douées, selon une manière désormais généralisée en Amérique du Nord, transforment les folksongs les plus connus de tous en thèmes religieux (ainsi, le vieil air britannique *Captain Kidd* devient le spiritual *Wondrous love*). Dans ces spirituals, afin d'en faciliter l'apprentissage, on répète presque constamment les deux mêmes versets déclamatoires selon un schéma AB AB ou bien AABB qui évolue vite en AAAB puis, avec le désir de ménager une chute édifiante plus complexe en AABBC, un système auquel s'abreuvent les fidèles, c'est-à-dire l'immense majorité de la population des États-Unis, notamment dans le Sud. Ce système de versification est à l'évidence la base de toutes les formes de chansons populaires nord-américaines qui se développent au cours du XIXe siècle, folksongs, country music et blues.

L'importance spirituelle de ces *camp meetings* ne doit pas masquer l'impact considérable des musiques et des chants d'inspiration religieuse que pratiquent les participants affranchis de toute contrainte ou règle, qui va vite changer la nature des spirituals et lancer une foule d'évangélistes itinérants, chantant, jouant et sermonnant les autres Américains à travers tout le territoire.

LES SHAPE NOTES

En 1802, deux enseignants de musique, William Little et William Smith, publient *The Easy Instructor*, un ouvrage qui, bien qu'accueilli avec beaucoup de scepticisme par leurs collègues, va révolutionner et encore davantage démocratiser la pratique du chant et de la musique religieuse.

Les auteurs créent, à l'usage des chanteurs illettrés ou semi-illettrés, majoritaires en Amérique, un nouveau type de notation musicale basé sur quatre notes stylisées qui sont autant de « syllabes chantées » correspondant à quatre notes de la gamme majeure : *mi, fa, sol* et *la*. Ces

Les musiques d'inspiration religieuse

notes sont représentées par des figures facilement identifiables : *mi* = losange ◊ / *fa* = triangle Δ / *sol* = cercle ◯ / *la* = carré ◻.

La voix du chanteur, ainsi guidée, peut annoncer la note à la congrégation sans savoir lire une partition. Le recours aux *shape notes* se révèle vite si facile et pratique qu'il rencontre un vif succès auprès de nombreuses communautés religieuses et d'enseignants. Il va vraiment se généraliser avec la parution en 1813 de l'ouvrage de John Wyeth *Repisotery of Sacred Music* qu'il vend à des dizaines de milliers d'exemplaires par correspondance aux églises disséminées sur tout le territoire américain. Wyeth adapte et simplifie encore le système des *shape notes*. Ce travail est suivi en 1815 d'un recueil de nature similaire, *Kentucky Harmony* par Ananias Davisson, davantage dirigé vers les fidèles des Églises et congrégations du Sud, qui connaît lui aussi un énorme succès commercial.

Ces *shape notes*, qui demandent juste de savoir reconnaître un dessin, sont bien vite totalement généralisés dans les *camp meetings* et servent aux chanteurs itinérants, religieux ou non.

Au cours du XIXe siècle et jusqu'au début du XXe paraissent quantité de recueils dans lesquels figurent en notation de *shape notes* des airs et des hymnes signés d'un auteur qui n'est en fait que le collecteur d'innombrables airs et hymnes composés par des fidèles anonymes. Ceux-ci n'ont guère de notion de copyright et leurs compositions, passant d'église en paroisse à travers tout le Sud et au-delà, deviennent des chansons traditionnelles que récupère un annotateur, généralement un musicien sudiste, qui s'en attribue la paternité ! Les recueils les plus influents sont *The Southern Harmony*, publié en 1835 par William Walker, originaire de Spartanburg en Caroline du Sud et surtout *The*

AMERICANA

Sacred Harp, signé Benjamin Franklin White et Elisha J. King, deux enseignants des écoles de chant de Georgie qui n'ont en fait reçu qu'une faible éducation musicale. Leur ouvrage simple, facile contient de magnifiques chansons qui constituent le corpus de base des spirituals et des gospels américains jusqu'aujourd'hui. *The Sacred Harp* va se vendre à plusieurs millions d'exemplaires durant tout le XIXe siècle à travers de nombreuses éditions et le titre (*The Sacred Harp*) a même donné son nom au style de chant encore pratiqué aujourd'hui un peu partout dans le sud des États-Unis. Les manuels de *shape notes* s'enrichissent au cours des années : chant en triple harmonie, en quadruple harmonie, mélodies de plus en plus rythmées et entraînantes, bientôt « swinguantes » correspondant aux musiques sudistes. Ces *folk hymnodies* dominent tout au long du XIXe siècle les *camp meetings*. Des airs de folksongs avec une diction aisée, une syntaxe pauvre et des textes simples, histoire édifiante parsemée souvent de formules et de versets constamment répétés, qui sont conçus pour être rapidement retenus par cœur. L'idéologie de ces *folk hymnodies* est la suivante : « une forme simple et entraînante pour attirer le pécheur et le croyant vers le Christ » ! Ce message démocratique, populiste même de l'évangélisme protestant est poursuivi et amplifié durant le XIXe et la première partie du XXe siècle par les baptistes et les méthodistes.

Il faut cependant noter que certains musicologues américains comme le célèbre Charles Seeger ont rapproché ce style d'hymnes religieux des chansons médiévales, notamment occitanes, et ont posé la question de leur « étrange résurgence américaine ».

Ce système de *shape notes* n'a que peu de succès dans les États de la Nouvelle-Angleterre, en particulier à

Les musiques d'inspiration religieuse

cause de l'influence des congrégations de Presbytériens qui, tels Thomas Hastings et Lowell Mason, rédigent des manuels de chant religieux très complexes, très européens, cousus de références à l'Angleterre victorienne. Ces ouvrages sont beaucoup trop savants pour les évangélistes et les simples fidèles du Sud et de l'Ouest, auxquels ils apparaissent comme de tristes manuels nordistes, sans âme ni foi, par rapport à *The Sacred Harp*. Malgré tout, quelques thèmes composés par les Presbytériens (*Rock of Ages* ou *Nearer my God to Thee*) sont simplifiés et adaptés en *shape notes*. Ainsi – et contrairement à bien d'autres de même extraction –, ils sont aujourd'hui passés dans le répertoire des congrégations chrétiennes américaines et sont célèbres dans le monde entier !

LE DÉVELOPPEMENT DES ÉCOLES DE CHANT DANS LE SUD AU XIXe SIÈCLE

Avec la Révolution industrielle américaine de la deuxième moitié du XIXe siècle, le nombre de laissés pour compte de la société s'accroît, qu'ils soient en marge de ce mouvement moderne (agriculteurs des régions reculées) ou qu'ils se brisent dans l'engrenage d'un système capitaliste tourné exclusivement vers la production de biens matériels. Cette masse considérable d'Américains en marge du mouvement industriel se réfugie dans le passé idéalisé d'un protestantisme pur et exigeant (*old time religion*) assimilé à une société équilibrée et heureuse. Les Églises fondamentalistes captent tout naturellement cette aspiration. Elles connaissent un développement spectaculaire dans les États du Sud et vers l'ouest. Dans ces régions, toute la vie sociale et intellectuelle est entièrement basée autour de l'Église et de sa morale.

AMERICANA

Nous avons vu la création des écoles de chant religieux (*singing schools*) dès 1727. Ces organisations vont connaître leur apogée dans le sud et l'ouest des États-Unis durant le XIXe siècle. La James D. Vaughan Organization et les écoles chantantes Stamps-Baxter sont deux entreprises conçues dans le but d'amener le christianisme aux individus simples, aux communautés isolées de l'Amérique profonde. La chanson d'inspiration sacrée est le vecteur principal de cette propagation religieuse qui s'exerce d'abord en Nouvelle-Angleterre. Cependant cette partie la plus ancienne des États-Unis, la plus anglaise et la plus bourgeoise se moque férocement des méthodes, des thèmes et des manières de chanter de ces « missionnaires de l'intérieur ».

La James D. Vaughan et la Stamps-Baxter se concentrent dès lors essentiellement sur les États du Sud et de l'Ouest qui comprennent les communautés chrétiennes les plus isolées et les plus reculées du pays. Elles envoient des hymnes avec des professeurs pour les enseigner. Ils restent une semaine ou deux dans chaque zone rurale (selon le modèle des juges itinérants), apportent le texte et la musique de chaque hymne. Bien peu de leurs ouailles sachant lire la musique, ces écoles utilisent bien entendu le système de notation musicale simplifiée des *shape notes*.

Ce système des écoles chantantes va connaître un énorme succès dans les régions du Sud et de l'Ouest. On peut y voir, à l'instar de certains auteurs, non seulement l'origine des spirituals et des gospels (blancs et noirs) mais aussi une formule de chanson rurale qui induit très directement celle de la plupart des morceaux de country music et de blues.

On signale encore à la fin des années 1940 la présence sporadique de ces écoles chantantes itinérantes dans le Sud !

Les musiques d'inspiration religieuse

L'APPARITION DU GOSPEL

C'est également dans la deuxième partie du XIXe siècle qu'apparaît le mouvement musical religieux qu'on appelle gospel. Ce mouvement est nettement annoncé par l'œuvre des *revivalistes*, un mouvement visant à la renaissance chrétienne d'une Amérique jugée trop matérialiste. Ce mouvement est plus ou moins lancé par Asahal Nettleton qui publie en 1824 *Village Hymns*, recueil d'hymnes pour les populations rurales. Mais le plus influent de ces revivalistes est sans conteste le New-Yorkais Joshua Leavitt qui publie vers 1831 *The Christian Lyre (La Lyre chrétienne)*, où il proclame clairement son intention d'« aider aux besoins de renaissance spirituelle de la population en lui fournissant des hymnes édifiants plus faciles à appréhender par des gens frustes avec des rythmes dansants et des versets faciles à mémoriser et agréables à entendre ».

Ce mouvement trouve son prolongement et son aboutissement avec Dwight L. Moody (1837-1899), cordonnier de Chicago devenu un évangéliste renommé pour sa voix terrible et grondante (« comme le tonnerre de Dieu »), ses sermons enflammés, chantés et pleins d'images de punition par le feu, de colère terrible de Dieu pour ceux qui persistent dans l'erreur et le péché. Un de ses disciples, l'organiste Ira Sankey (1848-1908) versifie les sermons de Moody et les met en musique à la manière simple et directe des écoles de chant. Un autre disciple de Moody, Philip Bliss, pianiste professionnel, arrangeur employé par une importante maison d'édition musicale de Chicago, s'associe à Moody et à Sankey. Ensemble, ils mettent sur pied une véritable caravane d'« évangélisation » destinée à tourner dans tous les États-Unis, plantant son chapiteau dans les grandes villes jusqu'aux endroits reculés du Sud et de l'Ouest, portant la bonne parole (*gospel*) et vendant les sermons de Moody, les partitions, les livrets et bien sûr des Bibles. Le mouvement gagne encore en ampleur avec le large soutien financier de grandes fortunes comme celles de John Wanamaker, J. Pierpont Morgan, George Armour ou Cornelius Vanderbilt. Désormais, ce mouvement d'évangélisation que la presse appelle communément « The Gospel » dispose de moyens de déplacement et de structures d'organisation importants, de larges encarts de publicité dans la presse, et attire fidèles, curieux et même sceptiques en masse.

Gospel Songs, un ouvrage que Bliss publie en 1873, connaît un gigantesque succès, suivi de *Gospel, Hymns and Sacred* (par Bliss et Sankey) en 1875, puis par *Gospel Hymns, Complete* en 1894, qui comprend pas moins de 794 chansons religieuses originales composées et arrangées par Sankey (Bliss étant décédé dans un accident de train durant une des tournées), le tout sur des sermons ou des thèmes abordés par Moody. Ces ouvrages qui se vendent à des millions d'exemplaires servent d'exemple à des centaines d'autres prédicateurs itinérants à travers tous les États-Unis et le titre simplifié donné à ces recueils – gospel – définit un nouveau genre de chanson religieuse : le gospel.

Comme les *folk hymnodies*, auxquelles elles sont d'ailleurs tout à fait apparentées, les mélodies du gospel dérivent des folksongs, s'en inspirent, empruntent souvent leurs airs tels quels ou en les arrangeant quelque peu. Au début, ces gospel songs sont uniquement chantés. Mais on y trouve une différence notable avec les pratiques des chorales du Sacred Harp : dans le gospel, chaque voix suit plus ou moins séparément

Les musiques d'inspiration religieuse

sa tonalité, la mélodie demeurant au-dessus avec les harmonies dérivées uniquement en soutien.

Assez vite, les airs du gospel sont accompagnés à l'orgue ou au piano (d'abord par Sankey puis par de nombreux autres). Pour se rapprocher encore plus du petit peuple auquel le mouvement s'adresse en priorité, ces airs sont ensuite accompagnés par les instruments mêmes des musiciens folk, ceux que les fidèles ont l'habitude d'entendre et d'apprécier : claviers, banjo, fiddle, guitare, steel-guitare, contrebasse, batterie, cuivres... Au point qu'il est bien difficile parfois de distinguer les airs sacrés des profanes !

Au cours des décennies, le gospel devient peu ou prou le genre le plus populaire et le plus important de la musique religieuse, entre vraie évangélisation et entreprise commerciale, foi et business. Il est adopté par quasiment toutes les congrégations protestantes, en particulier dans le Sud ; racialement séparées du fait de la ségrégation, composées de fidèles Blancs ou Noirs, elles développent chacune une forme spécifique de musique gospel.

CHAPITRE VI

LES MUSIQUES DES AFRICAINS EN AMÉRIQUE DU NORD

Les Africains, pour la plupart emmenés de force dans l'ensemble du continent nord-américain, ont joué un rôle essentiel dans la création ou l'évolution de formes musicales si originales (ragtime, jazz, blues, folk, gospel...) qu'elles ont fini par représenter la quintessence de la musique « noire » et conquérir le monde entier. Chacune de ces musiques qui se sont surtout développées au XXe siècle a fait l'objet de nombreuses études approfondies qui font autorité – notamment en français celles de Noël Balen, Sebastian Danchin, Jean Buzelin ou les nôtres – et qu'il n'est évidemment pas nécessaire ici de paraphraser. En outre, nous connaissons ces musiques avant tout grâce au disque, c'est-à-dire dans leurs évolutions les plus contemporaines. Et si elles ont été inventées et pratiquées d'abord par des artistes issus des communautés noires nord-américaines, cela signifie-t-il forcément qu'elles puisent entièrement leurs origines en Afrique ?

Dans le cadre de cet ouvrage, nous nous attacherons avant tout à définir ce qu'ont pu apporter sur le plan musical les Africains arrivés en Amérique aux XVIIe et XVIIIe siècles, ce qu'ils ont pu conserver, échanger, acquérir au contact des autres habitants et comment tout cela a évolué.

AMERICANA

LE TRAFIC NÉGRIER TRANSATLANTIQUE

Les études détaillées (Pétré-Grenouilleau, Djedje, Curtin, Rawley, Heers) des mouvements des navires négriers aux XVIIe et XVIIIe siècles en direction de l'Amérique du Nord sont claires. Dans l'immense majorité des cas, les marchands portugais, espagnols, français, anglais et néerlandais achètent leurs esclaves à des correspondants africains, des trafiquants arabes du Maroc et de Mauritanie, ou des Empires et nations d'Afrique noire. À cause des problèmes de sécurité, de diversification de sources, de concurrence des prix, les trafiquants européens s'approvisionnent sur l'ensemble du continent africain. On chercherait ainsi en vain une quelconque homogénéité ethnique chez les africains transportés en Amérique. La zone de l'Afrique de l'Ouest (et parfois même le seul Mali !) mise parfois en avant comme source dominante du trafic négrier transatlantique vers l'Amérique du Nord n'apparaît certainement pas exclusive ni même dominante. En fait, les Africains proviennent d'innombrables groupes ethniques, linguistiques et nationaux. Si l'Afrique de l'Ouest, mais du Maroc à l'Angola – ce qui couvre déjà une grande variété de peuples sans guère de contacts entre eux jusqu'alors – est une source importante du trafic d'esclaves jusqu'au début du XVIIIe siècle, les problèmes engendrés par ce système (rareté des approvisionnements, révoltes, réticences locales) poussent les négriers à diversifier le plus possible leurs « cargaisons » et donc à aller le plus loin possible.

En fait, comme le démontrent en détail James A. Rawley et Pétré-Grenouilleau, lorsque le trafic d'esclaves à destination de l'Amérique du Nord atteint son apogée (soit entre 1740 et 1780), l'essentiel des

Les musiques des Africains en Amérique du Nord

Africains qui y sont alors déportés proviennent d'Afrique centrale.

En août 1619, les Néerlandais sont les premiers non-Hispaniques à amener des esclaves noirs en Amérique du Nord afin d'y développer les plantations sucrières aux Caraïbes et jettent ainsi les bases du vaste trafic négrier transatlantique. Vers 1650, l'Angleterre devient à son tour un importateur majeur de Noirs et tient un compte précis des « arrivages » en Amérique du Nord et aux Caraïbes. Les zones les plus affectées par les trafics négriers sont la Sénégambie puis la Sierra Leone et la Guinée, la Côte sous le Vent (Liberia, Côte-d'Ivoire actuels), la Côte-d'Or (Ghana), l'Empire du Bénin/Dahomey (qui s'étend sur le Togo, le Bénin actuels et la côte du Nigeria) dont les souverains vivent largement des esclaves, prisonniers de guerre la plupart du temps, qu'ils revendent aux négriers. Le delta du Niger jusqu'au Gabon actuel est aussi une zone d'intense trafic vers l'Amérique. Le Sud-Ouest africain (du Gabon à la Namibie) devient prééminent au début du XVIIIe siècle. Enfin, le cœur du trafic se déplace au milieu du XVIIIe siècle vers l'Afrique centrale, le Mozambique actuel, Madagascar ainsi que Zanzibar, la grande base sud-est du trafic d'esclaves tenue par les marchands arabes qui font des « razzias » meurtrières jusqu'au cœur du continent, où vivent des peuples souvent encore à l'âge de pierre.

LES TRADITIONS MUSICALES D'AFRIQUE

Avant de tenter de voir comment ces traditions musicales venues de toute l'Afrique au Nouveau Monde se sont américanisées et en fonction de quelles rencontres et mélanges (interafricains, européens, amérindiens), de quelles exigences politiques ou économiques elles se sont développées, il convient d'abord d'étudier, autant que faire se peut quelles sont les musiques du continent africain au moment de la traite des Noirs.

Le Maroc abrite des traditions musicales importantes qui ont sans doute été en partie influentes en Amérique. Les Gnawas du Maroc sont les descendants des esclaves noirs emmenés d'Afrique de l'Ouest. Bien plus qu'une population « de couleur » qui vit en Afrique du Nord, le terme gnawa désigne une fraternité religieuse, sociale et culturelle qui s'est progressivement constituée à partir du XIVe siècle. Ils ne nient pas qu'ils sont descendants d'esclaves mais insistent sur une filiation mythique originelle qui les relierait à Sidi Bilal, un Éthiopien qui aurait été le premier muezzin du Prophète (et de l'islam). Ils sont donc tout naturellement fiers de leurs dons pour la musique, le chant et les arts de la divination et de la guérison qu'ils prétendent tenir directement de Dieu. En particulier, la cérémonie du deiceba joue un rôle important chez les Gnawas. À l'aide de danses, de chants et de musique, le ou les officiants apaisent les esprits du mal qui envahissent une personne, une maison, un village. Les musiciens jouent une mélodie lancinante au gimbré et au sentir, flûtes à long bec tandis que les garagabs, sortes de castagnettes métalliques battent le rythme jusqu'à la transe.

Toujours en Afrique du Nord, les Jilalas, mouvement créé par Moulay Abdelkader Jilal, apparaissent comme une variante plus tardive des Gnawas. La musique qu'ils pratiquent lors de cérémonies très ésotériques est mystérieuse, emmenée sur un rythme hypnotique créé par le bendir, un tambour cerclé qui envoûte l'auditeur jusqu'à la transe tandis qu'un joueur de qsbah, une flûte spécifique, déroule une mélodie aux sons plaintifs et planants.

Les musiques des Africains en Amérique du Nord

Les grands empires de la savane (ouest et centre-ouest de l'Afrique : Soudan, Ghana, Mali, Songhaï) regroupent sous des férules politiques plus ou moins souvent unifiées avant le XVIe siècle, de très nombreuses ethnies aux origines, coutumes, religions et langues différentes : Soninkés, Sossus, Mandingues, Bambaras, Toucouleurs, Ouolofs, Fulbés, Sereres, Jolas... Les empires de la savane dominent et organisent ces peuples selon un ordre pyramidal et hiérarchique. Chacune de ces ethnies (et, à l'intérieur, chacun de ces clans) est plus ou moins spécialisée dans une ou plusieurs tâches utiles à l'empire. Ces charges sont transmises obligatoirement dans le clan voire la famille.

Dès le Xe siècle, les contacts avec le monde arabo-mauresque amènent ces empires et les peuples qui les composent à des changements culturels considérables : islamisation importante et, dans le domaine musical, apport d'instruments de musique venus de la Méditerranée orientale qui sont adoptés et adaptés par ces populations d'Afrique noire. Notre connaissance de ces empires est particulièrement bonne grâce aux textes des voyageurs arabes qui les ont parcourus, tel Ibn Battuta en 1354, puis anglais, comme Richard Johnson en 1620.

Dans ces empires très structurés, les musiciens sont généralement des professionnels attachés aux dynasties régnantes ou bien aux hauts dignitaires dont ils sont chargés de raconter/chanter les exploits. Comme dans toutes les sociétés élaborées qui ne connaissent pas l'écriture, ces conteurs et troubadours relatent oralement l'histoire officielle de l'empire ou du royaume. Très souvent entourés de l'ensemble de leur famille ou de leur clan, tous musiciens, ces troubadours accompagnent les armées durant les campagnes militaires à la fois pour stimuler leur ardeur au combat par leurs chants et leurs

AMERICANA

exhortations à se dépasser ainsi que pour témoigner et fixer leurs exploits face à l'ennemi. La plupart du temps, les hommes jouent des instruments de musique et racontent des histoires tandis que les femmes de leur famille ou de leur clan chantent, le timbre féminin étant particulièrement apprécié par les peuples de cette région de l'Afrique. Au cours des décennies, ces musiciens qui sont dans certains empires (Songhaï) appelés jalis ou griots, finissent par jouer le rôle de gardiens et de colporteurs des traditions anciennes, sortes de « chefs du protocole » de la société traditionnelle. Ils sont ceux qui savent comment on doit vivre pour respecter l'ordre des choses – mœurs, coutumes, manières d'agir – et pour demeurer ainsi en accord avec la signification profonde du monde. Ils sont troubadours, chanteurs, musiciens, conteurs, mimes qui transmettent l'Histoire et les histoires qui font le ciment des sociétés d'une partie des empires de la savane... Gardiens de la tradition, ce sont aussi ceux et souvent les seuls qui ont le droit (en principe sans risques de punitions ni de représailles) de critiquer nobles et rois et de leur reprocher, dans leurs actes et leurs modes de vie, le non-respect des règles ancestrales de ces sociétés.

Le statut social de ces troubadours est très ambigu : respectés parce qu'attachés aux puissants, ils demeurent quand même séparés du reste de la société avec de sévères interdictions : posséder bétail, terre ou charges autres que celles de la musique, s'allier à des femmes provenant des castes supérieures. Lors de son décès, le griot ou le jali est enterré avec ses instruments de musique hors les murs des villes et des villages, généralement dans les troncs évidés des grands baobabs, notamment dans l'empire Songhaï.

Les instruments de musique qu'ils utilisent sont variés et très élaborés, pour la plupart apportés par les

Les musiques des Africains en Amérique du Nord

caravaniers arabo-mauresques. On peut citer le balafon, sorte de xylophone, que l'on trouve chez les Sossus et les Mandingues ; la kora, sorte de harpe certainement inventée par des musiciens de la savane assez tardivement au XVIe siècle ou après. La première référence écrite à cet instrument vient de l'explorateur Mungo Park en 1799. On trouve aussi plusieurs luths, directement dérivés des instruments arabo-mauresques comme les bangelos (probablement l'ancêtre direct du banjo en Amérique) ; enfin des « violons » à une ou deux cordes, des gourdes, sortes de tambours, et des trompettes.

La côte Ouest de l'Afrique est bien davantage fragmentée en une multitude d'ethnies et de langues avec deux grandes aires linguistiques (les Kwas et les Bantous). Il y a aussi bien moins d'unité politique que dans la savane. On trouve au cours des siècles plusieurs grands États-nations qui réussissent tant bien que mal à durer quelques décennies voire un ou deux siècles mais surtout un va-et-vient incessant de confédérations tribales qui s'unissent temporairement, généralement dans un but militaire bien précis. Ces peuples sont en contact avec les empires de la savane mais ils se méfient de leurs visées hégémoniques. C'est ainsi que l'Islam n'a pénétré que très partiellement ces peuples et que l'organisation de ces sociétés n'a pas atteint le degré d'élaboration des empires.

Au cours des siècles, plusieurs explorateurs ont pu témoigner des musiques qu'ils ont vu jouer : Muller vers 1660, Pieter De Marees, Otto Von Dergröben entre 1680 et 1684 ou Olandah Equianoh qui a séjourné chez les Ibos et décrit leurs traditions musicales.

Bien des Ibos, souvent battus lors des guerres avec leurs voisins, ont été déportés vers les Amériques jusqu'au XVIIIe siècle. Leur société comprend de véritables ordres de musiciens et danseurs, divisés selon l'âge et le sexe, qui ont pour tâche de célébrer la louange des puissants et de relater l'histoire officielle des royaumes. L'orchestre ibo se compose toujours de plusieurs types de tambours, de lamellophones et d'un instrument à cordes du type kora.

Les Edos qui ont créé l'empire du Bénin utilisent des idiophones tels que les cloches à percussion, les grelots attachés aux chevilles ou aux poignets, les racloirs, des tambours, le pluriarc (un instrument à cordes original à partir de la structure d'un arc), des aérophones comme des flûtes diverses et des trompes.

Les Yoroubas ont créé de puissants mais éphémères royaumes dans le Nigeria actuel comme ceux de Oyo et Lagos. L'accent est mis chez eux sur le chant avec une dominante de cris aigus et de cascades de pleurs de femmes. Les musiciens, là aussi presque exclusivement attachés à la royauté, jouent sur des tambours, des trompettes en ivoire, différentes batteries de cloches et de percussions. Leur musique est, bien davantage qu'ailleurs, polyrythmique.

Les Fons qui ont dominé l'important royaume du Dahomey ont de riches traditions de musique de cour (perpétuées jusqu'aujourd'hui) avec de véritables spectacles rituels et des concours périodiques de musiciens. Ces derniers ont également et avant tout pour fonction de signaler les faits et gestes du roi et des grands de la cour.

Les Ashantis du royaume d'Akan (actuel Ghana) pratiquent eux aussi une musique de cour avec l'accent mis sur des batteries de cymbales et de tambours ainsi que des trompes d'ivoire.

Enfin, les chefferies de l'actuelle côte du Liberia, de la Côte-d'Ivoire et de la Sierra Leone sont riches de chants rituels (observés et annotés par Otto Von

Les musiques des Africains en Amérique du Nord

Dergröben dès 1680) accompagnés de tambourins fixés aux chevilles, de cloches, d'une flûte appelée koro, de tambours particuliers nommés tamas et d'un étrange aérophone, le buru.

Le sud-est de l'Afrique ainsi que l'Afrique centrale comprennent, sur de très vastes territoires, une grande diversité de peuples qui ont été conquis par les Bantous, il y a environ deux mille ans. Ceux-ci, supérieurement organisés et armés, ont chassé et massacré les peuplades originelles comme les Pygmées et les Khoisans et soumis tous les autres. Les langues parlées dans cette vaste région ont toutes les mêmes racines bantoues. Au cours des siècles, ils ont réussi à créer deux puissants royaumes très structurés : le très grand Congo et le plus modeste mais très riche Ngola.

Ces royaumes rencontrent dès le xve siècle les explorateurs et les marchands portugais et, frappés par l'avance technologique des Européens, décident de multiplier contacts et échanges. Le roi du Congo se convertit au christianisme et élève la première église africaine en 1530. Ambassadeurs, missionnaires, artisans, explorateurs, commerçants sont alors invités à s'installer au Congo et des centaines de guerriers, musiciens, artisans congolais partent également au Portugal.

On connaît donc fort bien les traditions musicales du Congo et du Ngola au moment de leur rencontre avec les Portugais. La musique y est avant tout de cour mais ne dispose que de peu d'instruments, essentiellement des cloches et des tambours, apparemment ni flûtes et encore moins instruments à cordes. L'influence des Portugais sur la musique de cette vaste région d'Afrique est énorme et leur donne d'ailleurs une grande partie de leurs caractéristiques. Dès les débuts du xvII[e] siècle, de nombreux instruments de musique sont exportés du

AMERICANA

Portugal vers les royaumes du Congo et du Ngola et, de là, s'étendent vers les plus petits royaumes et chefferies bantous : tambours des régiments à cercles de métal ; trompettes à piston (qui n'existaient pas en Afrique auparavant) avec ou sans embouchures en bois ; la marimba, un xylophone qui devient vite l'instrument favori de l'Afrique du Sud-Est ; toutes sortes de flûtes. Les musiciens africains, séduits par les divers luths et proto-guitares apportés par les Portugais, mettent au point le nsambi et le banza, sortes de pluriarcs à cinq cordes, premières véritables « guitares africaines ».

Mais les rois africains demandent aussi aux Portugais d'enseigner aux musiciens de cour congolais ou ngolais et de former de véritables orchestres, à la manière de ceux de Lisbonne. En quelques décennies, on assiste à la mise en place dans cette partie de l'Afrique d'ensembles africains, musiciens et chanteurs, très inspirés des orchestres militaires, de cour ou d'église portugais ! Les musiciens africains prennent aussi exemple sur les Portugais et sur la rapide christianisation des royaumes africains pour changer la nature même de l'exercice de leur art. Ils « vendent » leur musique en élargissant leur audience. Ils proposent leurs services aux nobles, aux marchands, aux riches artisans... afin de jouer lors des mariages, baptêmes, cérémonies diverses, dans et hors des églises. Ils sont les obligés des fêtes de toutes natures. En quelques décennies, une véritable musique populaire africaine se développe ainsi, à l'opposé de toutes les fonctions musicales du reste du continent. De nombreuses sources écrites décrivent la rudesse mais l'enthousiasme de ces musiciens, leur capacité à imprimer rythme et entrain à n'importe quelle mélodie, leur sens de l'improvisation. Andrew Battell, prisonnier entre 1590 et 1615 des Jagas qui dominent le royaume d'Angola, situé nettement plus au sud que le Congo mais en

Les musiques des Africains en Amérique du Nord

relation avec lui, décrit en détail les rites funéraires des Jagas, leurs chants de guerre, de chasse, de récolte et, surtout, assiste à la transformation progressive de la musique – jusqu'alors pratiquement dépourvue d'instruments autres que des tambours – sous l'influence des musiques venues du royaume du Congo.

PREMIÈRE PHASE D'AMÉRICANISATION
VIA LES CARAÏBES

À partir de la fin du XVIIe siècle, les trafiquants anglais adoptent – là aussi pour des raisons de sécurité – une nouvelle manière de faire venir les esclaves noirs dans les plantations du continent nord-américain. Ils les divisent en deux catégories : les « soumis », c'est-à-dire ceux qui sont adaptés aux ordres « anglais » et aux coutumes, les « insoumis », revêches, sauvages, inadaptés voire rebelles. L'idée fait son chemin de « soumettre » les esclaves, c'est-à-dire de les « dresser » dans des centres conçus à cet effet. La Barbade et la Jamaïque sont alors les territoires majeurs pour la culture de la canne à sucre à destination de la Grande-Bretagne. On décide donc que c'est là qu'on « cultivera » les esclaves noirs avant de les envoyer vers les plantations des autres îles ou sur le continent ! Les domaines des deux îles Caraïbes voient arriver depuis les territoires anglais d'Amérique du Nord des Amérindiens (avec davantage de femmes) capturés et réduits en esclavage et qu'on éloigne de leurs nations.

C'est à la Barbade et à la Jamaïque que vont aussi arriver en premier les navires négriers en provenance d'Afrique. Dans ces plantations caraïbes destinées à « dresser » les esclaves, les Anglais prennent le temps de les déculturer au maximum. Ils marient très fréquemment entre eux les Noirs d'origines africaines les plus éloignées, encore davantage les Noirs avec des Amérindiens, favorisent les naissances – les esclaves nés en Amérique même et n'ayant plus de racines mémorables semblant poser bien moins de problèmes. Enfin, les « droits de cuissage » des contremaîtres et patrons sont presque généralisés, afin de changer encore davantage et parfois délibérément la « race », cela étant censé rendre les futurs enfants plus aptes à vivre au contact des Anglais ! Ce n'est que lorsque les esclaves sont ainsi « soumis » – généralement ceux nés dans les îles d'Amérique et choisis à la fin de l'enfance – qu'ils sont transportés et revendus vers le continent.

C'est ainsi que l'immense majorité des esclaves de couleur qui arrivent pour travailler dans les plantations des colonies anglaises sont d'abord « dressés », racialement très mélangés et « européanisés ». Ils proviennent à 80 % des Caraïbes et non directement d'Afrique. C'est aussi pour cela que la population dite de « couleur » sur le continent ne progresse vraiment de façon importante qu'à partir du milieu du XVIIIe siècle et ne se retrouve en nombre qu'en Virginie, Carolines et Georgie. Dans les colonies britanniques d'Amérique du Nord, cette « africanisation » se fait toujours *via* le creuset des Caraïbes et en particulier de la Jamaïque, véritable matrice de la culture noire nord-américaine.

L'esclavage n'est que très limité, voire inexistant en Nouvelle-Angleterre où les congrégations protestantes rigoristes s'opposent totalement à cette pratique inhumaine. Dans ces colonies-là, l'européanisation des Africains présents est rapide et substantielle : ils chantent psaumes et airs religieux dans les mêmes églises que les Blancs. Mais les Noirs influencent déjà aussi les traditions européennes : ils font très souvent partie des orchestres et ensembles chargés de jouer musique légère

Les musiques des Africains en Amérique du Nord

et danses européennes à Noël, à Pâques, aux festivités célébrant les grandes dates du royaume (anniversaires, commémorations...). Des témoignages décrivent des Noirs jouant des tambours, des violes, des fiddles, des banjos et même des claviers.

Pendant plusieurs décennies aussi, la discipline imposée aux esclaves de couleur sur le continent est beaucoup plus relâchée que dans les plantations caraïbes : liberté de se mettre en ménage avec d'autres Noirs ou avec des Indiens, affranchissement très fréquent des Noirs et de leur descendance à la mort du planteur ou du maître. Nombre de ces affranchis créent des sociétés, des associations, des Églises noires. Blancs et Noirs travaillent ensemble. Et, en fait, il n'y a pendant longtemps guère de différence entre la vie des travailleurs de couleur, même esclaves, et celle des engagés, serfs venus semi-forcés d'Europe, tels les Irlandais dont nous parlons dans le chapitre suivant. De nombreux témoignages écrits attestent des échanges considérables entre ces différentes populations : relations de tous ordres, sexuelles, mœurs, religion, gastronomie et bien sûr musique !

Mais vers 1760-1770, les choses changent : la demande de main-d'œuvre de l'économie de plantation, extrêmement prospère et productive, est si importante que les Caraïbes seules ne peuvent plus la fournir. Les plantations passent alors directement des « commandes » aux négriers selon les qualités de chaque peuple qu'ils supposent connaître, on assiste alors à un nouvel afflux d'esclaves noirs en provenance directe de l'Afrique que révèlent plusieurs lettres et ouvrages. Les plantations des Carolines demandent ainsi surtout des Bambaras et des Mandingues de l'intérieur du Soudan et refusent les Yoroubas « voleurs et fainéants ». Cependant, les trafiquants d'esclaves, peu désireux de satisfaire ces demandes bien compliquées et coûteuses, utilisent la crédulité des planteurs pour leur vendre en tant que « Bambaras » des esclaves achetés aux chefferies de la côte angolaise ou aux marchands arabes de Zanzibar. Comme l'analyse Kulikoff, les témoignages sont nombreux de conflits plus ou moins violents mais incessants entre Africains et Noirs américanisés. Ces derniers, déjà chrétiens et souvent très fervents, se heurtent aux animistes qui arrivent et qu'ils considèrent comme des « sauvages » ; ils refusent de travailler avec eux, arguant des problèmes de santé, de nourriture, d'incompatibilité de mœurs…

La promiscuité entre Blancs et Noirs et le laisser-aller qui dominaient peu ou prou sur le continent nord-américain vont alors apparaître dangereux. La société coloniale nord-américaine met un frein à ces pratiques en instituant des lois qui, à l'instar de ce qui se faisait en Amérique espagnole, régule les relations raciales. Ce sont les fameux et très répressifs « Codes noirs » qui visent à régir, interdire, séparer et hiérarchiser les races.

Enfin, il faut noter que dans la partie espagnole de l'Amérique du Nord (hors Nouvelle-Espagne que nous étudions à la fin de ce chapitre), les esclaves originaires d'Afrique continentale sont peu nombreux, les travailleurs serviles étant majoritairement des Indiens. Lorsqu'il y a des Africains, il s'agit au XVIIe siècle surtout de Maures, puis à partir de 1750 essentiellement de Canariens déportés en masse (et ainsi décimés) vers le Nouveau Monde. Dans cette Amérique du Nord espagnole, les relations interraciales (et beaucoup de mariages) entre Blancs, Africains d'Afrique du Nord ou Noirs, Indiens, métis, mulâtres, etc. sont considérables.

Malgré tout, à la fin du XVIIIe siècle, la partie sud du continent nord-américain est déjà une société interraciale, riche d'innombrables mélanges quasiment impossibles à démêler entre Africains de toutes nations, Noirs

Les musiques des Africains en Amérique du Nord

d'Afrique et d'Amérique, Noirs et Blancs, Noirs et Indiens, métis, quarterons, mulâtres... Chacun dissimule ou recherche son degré de sang « pur » dans une société sudiste déjà emplie de secrets d'alcôves et riche des conflits à venir mais également d'une culture mélangée qui installe progressivement les bases de toutes les traditions musicales du folklore américain.

AFRICANISATION DES MUSIQUES D'AMÉRIQUE DU NORD AU XVIIIe SIÈCLE

Durant le XVIIIe siècle, plusieurs témoignages écrits de colons, de planteurs, de voyageurs européens et de Noirs américains, libres ou même de condition servile mais éduqués qui écrivent dans des gazettes, permettent de se faire une idée de ce qui apparaît comme une africanisation des musiques populaires en Amérique du Nord.

D'abord, on rapporte avec une crainte certaine l'existence fréquente dans les plantations ou autour d'elles de cérémonies « noires » qui, de façon souvent souterraine mais parfois en présence de Blancs dans l'assistance, se déroulent dans une ambiance de magie noire et de sorcellerie. Elles mêlent danse, musique, prêches, pratiques ésotériques dont on retrouve souvent les racines en Irlande, en Angleterre ou en Espagne, ainsi que nombre de rituels des nations indiennes que les Européens ont rencontrés dès leur arrivée en Amérique du Nord et qui demeurent, ne l'oublions pas, la plus importante population de ces régions. Il y a aussi des pratiques totalement neuves que l'on pense originaires de telle ou telle partie d'Afrique avec, pour les désigner au fur et à mesure des décennies, la généralisation du terme « *vaudou* » qui montre la prééminence culturelle des

AMERICANA

Caraïbes où ces véritables cultes africano-américains se sont développés. La mise en transe de certains prêcheurs entraîne celle des participants. Et ces rassemblements, semble-t-il, extrêmement fréquents, engendrent des excès en tous genres (drogues, alcool, sexualité...) qui amènent souvent flagellations et scarifications jusqu'à des blessures graves, des suicides, des bagarres et des morts. Le Maryland est la première colonie (dès 1695!) à s'inquiéter des conséquences de ces rassemblements et à demander sans beaucoup de succès aux autorités britanniques d'interdire aux « esclaves et domestiques » noirs la liberté de se réunir.

En 1739, une révolte noire de grande ampleur en Caroline du Sud, la rébellion Stono est difficilement matée par l'intervention d'un corps d'armée. Musique et danse ont joué un grand rôle dans le déclenchement et le déroulement de cette révolte dont les leaders sont nommément identifiés comme des « Angolais ». On interdit alors pour la première fois expressément dans une des colonies britanniques d'Amérique du Nord l'usage des tambours, des trompes et de « tous les instruments forts pouvant servir à communiquer des idées ». Malgré cette interdiction, on dispose jusqu'à la guerre d'Indépendance de nombreux témoignages de tambours joués par des esclaves ou des Noirs libres en Caroline du Sud.

En dehors de cérémonies plus ou moins cachées, l'usage de danses apportées par les Noirs en Amérique est aussi très important, voire généralisé dans certaines colonies. La *calinda* ou colinda est la plus connue d'entre elles. Elle fait déjà fureur aux Antilles dès le milieu du XVIIe siècle et mêle avec ses pas débridés, son entrain et sa bonne humeur contagieuse, danseurs noirs et blancs, esclaves, colons, contremaîtres, planteurs et

Les musiques des Africains en Amérique du Nord

même, comme le déplore le Père Labat, des religieuses ! Pour le monde colonial, ces danses sont remarquablement distrayantes et permettent de se défouler « en jouant aux sauvages ». Mais certains témoins plus perspicaces (La Page du Retz en 1758) soulignent que ces danses, et notamment la calinda, permettent aux Noirs de faire passer entre eux des « messages de résistance, de rébellion ou à tout le moins une attitude revêche qui rendra plus difficile l'exécution des ordres ». Mais le même auteur déplore que tous ses avertissements n'arrivent guère à convaincre les planteurs « du danger qu'il y a à favoriser de telles licences... tellement eux-mêmes sont friands de ces choses le plus souvent infâmes ». Ces danses démontrent assez tôt l'implantation en Amérique de vieilles traditions africaines (notamment de l'Afrique centrale) qui permettent d'exprimer par des gestes, des postures, des pas de danse, un véritable langage codé qui échappe à la majorité des Européens qui ne voient que le côté ludique de l'art.

Cet ensemble de chants et danses noirs fonctionne en toutes occasions, mariages, baptêmes, enterrements, au vu et au su des Européens, souvent avec leur participation mais aussi en cachette. Les enterrements aux Antilles par exemple (et cela jusqu'à aujourd'hui), comme ensuite sur le continent nord-américain ont lieu deux fois : de jour avec une stricte cérémonie chrétienne, de nuit avec les rituels vaudous.

En Amérique du Nord davantage que dans les plantations caraïbes, on entend les esclaves entonner des chants de travail, une pratique très favorisée voire imposée par les planteurs qui ont de vastes domaines et relativement peu de surveillants. En chantant, les esclaves sont censés se donner du cœur à l'ouvrage (ce qui ravit et étonne à la fois bien des voyageurs européens qui décrivent alors l'atmosphère des plantations des colonies nord-américaines), et ne pas trop penser à leur triste condition. Mais surtout, ils sont ainsi facilement localisables par le surveillant, en particulier s'ils effectuent une tâche solitaire ou travaillent dans un endroit où on peut se dissimuler et tenter de s'enfuir. Ce chant de travail est en fait une sorte de variante humaine de la clochette à vaches des alpages ! Pour d'évidentes raisons géographiques mais aussi politiques (la présence de fortes entités amérindiennes dans le sud-est des colonies britanniques d'Amérique du Nord), les fuites d'esclaves sont en effet bien plus nombreuses qu'aux Antilles. Même s'ils sont souvent rattrapés et sévèrement châtiés, beaucoup de fuyards réussissent dans leur tentative et sont accueillis par les Indiens, tels les Cherokees et les Choctaws qui les réduisent aussi en esclavage mais dans des conditions bien moins dures que dans les plantations. Il est à noter que la nation entière des Séminoles ne s'est constituée qu'après l'arrivée des Européens. Il s'agit en fait d'esclaves en fuite (le terme séminole provient de l'espagnol *cimarron*, esclaves « marrons », c'est-à-dire en fuite), Indiens et Noirs mêlés dans un même destin national au cœur des marécages de Floride ! Ces chants de travail continuent durant tout le XIXe siècle et bien après la fin de l'esclavage sous diverses appellations (*field hollers*, *arhoolies*) avec de plus en plus d'onomatopées, cris, claquements de langues, saccades de pleurs ou de rires en rythme, révélant ainsi et encore une fois une très forte influence des traditions amérindiennes du Sud-Est.

Dans le Nord (Connecticut, Massachusetts), sous l'influence des Églises protestantes, les habitants noirs élisent leurs représentants dès la fin du XVIIe siècle. Ce qui donne lieu à des parades électorales qui émerveillent les

Les musiques des Africains en Amérique du Nord

colons européens. Les leaders noirs qui briguent les suffrages défilent à cheval, habillés de redingotes ; des porte-fanions brandissent les couleurs du candidat et lancent des slogans laudatifs accompagnés d'orchestres qui comprennent fifres, flûtes, violons, clarinettes et une multitude de tambours. Après les élections, le vainqueur célèbre sa victoire en offrant à tous les électeurs des tournois d'adresse ou de lutte, entrecoupés de chants et de danses. Cette pratique semble anticiper les manières électorales de la République américaine à venir.

Nous avons déjà évoqué le très important apport des Noirs dans la musique religieuse nord-américaine. Dès le xviie siècle, en Nouvelle-Angleterre, la Société pour la Propagation de l'Évangile décide de consacrer une de ses branches à l'évangélisation des Noirs. Les Associés du docteur Bray font de même. Tandis que les Moraviens, toujours actifs dans ce domaine, ouvrent des écoles spécifiques pour les Noirs. Sous la houlette d'enseignants moraviens, on apprend à tous ceux qui l'acceptent : esclaves, affranchis, hommes libres, à écrire, à lire la Bible, à compter, à chanter et jouer psaumes et hymnes. Il faut souligner que toutes ces congrégations sont farouchement hostiles à la traite des Noirs, affirment la « pleine humanité des Nègres » et militent très tôt activement pour l'abolition de l'esclavage dans l'ensemble des colonies britanniques d'Amérique du Nord et des Caraïbes.

Avec l'afflux d'esclaves sur le continent, c'est évidemment dans la deuxième partie du xviiie siècle que va culminer l'effort d'évangélisation des Noirs. Les Évangélistes redoublent d'activité et sonnent le « Grand Réveil » (*The Great Awakening*) notamment dans les colonies du Sud : ils organisent des réunions de Noirs, des séances d'éducation, distinguent des leaders chargés de répandre le message parmi ceux qui n'ont pas pu venir. Si ces mouvements évangélistes sont la plupart du temps dirigés par des Blancs, on trouve aussi de plus en plus de Noirs venus du Nord, tel John Marrant, un affranchi né à New York qui enflamme une partie du Sud. Ces mouvements rencontrent évidemment la forte hostilité des planteurs sudistes qui interdisent de plus en plus à leurs esclaves chrétiens d'assister aux meetings évangélistes. Les Noirs du Sud se réunissent et prient dans la nuit, dans la nature, en secret mais avec les encouragements des Sociétés Évangélistes qui voient dans cette répression et ces pratiques, un signe tangible d'un retour aux sources du vrai christianisme, celui des débuts et des catacombes.

Peu à peu, des Églises noires sudistes s'organisent. George Leile, pasteur baptiste noir, fait vibrer ses compatriotes par des harangues chantées et dansées, et draine de vastes foules en Géorgie et en Caroline du Sud avant d'être obligé de fuir en Jamaïque en 1781, les autorités britanniques ayant lancé un mandat d'arrêt contre lui pour « œuvre de subversion ». Les planteurs luttent assez souvent contre l'évangélisation de leurs esclaves, le fait d'accepter de les christianiser leur paraissant ouvrir la voie à leur émancipation. Pour l'éviter, ils favorisent sciemment les cultes « sauvages » comme le vaudou, caraïbisation *via* Saint-Domingue de cultes africains.

En 1788, un autre pasteur noir Andrew Bryan crée la First American Baptist Church à Savannah en Géorgie. Après des débats difficiles et houleux, la branche sudiste de l'Église méthodiste décide de refuser les Noirs. Ceux-ci créent alors la première African Methodist Episcopal Church qui joue un rôle majeur dans la lutte contre l'esclavage puis la ségrégation. Parmi ses fondateurs se trouve Richard Allen (1760-1831) dont nous avons

Les musiques des Africains en Amérique du Nord

évoqué l'œuvre fondamentale dans le chapitre précédent. Il crée ensuite la Free African Society et publie en 1801 le premier recueil d'hymnes à destination des Noirs américains : *A collection of Spirituals Songs and Hymns selected from various authors*, ouvrage fondamental qui marque vraiment les débuts de l'afro-américanisation des chants religieux. Un contemporain comme John Leland décrit avec stupéfaction l'ambiance des églises noires de Virginie, les prêches bruyants, les corps en mouvement jusqu'à la transe, les chants fébriles. Hezekiah Prince décrit aussi des « services religieux noirs qui deviennent de plus en plus sauvages au fur et à mesure que la musique se fait plus frénétique et que le prêcheur semble possédé ».

Mais toutes ces formes de meetings religieux avec la prééminence de la musique, de la danse, de la montée en transe du prédicateur, tout comme celles de danse et de musique noires profanes qui se répandent partout dans les plantations, reflètent l'influence du passage des esclaves dans les Caraïbes avec la prééminence de caractéristiques culturelles d'Afrique centrale et des royaumes du Congo et de Ngola. C'est à la fin du XVIIIe siècle que le mot « congo » se répand un peu partout en Amérique du Nord : le tambour congo, la gigue congo, la place Congo à La Nouvelle-Orléans... Des termes appartenant aux musiques et aux danses venues d'Afrique centrale et souvent dérivés du portugais, deviennent aussi communs : calinda mais aussi juba, marimba, mbanza... À travers ces nombreux témoignages, on assiste en fait à l'émergence irrésistible sur le continent nord-américain, et notamment dans sa partie sud-est, d'une culture musicale et dansée afro-américaine, forte, foisonnante et vibrante, qui fascine les Blancs. Ces musiques sont, d'évidence, le résultat d'une fusion progressive souvent conflictuelle et violente entre des apports interafricains, des emprunts importants aux Amérindiens, esclaves ou hommes libres et aussi, bien sûr, aux différentes traditions européennes auxquels les esclaves sont obligatoirement et fortement exposés. Dans les nombreux témoignages des voyageurs venus d'Europe sur ces musiques et ces danses noires, le terme péjoratif de « corruption » revient très souvent, qui reflète en fait l'afro-américanisation des airs, des pas de danse, de la manière de jouer des instruments que ces observateurs considèrent comme bizarrement modifiés. Les mêmes témoins européens, tel le Reverend Colin Barkdell sont peut-être encore davantage critiques vis-à-vis des Américains blancs qu'ils qualifient avec une extrême sévérité de « gravement et irrémédiablement négrisés ».

LES MUSIQUES AFRO-AMÉRICAINES AU XIXe SIÈCLE

Pour rendre l'exposé plus commode, nous prolongeons ce chapitre par l'étude, au moins partielle, de l'évolution des musiques « noires » aux États-Unis au début du XIXe siècle.

En raison de la prééminence de l'économie de plantations, les colonies du Sud refusent de rejoindre les États-Unis en formation si on les oblige à abolir l'esclavage. Dès sa fondation et donc pour pouvoir exister, la République américaine doit composer avec l'esclavage bien que les Pères Fondateurs soient fortement en faveur de l'abolition (voir la correspondance de La Fayette avec son « père adoptif » George Washington). On décide de mettre le problème entre parenthèses afin de consolider d'abord la nouvelle nation, agrégat de treize colonies

Les musiques des Africains en Amérique du Nord

très mal reliées entre elles et qui auraient aisément pu constituer, plutôt que des États unis, autant d'États indépendants voire un entrelacs de Républiques libres et de colonies encore britanniques.

Si les États du Sud ont le droit « temporairement » de conserver le système esclavagiste, la traite des Noirs en provenance d'Afrique est interdite, ce qui n'empêche évidemment pas des arrivages en contrebande notamment en provenance des Caraïbes toujours anglaises. Mais la prohibition de la traite pousse surtout les planteurs sudistes, en recherche de main-d'œuvre, à encourager les naissances, à créer de véritables « élevages » d'esclaves, séparant les enfants des parents vers l'âge de dix ans afin de les louer ou de les vendre.

Après la deuxième guerre d'Indépendance, le rachat de la Louisiane à la France puis de la Floride à l'Espagne (1812-1815), et enfin la guerre victorieuse contre le Mexique (1848) qui annexe de très importants territoires jusqu'alors hispaniques, les États-Unis semblent enfin assurés de la pérennité de leur existence. On recense environ trois millions d'esclaves sur leur territoire dont les quatre cinquièmes dans les États du Sud-Est. La culture du coton s'étend vers les nouveaux territoires du golfe du Mexique, entraînant dans son sillage d'importantes migrations de Noirs américains. Ils sont souvent forcés à partir mais le font aussi davantage en volontaires, cette nouvelle frontière ouest qui ne connaissait pas ou plus d'esclavage apparaissant comme la promesse d'une meilleure vie. Les sociétés pour l'abolition de l'esclavage qui n'ont jamais cessé de militer et d'organiser des évasions, obtiennent plusieurs grands succès avec l'interdiction de cette pratique dans la plupart des nouveaux États comme l'Ohio, l'Indiana, l'Illinois, le Michigan et la Californie. Par contre, le Texas où l'esclavage avait été aboli en 1813 par la République du

AMERICANA

Mexique redevient esclavagiste avec la brève indépendance due aux milices pro-États-Unis de Sam Houston en 1836, et le rattachement aux États-Unis en 1845.

Au moment de la guerre de Sécession qui tranche définitivement la question de l'esclavage, les États-Unis comptent environ quatre millions d'esclaves dont trois travaillent dans les plantations sudistes. Si leur place, déjà ancienne, est considérable dans l'économie du Sud, elle l'est aussi dans la musique et la danse. Les plantations sont le lieu de multiples bals, réunions musicales, soirées de distraction où les Noirs jouent un rôle dominant. Les orchestres formés dans les plantations sont parfois mixtes, mais le plus souvent composés uniquement de musiciens noirs qui distraient les Blancs : maîtres et contremaîtres, petits propriétaires ou métayers voisins, mais aussi les Noirs, beaucoup de plantations organisant des « bals pour Noirs » notamment à Noël ou Pâques ! Cette prééminence dans la musique s'explique peut-être par leurs « dons naturels » comme le soulignent certains auteurs, mais encore davantage par le fait que nombre de Blancs très superstitieux craignent que les musiciens profanes, vilipendés par les prédicateurs et les pasteurs comme des « créatures du Démon », ne soient effectivement damnés dans l'au-delà. En favorisant les musiciens noirs pour l'amusement et la danse, ils pensent se prémunir contre cette malédiction ! La description de certains orchestres noirs, notamment dans les grands centres est éloquente : jusqu'à cinquante musiciens et danseurs qui jouent violons, banjos, tam-tams et tambours, idéophones, triangles, grelots...

Dans les États du Nord, peuplés au milieu du XIXe siècle d'environ un million de Noirs libres ou affranchis, ces derniers sont aussi très présents dans toutes les manifestations musicales. Dans certaines

Les musiques des Africains en Amérique du Nord

églises protestantes qui abritent sous un même toit leurs ouailles, quelle que soit leur couleur, les Noirs tiennent souvent l'orgue ou les claviers et jouent aussi des flûtes, trompettes, clarinettes... Au fur et à mesure que les évasions d'esclaves sudistes prennent de l'importance, nombre de congrégations religieuses spécifiquement noires voient le jour afin d'accueillir et éduquer ces nouveaux compatriotes, un phénomène qui prend encore davantage d'ampleur après la guerre de Sécession. Dans le Nord, les musiciens noirs sont aussi très présents dans les orchestres, formant de plus en plus souvent des ensembles homogènes « de couleur », qui interprètent à la satisfaction générale musique légère, classique, airs de danse et « improvisations rythmées venues des îles ».

C'est aussi à ce moment que les Noirs peuplent majoritairement certains quartiers des villes et vont se distraire dans des bars, cabarets, scènes diverses « noires » que nous étudierons en détail plus tard.

Le Works Progress Administration a collecté les mémoires de centaines d'anciens esclaves. On y trouve les descriptions d'instruments de musique, de manières de jouer, de danser. Mais aussi la signification de ces arts, souvent double, l'une à destination des Blancs, l'autre à destination des « gens de couleur » : résistance secrète à l'oppression, création d'une identité particulière, activités jugées indécentes et illicites par la morale européenne américaine, mais normales pour celle des afro-américains.

LES AFRICAINS
DANS L'AMÉRIQUE DU NORD HISPANIQUE

La déportation d'Africains en Nouvelle-Espagne (Mexique) commence bien plus tôt et sur une bien plus vaste échelle que dans le reste de l'Amérique du Nord.

Cela ne fait que perpétuer une pratique déjà très développée dans la péninsule ibérique depuis l'époque de la domination arabo-mauresque. Dès le Moyen Âge, Séville ou Lisbonne par exemple ont une main-d'œuvre africaine servile qui possède ses rues réservées, ses confréries, ses églises, ses fêtes spécifiques. Les esclaves africains sont paradoxalement introduits dans le centre et le nord de la Nouvelle-Espagne à cause des défenseurs des Amérindiens qui réussissent à convaincre Charles Quint puis Philippe II d'Espagne de ne pas « asservir ces peuples nobles » !

Les esclaves noirs en Nouvelle-Espagne ont une condition sociale évidemment très mauvaise mais fort différente de ce qu'elle est dans le reste de l'Amérique du Nord : l'organisation de la société noire reproduit celle de l'Espagne. Esclaves souvent affranchis à la fin de la vie de leur maître, ils sont au service de Blancs richissimes et en tirent une étonnante fierté. Ils s'affichent volontiers en vêtements de luxe, couverts de bijoux et portent même des armes, malgré les interdictions qui leur en sont faites. Bien que christianisés souvent bien avant leur arrivée en Amérique, les Noirs jouissent d'une réputation sulfureuse : ils sont accusés de blasphèmes, de reniement, de pratiques de magie noire que leurs maîtres utilisent d'ailleurs abondamment (voyance, sorts que l'on jette, retour d'amour...) ! De véritables soirées « nègres » (*saraos*) avec force alcool, musique et danses distraient les descendants d'Espagnols, les militaires ou même les ecclésiastiques. Les unions entre Blancs et Noirs, cachées mais encore davantage au vu et au su de tous (chaque Espagnol se vante de la beauté de sa maîtresse noire) engendrent quantité de mulâtres qui jouent un rôle de plus en plus codifié et important, notamment dans les villes comme Mexico, Tlaxcala, Cuernavaca. De nombreux dossiers

Les musiques des Africains en Amérique du Nord

de l'Inquisition témoignent de procès en sorcellerie contre les Noirs accusés de « prières à la lune », « tatouages sataniques », « pactes avec le Diable », « ventriloquerie » *(sic)* ; « chasse aux trésors magiques »... Ils sont aussi constamment accusés d'amener d'Afrique des « musiques, des rythmes et des danses sauvages » qui « pervertissent les chrétiens ». Cela n'empêche pas la présence de nombreux Noirs dans les chœurs d'église ou les orchestres officiels. Par ailleurs, ils méprisent et haïssent les Indiens, ce qui entraîne dans certaines villes comme Mexico des tensions permanentes débouchant sur de véritables batailles rangées.

Cette très forte africanisation du Mexique finit par engendrer les craintes des Espagnols qui ne sont qu'une toute petite minorité dominante. Notamment après la grande révolte noire de 1665-1666 qui enflamme Mexico et toute une partie des territoires de l'ancien empire Aztèque, que l'armée a beaucoup de mal à juguler.

Thomas Gage écrit en 1676 : « Il y a une infinité de ces Nègres et de ces Mulâtres de l'un et l'autre sexe qui sont devenus si orgueilleux et si insolents que les Espagnols ont peur qu'ils vinssent à se soûler tant qu'ils se rebellent contre eux. »

Et Gemelli Careri renchérit en 1688 : « On se demande si un jour les rébellions des Noirs et des Mulâtres ne réussiront pas et s'ils ne deviendront pas les véritables maîtres du Mexique. Ne seront-ils pas aidés par tous ces Blancs qui en même temps que le lait de leurs nourrices nègres ont aussi tété leurs manières diaboliques... »

Mais l'organisation économique de la Nouvelle-Espagne, la pratique de la *mita*, service obligatoire dû par les nations amérindiennes vaincues par Cortes et ses lieutenants, que les autorités espagnoles ne cessent d'alourdir au cours des décennies, finit par rendre

AMERICANA

inutile et coûteux l'esclavage des Africains. Après 1740, il n'y a pratiquement plus du tout de trafic négrier en direction des territoires espagnols de l'Amérique du Nord. À cette époque, la majorité des milliers de Noirs et de mulâtres qui peuplent la Nouvelle-Espagne sont plus ou moins libres. Quelques-uns s'européanisent, même s'ils conservent un statut de domestique. La plus grande partie est alors considérée par les autorités espagnoles comme des « Indiens », ce qui les oblige à la *mita* et aux mêmes lourdes charges que les « sujets Indiens ».

CHAPITRE VII

LES TRADITIONS IRLANDAISES ET CELTIQUES

Les populations celtiques vivant en Grande-Bretagne ont constitué dès le XVIIe siècle une des principales sources de main-d'œuvre bon marché que la Couronne anglaise pouvait utiliser pour mettre en valeur ses colonies d'Amérique du Nord. Cette main-d'œuvre surexploitée est recrutée selon le système des engagés avec des contrats dits de sept ans (bien qu'il y ait aussi eu des contrats de trois et cinq ans).

Les engagés sont d'abord des marginaux, des délinquants qui ont le choix entre s'« engager » à travailler en Amérique aux services des différentes compagnies britanniques qui possèdent de vastes domaines, ou croupir dans les geôles anglaises. Puis, au fur et à mesure des besoins, on enrôle à tour de bras des pauvres, souvent recrutés dans les rues des grandes villes, à qui on fait miroiter le mirage d'une petite propriété à l'issue d'un contrat de sept ans.

Une grande partie d'entre eux est composée de populations d'origine celtique, particulièrement des Écossais et des Irlandais qui n'avaient, chez eux, pas le droit de posséder la terre, celle-ci étant exploitée par un lord *tenant* résidant en Angleterre et dont ils étaient les métayers très mal rémunérés.

Selon le contrat, le voyage transatlantique est avancé aux recrutés. Ils doivent le rembourser en travaillant sans salaire dans les plantations durant sept ans. Le voyage s'effectue dans des conditions épouvantables : entassés dans des cales avec un minimum de nourriture et d'eau. Un quart meurt durant la traversée. Ceux qui arrivent travaillent de l'aube au crépuscule avec juste de quoi survivre, encadrés par des contremaîtres impitoyables, soumis à quantité de châtiments corporels ou financiers dont ils ne peuvent s'acquitter, logés dans de misérables masures... Un prolétariat agricole quasi servile, similaire aux premiers Noirs apportés en Amérique du Nord par les Néerlandais, dans l'actuelle Virginie en 1617, et qui sont eux aussi des engagés et non des esclaves. Les engagés travaillent dans de telles conditions qu'environ un autre quart meurt durant la première année qui suit leur installation en Amérique du Nord ! Les survivants doivent encore emprunter pour acheter denrées et matériel nécessaires aux seuls magasins de la compagnie. Ils se retrouvent ainsi au bout de leur contrat de sept ans totalement débiteurs vis-à-vis de celle-ci, et donc obligés de se « réengager » pour sept nouvelles années sans salaire afin de payer leurs dettes.

Cette déportation à peine déguisée engendre de nombreux conflits ou révoltes qui semblent perpétuer la situation des îles Britanniques.

LES ÉCOSSAIS

Persécutés par la Couronne depuis la conquête brutale de leur pays, les Écossais – et en particulier les Presbytériens – ont été parmi les premiers à émigrer en nombre des îles Britanniques aux colonies anglaises d'Amérique du Nord.

Les traditions irlandaises et celtiques

Dans un premier temps, au XVIIe siècle, nombre d'entre eux ont été déportés du sud de l'Écosse vers l'Ulster. Il s'agissait pour la Couronne britannique autant de s'approprier leurs terres que de maintenir le calme politique en Écosse comme en Ulster où ils étaient censés noyer sous leur nombre les Irlandais revêches ! Mais ces Scotch-Irishs, comme on les appelle en Amérique, n'ont guère plus de droits en Ulster qu'en Écosse. Il leur est, en particulier, interdit de vendre la laine de leurs moutons et ils sont obligés de se convertir à l'anglicanisme s'ils veulent obtenir un emploi public.

Ces Scotch-Irishs ne se sont jamais vraiment sentis chez eux en Ulster et, dès que l'occasion se présente, ils quittent l'Europe et forment alors les premiers grands bataillons d'engagés vers les plantations du Sud, où ils apportent leurs vieilles traditions musicales, chantées et jouées aux cornemuses. Assez rapidement là-bas, les cornemuses laissent la place aux fiddles et aux banjos.

Joseph Seymour écrit en 1754 : « Ces Scotch-Irishs jouent (en Amérique) leurs vieilles rengaines mais avec des violons car leurs cornemuses ont été corrompues par le mauvais air humide de cette région. Ils jouent aussi d'étranges airs qu'ils prétendent avoir composés dans les colonies mais qui semblent trop endiablés pour ne pas devoir aux Indiens et aux Nègres avec lesquels ils travaillent et partagent toutes sortes de choses que la décence intime de taire... »

Il faut noter que c'est dans ces régions majoritairement peuplées de Scotch-Irishs qu'à la fin du XIXe siècle se développera le jeu de guitare dit *fingerpicking* avec de délicats mouvements alternés et simultanés du pouce et de l'index.

Les rapports de ces Scotch-Irishs avec les autorités britanniques sont partout très difficiles. Ils deviennent exécrables dans le Sud-Est sous la tutelle du terrible gouverneur William Tryon. Brimés, écrasés de taxes, interdits de toute éducation formelle ainsi que de pratiquer librement leur religion, les Scotch-Irishs forment en 1765 dans le Sud-Est une célèbre milice de défense, les Régulateurs (*Regulators*), qui élit démocratiquement une assemblée de colons et qui commence aussitôt à légiférer. Ils s'opposent pendant un certain temps avec succès aux agents et troupes britanniques. La répression anglaise s'intensifie alors et devient féroce. La plupart des insurgés sont pendus, leurs villages brûlés. Mais ce mouvement d'ampleur va laisser des traces et préfigure nettement la Révolution américaine.

Lorsque l'Angleterre met la main sur le Canada, ces Scotch-Irishs sont aussi utilisés pour « noyer » sous leur nombre les Français. Ils deviennent ainsi majoritaires au Cap Breton qui devient la province de Nuova Scottia et sont aussi très présents dans l'Ontario, à Montréal et Québec et dans les territoires du Grand Ouest. Mais au moment de l'indépendance des États-Unis, ces Écossais, très hostiles aux Anglais, sont aussi nombreux à quitter le Canada britannique pour rejoindre la jeune République américaine, s'installant de Boston et Detroit aux Carolines, puis dans la basse vallée du Mississippi. Partout, ils se distinguent par le nombre et la qualité de leurs chanteurs et de leurs musiciens.

LES GALLOIS

De très nombreux mythes ont eu cours parmi les découvreurs lors de l'exploration de l'Amérique du Nord, chaque explorateur rajoutant son détail enivrant ou effrayant, et colportant sirènes, amazones, animaux fabuleux, trésors et civilisations sauvages ou extraordinairement riches, jusque dans les ouvrages publiés en Europe. L'un des mythes les plus récurrents et les plus

Les traditions irlandaises et celtiques

étranges est celui d'une origine galloise de certaines tribus amérindiennes ! L'idée que des marins originaires du Pays de Galles se soient aventurés autrefois jusqu'en Amérique du Nord, s'y soient installés, aient fait souche et aient répandu leurs mœurs et leur langue apparaît dès le xviie siècle et durera pratiquement jusqu'à ce que le continent soit définitivement exploré, tard dans le xixe siècle !

Cette quête des tribus « galloises » est très présente lors de la célèbre expédition de Lewis et Clarke (1804-1806) qui sont les premiers à parcourir le continent nord-américain jusqu'au Pacifique et retour. Presque chacune des nouvelles nations indiennes qu'ils rencontrent leur fait croire qu'ils ont enfin déniché la galloise ! Ainsi, le capitaine Clarke et son lieutenant Whitehouse sont persuadés d'avoir trouvé dans les Ootlashoots, un peuple des Rocheuses, ces fameux indiens gallois : « Ces sauvages ont le langage le plus étrange que nous ayons jamais entendu. Ils semblent avoir un empêchement dans leur prononciation ou on dirait que leur langue s'embrouille... Nous supposons qu'ils sont des Indiens Gallois à cause de leur façon de parler. Le capitaine Lewis a noté les noms qu'ils donnent à toutes choses afin de découvrir s'ils sont originaires du Pays de Galles. »

Et, à propos de leurs chants et de leur musique, Clarke croit distinguer bien des traits gallois : « [En chantant] ils émettent un son guttural. Cela ressemble au gloussement d'une volaille ou le bruit que fait un perroquet... Lorsqu'ils sont nombreux, cela forme un bruit étrange et confus... »

En fait, à l'exception de quelques individus vite noyés dans le reste de la population, un peuplement réellement gallois en Amérique du Nord n'intervient que vers 1830. Ces Gallois s'installent essentiellement en Pennsylvanie et dans l'Ohio au moment du développement des mines et de l'aciérie. Ils amènent avec eux la tradition musicale des Eisteddfod, un grand rassemblement social qui présente durant plusieurs jours des raconteurs, musiciens, chorales, poètes. Cette tradition qui remonte loin dans l'histoire du Pays de Galles se prolonge telle quelle dans le Nord industriel des États-Unis. Chaque fois qu'il a lieu, l'eisteddfod est un événement marquant. Sa grande réputation finit par attirer des foules considérables, au-delà des populations d'origine galloises. En 1893, l'eisteddfod présenté à l'Exposition universelle de Chicago est une révélation pour beaucoup de visiteurs (et de journaux), saisis par l'extrême qualité de la musique et du chant gallo-américain. Cette tradition continue jusqu'aujourd'hui.

DES VAGUES D'IMMIGRATION SUCCESSIVES.
L'IRLANDE, UNE ÎLE
QUI SE VIDE DE SES HABITANTS

Parmi les peuples celtiques de Grande-Bretagne, ce sont bien évidemment les Irlandais qui marquent le plus la musique populaire américaine, y imprimant une marque indélébile distincte et cela jusque dans les musiques contemporaines.

Au XVIIIe siècle, les Irlandais de pure souche forment avec les Scotch-Irishs le gros des engagés semi-serviles qui partent, avec des contrats de sept ans, travailler dans les colonies britanniques du Sud. Après les troubles et les révoltes des années 1750-1760 et la répression par l'armée britannique, beaucoup s'installent dans les forêts des Appalaches qui leur rappellent leurs rudes Highlands et d'où ils semblent à l'abri des vicissitudes du système des plantations.

Cette première immigration d'Irlandais et d'Écossais établit dans le Sud une philosophie anti-anglaise qui se

Les traditions irlandaises et celtiques

mue progressivement au cours du XIXe siècle en un esprit anti-Yankees. Ces populations celtiques apportent de très fortes traditions musicales aux racines millénaires qui sont évidemment difficiles à quantifier mais qui constituent de toute évidence une des bases, ancienne et essentielle, de toutes les musiques populaires américaines.

Avec la guerre d'Indépendance et la création des États-Unis en 1776-1783, les mouvements de population en provenance d'Irlande ne sont plus dus aux besoins de main-d'œuvre du système colonial britannique mais, au contraire, obéissent aux désirs d'échapper à la tutelle anglaise de plus en plus impitoyable en Irlande même. Le jeune État américain tient les premières statistiques fiables en matière d'immigration. Entre 1783 et 1805, environ 75000 immigrants aux États-Unis proviennent d'Irlande, mouvement qui s'amplifie encore entre 1805 et 1830. Contrairement aux premiers déportés irlandais vers les plantations sudistes qui étaient surtout des manœuvres agricoles, ces nouveaux immigrants sont d'abord des artisans qui habitent dans les zones urbaines. Attirés par l'existence de fortes communautés celtiques dans le Sud, beaucoup s'installent au Piémont des Appalaches, ajoutant leurs cultures musicales (leur jeu de violon « irlandais » et « écossais » notamment) à de déjà riches traditions américaines.

La troisième vague d'immigrants irlandais vers l'Amérique – la plus importante en nombre – commence dans les années 1830, culmine dans la décennie 1851-1860 avec plus d'un million de départs et se poursuit jusqu'au début du XXe siècle. Cette fois, il s'agit surtout d'Irlandais catholiques, essentiellement des ruraux chassés de la verte Erin par une famine sans précédent. En fait, le terme de « famine » qui signifie l'absence de ressources alimentaires est inapproprié puisque, durant toute cette période, l'Irlande continue d'exporter en masse des denrées agricoles vers l'Angleterre. Il s'agit en fait bien davantage d'une malnutrition et de son cortège de maladies, conséquence du système agricole en vigueur en Irlande depuis Cromwell. Depuis le XVIIe siècle, la terre de la « verte » Erin – véritable colonie anglaise conquise par la force et avec une brutalité extrême – est presque exclusivement possédée par des loyalistes anglais installés pour cela en Irlande ou, le plus souvent, par des *landlords* qui continuent d'habiter en Angleterre. Ceux-ci se contentent de récolter les dividendes de leurs propriétés irlandaises par l'intermédiaire de *middlemen*, contremaîtres irlandais qui doivent faire fructifier au mieux les terres qu'ils gèrent pour leurs employeurs et dont, au passage, ils s'attribuent aussi une part des ressources. Le peuple irlandais est très majoritairement composé de métayers misérables attachés à vie à leur glèbe et que les *middlemen* pressurent au maximum. Les loyers de la terre sont si élevés que, pour réussir à tenir les quotas de production imposés, les métayers irlandais font quantité d'enfants pour avoir davantage de bras. La population est ainsi évaluée à huit millions d'habitants vers 1830 ! Au XIXe siècle, elle puise l'essentiel de sa subsistance dans la culture de la pomme de terre, introduite à cet effet dans l'île mais qui interdit un stockage de nourriture à long terme. Cela vaut aux irlandais le surnom très péjoratif de *potatoes eaters*.

Lorsque la fin des guerres napoléoniennes provoque la chute du cours des céréales, les *landlords* exigent encore davantage de leurs terres irlandaises afin de conserver leurs revenus. Cette situation déjà jugée dangereuse par Lord Devon dans un rapport à la Chambre des Lords devient dramatique lorsqu'une série d'infections ravage les récoltes de pomme de terre à partir de

Les traditions irlandaises et celtiques

1842. La famine s'installe en Irlande et fait des ravages. On évoque environ un million de morts de faim entre 1845 et 1849, et autant qui choisissent démigrer. Même une fois rétablie la situation alimentaire, le traumatisme est tel que l'émigration (surtout vers les États-Unis mais aussi ailleurs : Australie, Nouvelle-Zélande, Afrique) apparaît désormais, pour les Irlandais, comme une nécessité afin d'échapper aux aléas d'un statut économique et politique de l'île sans avenir. C'est aussi à partir de cette époque que les mouvements indépendantistes irlandais fleurissent progressivement pour aboutir à une guerre de type anti-colonial contre les Anglais.

LA MUSIQUE POPULAIRE EN IRLANDE

Traditionnellement, la harpe « celtique » est l'instrument de l'aristocratie gaélique en Irlande. Mais celle-ci, qui a plus ou moins réussi à se maintenir jusqu'à la fin du XVIIe siècle, finit par s'effondrer sous les coups de la puissance coloniale anglaise qui l'a tolérée jusque-là. La chute de cette aristocratie entraîne une quasi-disparition de la tradition de la harpe celtique.

La musique rurale irlandaise – celle qui nous intéresse au premier chef dans cette étude – est d'abord chantée et jouée par des solistes ou des ensembles de « pipes » (toutes sortes de cornemuses dont les plus célèbres et plus *irish* sont les uilleann pipes), des fiddles, violons de toute nature (à partir du XVIIIe siècle et en provenance d'Italie), des flûtes et des tambours comme le célèbre bodhran.

Nous n'avons que de très rares témoignages de l'existence de musiciens dans l'Irlande ancienne. Par contre, sous la domination anglaise, le musicien traditionnel de type « professionnel » (celui qui vit de sa musique) a un

AMERICANA

statut à part : il réussit à être itinérant et libre dans une société quasi asservie ; il parcourt le pays, témoin qui conte et raconte, commente et critique ce qu'il voit et entend dans ses voyages. Il apparaît, dans une société où les Anglais imposent leurs normes, comme le perpétuateur et aussi le modernisateur enjoué, humoristique mais souvent acerbe d'une âme irlandaise, autant musicale que linguistique et spirituelle, mise à mal par l'occupation anglaise. Pour ceux de ces *folksingers* irlandais qui émigreront en Amérique, ils continueront à jouer ce rôle et influenceront très certainement la genèse des grands genres américains.

À côté de ces véritables chansonniers itinérants, l'Irlande compte aussi quantité de musiciens amateurs mais qui sont souvent reconnus localement et parfois presque vénérés pour leurs incroyables prouesses instrumentales et leur connaissance d'un vaste répertoire. Ils animent les bals, les réunions privées, les pubs locaux ainsi que ces curieux « crossroads », réunions durant les douces soirées d'été de plusieurs villages et hameaux à l'intersection de deux routes, là où le diable est réputé octroyer aux apprentis musiciens leur virtuosité en échange de leur âme. On retrouve cette légende telle quelle en Amérique, notamment dans les États du Sud.

Mais toutes ces riches traditions musicales sont mises à mal en Irlande même durant la deuxième moitié du XIXe siècle, à la fois à cause des terribles famines, et sous les coups de butoir de l'Église catholique qui rend responsable les « pécheurs » des maux qui frappent l'Irlande ! Une vague de puritanisme sans précédent enflamme l'Église qui pourchasse avec ardeur le « péché » sous toutes ses formes : promiscuité, alcoolisme, fornication, débauche... La guerre est déclarée aux pubs, aux salles de danses, aux « crossroads » et à la musique, sauf quand elle est d'inspiration religieuse.

Les traditions irlandaises et celtiques

L'Église réussit à faire fermer des milliers de « lieux de perdition ». Les prêches du dimanche vitupèrent contre la danse et la musique. Des prêtres en soutane brûlent les pubs et autres lieux publics puis s'attaquent aux maisons privées. Ils pénètrent, la croix à la main, jusque dans les salons où on leur a indiqué que se trouvaient des instruments de musique. Au nom du « Seigneur », ceux-ci sont brisés ou le plus souvent brûlés sur la place du village tandis que les musiciens sont passés à tabac voire, dans plusieurs cas, pendus.

Cette longue campagne aboutit au fait qu'à la fin du XIXe siècle, la musique traditionnelle irlandaise est morte en Irlande même. Elle n'est quasiment plus jouée nulle part et une génération entière n'y a pas été initiée car non écrite, elle ne pouvait évidemment que se passer de maître à élève.

Mais alors que le XXe siècle s'annonce, c'est toute l'Irlande qui est moribonde. Mortalité gigantesque, famines, système colonial de plus en plus oppressant, immigration massive... L'Irlande a perdu plus de 50 % de sa population.

L'IRLANDE EN AMÉRIQUE

Pour les Irlandais comme pour tous les migrants, la « terre promise » américaine se révèle parfois bien cruelle. Ceux qui fuient la famine au XIXe siècle sont des ruraux, souvent illettrés qui se heurtent aux préjugés et au mépris de la bourgeoisie urbaine. Ils s'installent en masse dans le triangle Boston-Philadelphie-New York et à Chicago. Les hommes fournissent la main-d'œuvre non qualifiée à l'industrie, et les femmes font les ménages ou sont gouvernantes bien qu'elles soient régulièrement accusées d'empoisonner les enfants ! Mais au tournant du XXe siècle, la population irlandaise représente 25 %

du total de villes comme Chicago et New York. De nombreux colons irlandais participent aussi à la conquête territoriale du pays, notamment de l'Ouest en tant que travailleurs des routes, des canaux, des chemins de fer, cow-boys, soldats...

Les immigrants irlandais dans le Nord vont se distraire dans d'innombrables pubs à clientèle majoritairement ou exclusivement irlandaise, prient dans des églises catholiques qui fleurissent alors. Bientôt, des salles de danse ou de réunion, gigantesques, s'ouvrent un peu partout. Rien qu'à New York, on trouve certaines des plus grandes salles pour Irlandais de tout le pays : l'Inisfall Ballroom au coin de la 56ᵉ Rue et de la 3ᵉ Avenue, le Donovan Ballroom, surnommé « *The tub of blood* » (!) entre la 59ᵉ Rue et Colombus Avenue, l'immense Galway Hall sur la 125ᵉ Rue qui peut accueillir jusqu'à 10 000 danseurs.

Ces salles ont évidemment d'immenses besoins de musiciens. Des entreprises comme la Gaelic League à New York ou le Chicago Music Club regroupent les artistes capables d'interpréter de la musique irlandaise, se chargent de leur promotion et de leurs engagements.

Le musicien irlandais trouve en Amérique un énorme champ d'action : salles de bals bien sûr mais aussi music-halls, spectacles itinérants de ménestrels. Il est aussi très prisé et respecté en Amérique parmi les immigrants irlandais : il rappelle la terre des ancêtres, perpétue la tradition du pays. Il s'agit en fait d'une bien fausse préservation puisque le musicien qui entend toutes les autres musiques américaines ne tarde pas à les incorporer à son jeu et à son répertoire, mais il demeure « irlandais ». Enfin, certains musiciens s'impliquent dans le côté financier du show business, chose bien sûr impensable en Irlande. Ainsi, le violoniste Patrick Fitzpatrick qui émigre à New York à l'âge de vingt et un ans se retrouve onze ans plus tard à la tête du puissant Celtic Hall de New York. Francis J. O'Neill qui devient capitaine de la police new-yorkaise s'investit avec autant d'ardeur que de résultats dans la publication, la promotion et la propagation de la musique irlandaise...

De fait, le musicien traditionnel venu d'Irlande au XIXe siècle rencontre très vite un succès américain qui dépasse de très loin les cercles d'immigrants irlandais. Avec au moins trois vagues d'immigrants, ceux qui se sentent peu ou prou irlando-américains sont innombrables aux États-Unis. Ils veulent souvent se reconnaître dans les musiques irlandaises jouées par les immigrés plus récents, même s'ils n'ont en vérité jamais eu aucun lien avec cette tradition ! Mais le musicien qui véhicule un message de résistance à l'Anglais alors largement détesté en Amérique, rencontre un énorme écho y compris chez les Américains d'origine anglaise, écossaise ou germanique !

LA MUSIQUE IRLANDAISE EN AMÉRIQUE

À quelques rares exceptions près, la cornemuse ne s'est jamais développée en Amérique, peut-être parce que le fiddle était à la fois moins cher, plus souple, plus transportable, notamment durant le long voyage transatlantique, et également bien plus facile à réparer. Enfin, le fiddle irlandais se mélange en terre américaine avec les autres traditions violonistiques telles que celles venues d'Écosse, d'Angleterre, de France voire d'Espagne ou, plus tard, d'Italie. Mais, preuve de l'importance voire de la prééminence de l'apport irlandais dans la musique américaine, bien qu'il ait été joué par de nombreux autres émigrants en Amérique, le violon s'est substantiellement identifié aux Irlandais ; le terme irlandais *fiddle* désigne tous les violons des musiques populaires, le terme « violin » demeurant cantonné à la musique classique. Le fiddle se généralise en Amérique au point de devenir *le* principal instrument de la musique populaire, que ce soit dans le nord ou dans le sud des États-Unis.

C'est ainsi que progressivement se créent les orchestres à cordes (*string bands*) composés de trois à cinq fiddles avec un banjo, une contrebasse ou un violoncelle, une mandoline, plus tard des guitares... Ces orchestres accélèrent la fusion des différents styles violonistiques (écossais, irlandais, français, espagnols) en un seul genre appelé parfois « Celtic American », qui interprète dans les salles de bals de tout le pays reels, jigs, hornpipes, mais américanisées avec des structures mélodiques AABB. Vers 1870, avec les grandes vagues d'immigrants d'Europe centrale, ces mêmes string bands incorporent dans leur répertoire des marches, des polkas, des valses, des mazurkas, les américanisent en leur donnant, cette fois, de fortes intonations irlando-américaines et les arrangent afin de plaire à un vaste public.

Au milieu du XIXe siècle, on joue de la musique « irlandaise » partout en Amérique : ballades irlandaises ou pseudo-irlandaises dans les théâtres, les music-halls, les spectacles populaires itinérants ; danses « irlandaises » dans chaque bal, de la guinguette rurale au plus chic bal des débutantes de la « haute société ». Cela rend très aisée la tâche des musiciens immigrés récemment en Amérique, mais favorise aussi la dilution rapide de leurs styles originaux insulaires dans la musique « irlando-américaine » de plus en plus semblable à un véritable patchwork de sonorités et d'instruments.

En 1807, Thomas Moore publie à Dublin les *Irish Melodies*, un recueil de chansons irlandaises qui passe presque inaperçu dans la verte Erin mais qui connaît un franc succès aux États-Unis. Il apparaît que Moore a

Les traditions irlandaises et celtiques

certes collecté quelques thèmes mais qu'il en a inventé beaucoup comme *Tis the last rose of summer; Believe me; If all these endearing young charms* qui ont été constamment réédités en Amérique au XIXe siècle et sont considérés comme un des grands fonds musicaux américains ! Sous une forme ultra-sentimentale voire lacrymale, les textes de Moore se lamentent sur le sort des Irlandais et attirent aussi la sympathie des auditeurs américains même s'ils ne sont pas du tout de cette origine.

Il y aura de nombreux *song books* d'inspiration irlandaise, collections regroupant jusqu'à trois cents chansons populaires sous un thème plus ou moins commun : *Irish Comic songster; The love songster from Ireland; Songs of old Ireland...*

LE DISQUE

En 1899, le joueur d'uilleann pipes James Mc Auliffe enregistre le tout premier cylindre de musique irlandaise. Les ventes doivent être correctes puisqu'il est rapidement suivi de nombreux autres qui se spécialisent dans les « Irish tunes », notamment Patsy Touhey, les Écossais Peter & Dan Wyper, ainsi que l'accordéoniste d'origine allemande John J. Kimmel.

En 1916 Ellen O'Byrne qui tient à New York le magasin The Sinn Fein Music House qui distribue les disques Victor et Columbia, contacte les producteurs de cette dernière firme et leur fait part de la forte demande de sa clientèle pour des disques « irlandais ». Son fils Justus O'Byrne, alors adolescent, se souvient des circonstances de cet événement : « Ma mère possédait un magasin de disques à Manhattan et les Irlandais du quartier venaient toujours demander s'il existait de la "musique du pays". Mais il n'y avait pas vraiment un disque irlandais. Elle m'a alors envoyé dans le Bronx le dimanche afin de trouver de bons musiciens parmi ceux qui avaient l'habitude de jouer à Gaelic Park. C'est là que j'ai découvert Eddie Herborn et John Wheeler qui jouaient banjo et accordéon devant une forte foule enthousiaste. Ma mère est alors allée voir les gens de Columbia et leur a dit qu'elle achetait d'avance au moins cinq cents disques par Herborn et Wheeler s'ils étaient enregistrés. Le marché était intéressant pour l'époque et Columbia s'est vite décidé. Ils ont fait venir les deux musiciens, ont gravé deux titres dont *The stack of Barley*. Ma mère a vendu les cinq cents exemplaires de leur disque en moins d'une semaine... Et c'est comme ça que tout a commencé pour la musique irlandaise en Amérique... »

Toutes les compagnies se ruent alors sur le filon, tant des indépendants plus ou moins spécialisés dans l'*irish music* : Emerald, Celtic, New Republic, Gaelic, Shannon (dirigé par Tom Ennis qui est aussi le propriétaire d'un magasin de disques sur Colombus Avenue à New York) que des majors qui les supplantent progressivement avec leurs séries spécialisées : Columbia (33000F serie), Victor (V-29000 série), Decca (la série 12000)... On enregistre ainsi des milliers d'instrumentaux ou de chansons plus ou moins irlandaises, toutes labellisées « irish music » par des noms connus d'abord uniquement des cercles d'immigrés irlandais, mais qui deviennent vite de grandes vedettes du disque : James Mc Gettigan, James Morrison, Paddy Killoran, Michael Coleman, Frank Quinn, Paddy Sweeney, Tom Ennis, Dan Sullivan... En fait, en termes de vente, la musique irlando-américaine n'a durant ces années-là comme seule rivale que celle d'inspiration hawaïenne que nous étudions dans un autre chapitre.

Ces disques qui ont un énorme succès aux États-Unis, bien au-delà de celui des Irlandais, fixent une tradition

Les traditions irlandaises et celtiques

folk américano-irlandaise, jouent le rôle d'une écriture musicale et définissent un répertoire que tout le monde – en Amérique mais aussi en Europe – va imiter et considérer comme *pure irish* alors que cette musique est d'ores et déjà très largement hybride et bien plus américaine qu'autre chose. C'est ainsi que l'on trouve comme naturellement « irlandais » la présence de banjos, guitares, mandolines, pianos voire bouzoukis dans la musique « irlandaise » !

L'impact de ces disques va être particulièrement considérable en Irlande où il n'existe aucun disque local et où la tradition est plus que moribonde au XXe siècle ! Les chiffres des archives de chez Victor signalent des ventes par milliers de ces disques en Irlande même, notamment après l'autonomie de l'Eire en 1921. Coleman, Quinn, Killoran ou Morrison y deviennent de vraies stars. C'est avec les disques de ces Américains, à partir de leur répertoire et de leurs manières de jouer que les musiciens de l'Eire vont apprendre le répertoire de ce que l'on nomme aujourd'hui musique folk irlandaise !

LE RÉPERTOIRE IRLANDO-AMÉRICAIN

L'irish music américaine peut se diviser en quatre catégories.

Les *danses dites traditionnelles* : il s'agit de versions instrumentales des reels, jigs, hornpipes, marches, polkas, valses, mazurkas... qui font la joie des danseurs et que vendent les musiciens lors des bals qu'ils animent. On trouve surtout une domination du fiddle mais aussi des solos de cornemuse – notamment l'uilleann pipes –, concertinas, accordéons, flûtes, banjos, pianos et, au fur et à mesure que s'avance le XXe siècle, de guitares voire de saxophones.

AMERICANA

Les *chansons sentimentales* composées au XIXe siècle par des Irlandais ou des Anglais qui ont une formation classique européenne, ont diminué considérablement à partir de 1920. John Mc Cormack est l'interprète le plus connu de ces chansons. Un ténor d'opéra à l'origine qui a appris le bel canto à Milan, Mc Cormack obtient un énorme succès sur les scènes américaines mais aussi australiennes, néo-zélandaises, africaines ou indiennes avec ses irish songs – souvent tirés des recueils de Thomas Moore – arrangés à la mode des pièces de kiosque : *Danny Boy* ; *The Kerry dances* ; *The rose of Tralee* ; *Mother Macree* ; *The minstrel boy* ; *The harp that once through Tara's Hall* ; *Dear harp of my country*...

Mais Mc Cormack est déjà âgé lors de l'apparition de l'industrie du disque. Malgré cela, l'enregistrement de sa composition *The last rose of summer* s'est vendu à plus d'un million d'exemplaires.

Les *chansons comiques* perpétuent la figure incontournable de l'Irlandais dans le music-hall américain. Il s'appelle invariablement Pat, Paddy ou Teague, a sur scène le visage rougeaud plein de taches de rousseur, boit sec son whiskey et parle avec un accent atroce ponctué de mots gaéliques, de jurons et de blagues lourdingues. On trouve ce personnage irlandais longtemps dans le théâtre populaire américain ainsi que dans le cinéma, notamment dans les westerns de série ou même ceux de John Ford. Sur disque, le chanteur comique irlandais oscille entre le rire et le pathétique, ce qui lui vaut son succès populaire comme avec la célèbre chanson *Paddy Miles*, dans laquelle le chanteur explique sa rupture volontaire avec une Irlande où règne l'arbitraire de l'occupant anglais, un thème dont raffolent tous les habitants des États-Unis.

Enfin, l'irish music est de plus en plus composée de ce que l'on a appelé *Iricana*. Il s'agit d'un mélange des trois

Les traditions irlandaises et celtiques

genres précédents avec, en plus, des éléments de plus en plus importants des autres musiques américaines. Cette Iricana reflète strictement l'évolution des musiciens. Celui qui a une certaine ambition professionnelle ne peut guère se limiter à un public « ethnique », même à la base large. Il se produit en tournées, dans les salles de concert, les mariages, les bals de toute l'Amérique et pour tous les Américains, même s'il joue de son caractère « irlandais ». Des centaines de groupes se forment à la fin du XIXe et au début du XXe siècle sur une base de musique irlandaise, mais évoluent vers les goûts de l'Amérique moyenne. Comme le dira l'un d'entre eux, le chef d'orchestre Gene Kelly (qui n'a rien à voir avec l'acteur de cinéma du même nom) : « La compétition était très âpre et il fallait pouvoir répondre instantanément à la demande. Sinon, on ne vous embauchait plus. Donc, s'adapter était une nécessité vitale. »

Cette Iricana est interprétée par des orchestres à cordes enrichis de flûtes, accordéons, saxophones, guitares, tubas, batterie, piano. Leur répertoire va de ce qui apparaît comme « pure irish », c'est-à-dire les ballades de John Mc Cormack, aux airs de danse à la mode avec des pièces à succès des variétés de Broadway et de Hollywood, du jazz et de la musique folk. C'est le cas de vedettes du disque des années 1920-1930 comme John Mc Gettigan, John Griffin, George O'Brien. De plus en plus, ce sont les plumes de Tin Pan Alley – le music-hall américain à New York – c'est-à-dire des gens qui ne sont ni irlandais ni même irlando-américains (souvent en fait des Juifs originaires d'Europe centrale) qui composent les chansons à succès de l'Iricana telles que *Galway bay* et *If you're Irish come into the parlor*. Leurs disques font le tour du monde et s'imposent comme des éléments de base du « folklore irlandais » ! Encore aujourd'hui, alors que l'histoire est pourtant bien

AMERICANA

connue, il est difficile de faire admettre à des musiciens « celtiques » qui jouent ce répertoire de Dublin et Lorient à Terre Neuve ou Sydney, qu'ils n'interprètent absolument pas la vieille tradition irlandaise mais de purs produits du show business de New York ou même de Hollywood !

CHAPITRE VIII

AUTRES MUSIQUES EUROPÉENNES

(XIXe et première partie du XXe siècle)

Les Espagnols, les Français et les Britanniques ne sont pas les seuls à venir d'Europe pour peupler l'Amérique du Nord. S'il y a eu depuis le début de la colonisation européenne des Néerlandais, Portugais, Allemands... en nombre plus ou moins important, au fur et à mesure que le XIXe siècle s'avance, ce peuplement européen se diversifie considérablement et prend de l'ampleur, notamment aux États-Unis. Chacun de ces peuples amène ses traditions musicales et chantées, les développe aux États-Unis, les amende au contact des autres musiciens. Très souvent comme avec les Irlandais, chacune de ces minorités ethniques enregistre en fait les tout premiers disques de ces traditions populaires en Amérique. Et ce sont ces disques autant américains qu'européens qui, diffusés et vendus dans le pays d'origine des anciens migrants, fixent la tradition nationale de ces peuples européens.

LES MUSIQUES POLONAISES D'AMÉRIQUE DU NORD

Comme les Français, les Polonais ont fortement aidé les insurgés américains contre la Couronne britannique. Un contingent polonais, commandé par Kosciuszko et

AMERICANA

Pulaski, combat aux côtés des troupes américaines. Avec la partition de la Pologne en 1795, commence une immigration polonaise en Amérique du Nord qui s'accélère au fur et à mesure des vicissitudes de la situation politique en Europe centrale. Au recensement de 1910, on dénombre près de deux millions de citoyens d'origine polonaise sur le territoire des États-Unis.

Les Polonais sont très présents au Texas, regroupés dans des paroisses catholiques assez homogènes, mais aussi à New York, Pittsburgh, Milwaukee, Detroit et surtout Chicago où, à la fin du XIXe siècle, un quartier entier s'appelle Polonia.

Ils apportent avec eux leurs danses (polkas et mazurkas) qui ont très rapidement les faveurs des autres Américains. Certains des premiers gros succès du disque en Amérique sont les œuvres de Wladislaw H. Sajewski ou surtout de Frank (Franciscz) Dukla qui enregistre en 1926 des chansons où il mêle versets en polonais et en anglais (*sztajareks*) ainsi que des airs dits de style « villageois polonais », en fait un mélange de toutes les traditions rurales du Middle West américain avec clarinette, contrebasse, fiddles... Le succès de Dukla est énorme tant aux États-Unis qu'en Pologne où il relance la musique populaire polonaise qui n'a jamais été enregistrée en Europe. Dans le sillage de Dukla, une vaste production de disques polono-américains révèle l'étendue de l'influence des musiciens de cette origine : Josh (Jozef) Brangel, Joseph Kmiec, Karol Stoch, John Wyskowski ou l'accordéoniste virtuose Jan Wanat. Le chanteur Wladyslaw Ochrymowicz a aussi un grand succès avec ses compositions en polonais et en anglais sur les problèmes que rencontrent les immigrants en Amérique.

Cette musique populaire polono-américaine qui veut souvent recréer avec de nombreux artifices et autant

Autres musiques européennes

d'américanismes l'ambiance d'une Europe centrale rurale studieuse, joyeuse et optimiste a une influence considérable sur la musique rurale américaine idéalisée que l'industrie du disque appelle Old Time music. Cela s'est probablement élaboré tout au long du XIXe siècle à travers les danses polonaises et apparaît dans la région des Grands Lacs avec le Podhale Sound dont la renommée est considérable. Mais cette influence s'impose avec encore plus de force grâce aux premiers disques de country music. En particulier, *Laughing polka* que Frank Przybylski enregistre en 1915 pour le label Columbia a un impact énorme sur de très nombreux musiciens sudistes d'ascendance polonaise, puis sur leurs émules. Cette polka américaine est en fait une création originale qui ménage aux côtés d'une base de polka polonaise de nombreux éléments des folklores slovènes, tchèques et bien sûr des musiques sudistes américaines. L'engouement pour ce type de polka américaine continue longtemps après la Seconde Guerre mondiale. On trouve autant une polka country (Pee Wee King, Tex Williams, Spade Cooley) que des polkas mexicaines (dans la musique conjunto de la frontière) ou même une polka amérindienne avec la célèbre danse du Chicken Scratch !

LES BALTES EN AMÉRIQUE DU NORD

Très proches des Polonais par leur culture et leur religion, les Lituaniens arrivent en nombre au Canada et surtout aux États-Unis après 1820. Il s'agit alors essentiellement d'une aristocratie catholique qui refuse le joug politique russe et l'obligation de se convertir de force à la foi orthodoxe. L'abolition du servage en Lituanie en 1860, amène une nouvelle vague d'immigrants en

AMERICANA

Amérique du Nord, cette fois d'anciens serfs misérables, souvent incultes qui fournissent une main-d'œuvre malléable et peu exigeante aux mines des Appalaches, notamment en Pennsylvanie. On trouve aussi ensuite de nombreux immigrés lituaniens parmi les travailleurs pétroliers du Texas et de l'Oklahoma, dans les aciéries de l'Ohio et jusqu'en Alberta. D'abord quelque peu étouffés par les Polono-Américains qui voient dans ces Lituaniens des proches cousins, ils acquièrent assez vite leur propre culture lituano-américaine grâce au journal *La Voix lituanienne* rédigé dans leur langue. La musique originale de ces Lituaniens se situe entre celle des Polonais et celle des Scandinaves avec une prééminence de l'accordéon parmi les immigrants les plus récents. Mais chez eux comme chez les Polonais, la tradition lituanienne que l'on veut préserver dans des groupes folkloriques et des orchestres ne tarde pas à s'américaniser : les fiddles prennent le pas sur les violoncelles, la contrebasse ajoute un rythme sudiste et clarinettes et saxophones, influencés par les autres musiques américaines, sont particulièrement en avant dans les premiers disques que publie le producteur Balys dès le début du XXe siècle.

Voisins des Lituaniens, des émigrés Finlandais sont présents dans la colonie du Delaware dès 1655 aux côtés de Suédois avec lesquels ils fondent Fort Christina (aujourd'hui Wilmington). On en signale en nombre assez important dans le Wyoming et l'Oregon à la fin du XIXe siècle, et surtout dans le Middle West où les gazettes rapportent qu'on parle dans certains villages un dialecte « finglish ». Leur musique est aussi décrite comme « entraînante et originale » comme on peut l'entendre avec les disques de Hiski Salomaa, Arthur Kylander, Erik Kivi ou Viola Turpeinen. Cette musique

Autres musiques européennes

finno-américaine est dominée par une cithare spéciale, la kannel ou kokle.

On compte près de 2 500 000 immigrés Scandinaves venus au Canada et aux États-Unis entre 1820 et 1914. Mais ce peuplement a commencé très tôt en Amérique du Nord, le Danois Jonas Broncq achetant aux Indiens la zone qui porte aujourd'hui son nom (Bronx) dans l'État de New York. Si les Suédois sont les plus importants, le nombre d'émigrants norvégiens est considérable puisqu'ils représentent 10 % de la population totale de leur pays d'origine ! Il s'agit parfois de protestants fuyant l'intolérance de l'Église luthérienne de Suède : Eric Jansson fonde sa propre Église « hérétique » dans l'Illinois et Cleng Persson la sienne en Pennsylvanie. Cependant, il s'agit surtout de migrants économiques venus tenter leur chance sur un continent qu'ils pensent être la terre de nouvelles opportunités. Les Scandinaves sont très nombreux au milieu du XIXe siècle dans la région de Chicago (au recensement de 1910, la ville se révèle d'ailleurs comme la deuxième ville suédoise du monde après Stockholm !), mais aussi dans le Minnesota, le Wisconsin, le Dakota du Nord où ils s'adaptent parfaitement au rude climat. Pour des raisons similaires, ils sont nombreux à travailler dans les forêts du Washington et de l'Oregon dans la deuxième partie du XIXe siècle ; c'est le Danois Peter Lassen qui explore le premier le nord-ouest des États-Unis au début du XIXe siècle, donnant son nom au mont Lassen. Les Danois se distinguent d'ailleurs substantiellement des autres en se convertissant massivement à la religion mormone, fournissant de substantiels moyens matériels et humains à Brigham Young dans sa quête de la Terre promise vers l'Utah.

Il y a une importante musique religieuse scandinave qui a sans doute mûri au cours du XIXe siècle et qui a influencé les chorales religieuses protestantes, notamment dans les Grands Lacs et le Middle West. Quant à la musique populaire des Scandinaves, elle se distingue par l'importance du chant soliste, nostalgique et sans rythme, très souvent interprété *a capella*, qui a fortement impressionné les auditeurs. Mais au fur et à mesure de l'implantation américaine, c'est surtout le violon suédois qui s'impose par sa puissance et sa virtuosité. Les premiers témoignages enregistrés de musique scandinave américaine – comme le classique et très influent *Devil's polka* de Pakkos Gustaf, les morceaux de John Stark ou du fiddler norvégien du Dakota Jarle Fosse – révèlent une musique qui s'apparente aux traditions polono-américaines ou germano-américaines avec une domination des airs de danse (polkas, valses, mazurkas) et des chansons proches du reste du folklore américain.

LES MUSIQUES GERMANIQUES

On trouve des colons d'origine germanique en Amérique du Nord dès le début du XVIIIe siècle. Il s'agit d'Anabaptistes fuyant l'intolérance religieuse de leur pays d'origine, de Moraviens très nombreux en Pennsylvanie. Ces premiers colons germaniques apportent en Amérique de fortes traditions musicales qu'ils préservent grâce au relatif isolement dans lequel vivent leurs communautés.

Par leur mode de vie souvent exemplaire, leur sens civique, leur pacifisme, la démocratie sociale qu'ils pratiquent, leur profonde religiosité, ces premiers colons germaniques sont des exemples de « vertu » pour les autres. Il est d'ailleurs un temps question pour la jeune République américaine de choisir l'allemand comme langue officielle, l'anglais n'étant finalement adopté que par une seule voix de majorité !

Autres musiques européennes

Dans la première partie du XIXe siècle, avec les invasions napoléoniennes, les troubles révolutionnaires en Europe centrale, la décomposition de l'Empire, de nouvelles vagues d'immigration germanique affluent aux États-Unis : fermiers plus ou moins illettrés, travailleurs manuels, artisans, professions libérales, grands propriétaires fonciers ruinés, luthériens mais aussi méthodistes, catholiques venant de Bavière. Il faut aussi compter un nombre important d'immigrants venus de Suisse alémanique, essentiellement des mennonites quakers qui, dès 1710, fondent New Bern en Caroline. Ils sont à l'origine directe de la communauté Amish qui, sur le plan musical, engendre une musique religieuse particulière, les Hymnes Amish transcris par Joseph Yoder. La proportion d'habitants d'origine plus ou moins germanique est considérable aux États-Unis (25 % de la population) mais aussi au nord du Mexique où leur influence est importante (en musique, l'apport de l'accordéon) ainsi que dans l'Ontario. Parmi ces immigrants, on trouve un grand nombre d'artistes et de musiciens. Ils s'installent dans les villes et jouent un rôle considérable dans l'élaboration de la musique américaine, classique ou légère, théâtre populaire et music-hall.

Même s'ils vivent en bonne intelligence avec les autres Américains, les Allemands ont tendance à se retrouver dans des sociétés d'entraide ou culturelles. La tradition germanique des chorales de voix masculines (*männerchöre*) s'ancre et se développe en Amérique même, attirant à eux les nouveaux arrivants européens mais aussi de nombreux Américains séduits par la qualité de ces ensembles, leur discipline, la solidarité qui les unit, les concerts mensuels ou hebdomadaires que donnent ces chorales. On trouve dès les années 1830, des *männerchöre* à Philadelphie, Baltimore, New York, Cincinnati, Boston, Cleveland, Pittsburgh... Elles s'étendent au sud

AMERICANA

(Houston, New Orleans, Charleston) et à l'ouest (Saint Louis) bien au-delà des aires de fort peuplement germanique. Le répertoire de ces *männerchöre* est d'abord essentiellement composé de chansons folkloriques venues des pays germaniques mais, assez rapidement, on trouve dans les programmes des compositions originales en allemand ou, de plus en plus, en anglais qui chantent la nostalgie de la terre quittée (un point commun à nombre d'Américains !), les bienfaits et les travers de la société américaine.

À partir de 1870, la qualité et la quantité de ces *männerchöre* sont telles que nombre de villes créent des festivals annuels avec concours, jurys et prix. Le succès de ces manifestations est énorme, des milliers de spectateurs y assistent, parfois venus de très loin. Ces festivals, d'abord réservés aux groupes locaux, deviennent régionaux puis nationaux, faisant se rencontrer et se confronter dans de vastes espaces (*sangerfest halls*) des *männerchöre* de tous les États-Unis et même du nord du Mexique. Avec l'émergence du nationalisme pangermaniste vers 1860-1870, ces festivals sont souvent l'occasion d'affirmer avec fierté une identité « allemande américaine » largement fallacieuse mais qui inquiète le gouvernement fédéral au fur et à mesure des visées guerrières et expansionnistes de l'Empire du Kaiser. Quoi qu'il en soit, ces *männerchöre* allemands ont un grand impact sur les autres Américains et, à la fin du XIXe siècle, un grand nombre de ces chorales masculines, visiblement inspirées des *männerchöre*, un peu partout aux États-Unis, du Texas aux Grands Lacs, de l'Ohio à la Californie, n'ont plus aucun rapport réel avec le monde germanique.

Mais l'influence allemande sur les musiques américaines ne s'arrête pas là. Nous avons déjà vu le rôle important des colons allemands dans l'élaboration de la

Autres musiques européennes

musique tex-mex. On retrouve cette influence dans la country music, notamment dans celle du Texas (western swing) et dans le jazz.

LE KLEZMER : LA TRADITION JUIVE D'EUROPE CENTRALE EN AMÉRIQUE DU NORD

Le rôle des immigrants des communautés juives d'Europe centrale dans l'élaboration de la musique nord-américaine, classique et populaire, est tout à fait considérable. On ne compte pas les musiciens, virtuoses ou non, chefs d'orchestre, compositeurs d'origine juive. Mais, dans l'ensemble, ces musiciens sont très largement représentatifs des cultures nationales dont ils sont issus. En fait, la plupart du temps, il est totalement impossible de distinguer vraiment par leurs œuvres les compositeurs d'origine juive des autres.

La tradition du klezmer est fort différente. Elle provient essentiellement des ghettos et des villages juifs (*shtetl*) de Pologne, Ukraine et Russie occidentale, berceaux de la culture yiddish qui s'y est développée à cause de la ségrégation, des humiliations et des rejets dont étaient victimes les nationaux juifs de ces régions. En effet, en 1804, les juifs sont regroupés et confinés dans un territoire de quelques centaines de kilomètres autour de Kiev. Leur accès aux grandes villes est alors sévèrement réglementé et limité. Le mot klezmer qui vient de l'hébreu ancien et signifie chansons ou instruments de musique mais aussi « marginal » est longtemps demeuré une insulte. Mais le klezmer au XIXe siècle est avant tout le nom que l'on donne au musicien itinérant qui se rend de village en ghetto pour jouer et raconter des histoires. Individualiste, de mauvaise réputation, le klezmer est un semi-paria qui vit en marge de communautés à la morale rigoureuse, qui le rejettent comme un

AMERICANA

« très mauvais juif » mais raffolent des textes de ses chansons et de ses improvisations instrumentales. Peu à peu, le terme finit par désigner le genre de chanson et de musique que le musicien itinérant a développé en Europe centrale : une ballade d'évidence basée sur les traditions nationales polonaises, russes et ukrainiennes mais avec des textes qui commentent de façon rouée, humoristique et souvent acerbe la vie des Juifs, leurs difficultés dans des sociétés qui les marginalisent mais aussi leurs travers jusqu'au ridicule. Sur le plan musical, le klezmer est souvent difficile à distinguer des musiques polono-russo-ukrainiennes avec cependant un accent encore plus sauvage et frénétique dans les airs de danse et une humeur contemplative, douce-amère dans les ballades. Il sait mieux que quiconque faire « pleurer ses notes », tirer les cordes jusqu'à les rendre très expressives. Musicalement, « klezmer » signifie surtout que les instruments sont les moyens d'expression de l'âme. Le klezmer passe pour parler, prier et pleurer avec son instrument. Ces caractéristiques font de lui un musicien aussi réputé que demandé, tant parmi les juifs (cérémonies privées, tavernes, marchés et foires) que parmi les chrétiens où il anime mariages et baptêmes, bals paysans ou même, de plus en plus souvent au XIXe siècle, les réceptions que donnent les seigneurs locaux. La plupart d'entre eux possèdent ainsi un immense répertoire qui va de leurs propres compositions en yiddish à des chansons tziganes, des valses, des quadrilles... Très souvent, l'art du klezmer se transmet de père en fils avec un apprentissage très jeune « sur le tas » pour une musique bien sûr non écrite. D'abord limité à un seul musicien libre et itinérant, le klezmer devient progressivement et afin de répondre à une demande grandissante de bals et de réceptions, un genre orchestral de trois à six musiciens. Leurs instruments sont le

Autres musiques européennes

violon (« fidl » ou « varfli » en yiddish), le xylophone, le cymbalum, la contrebasse, la viole, le violoncelle, puis, sous l'influence des soldats juifs démobilisés et qui ont joué dans des orchestres militaires, on trouve de plus en plus d'instruments à vents (flûtes, clarinettes, saxophones, trompettes, trombones, tubas).

S'il y a une immigration juive en Amérique du Nord dès le XVIIe siècle, en particulier en provenance des rivages de la Méditerranée et d'origine séfarade, c'est au XIXe siècle, avec l'aggravation des persécutions antijuives en Europe centrale, les pogroms fréquents et meurtriers et les perspectives de liberté qu'offrent les États-Unis et le Mexique, que les Juifs ashkenazes de Russie, de Pologne et d'Ukraine sont extrêmement nombreux à immigrer. On trouve évidemment parmi eux quantité de musiciens klezmer qui tentent de vivre de leur musique en Amérique. On rencontre ces orchestres de Seattle à Mexico et de Pittsburgh à La Nouvelle-Orléans. Leur musique va considérablement s'américaniser, évoluant au gré des rencontres avec les musiciens d'autres origines.

Fait rare pour une musique populaire européenne, on a des enregistrements de musique klezmer réalisés en Europe dès les années 1920 ainsi qu'un film (*Yiddle with his fiddle* datant de 1936). Cela permet de comparer cette musique d'Europe centrale avec le klezmer enregistré très tôt en Amérique du Nord. En effet, témoin de la réputation de ces musiciens, plus de sept cents disques de musique klezmer paraissent entre 1905 et 1930 avec l'énorme succès du clarinettiste Dave Tarras, des morceaux de Abe Schwartz, Naftule Brandwein, Solomon Beckerman ou de Harry Kandel qui enregistre quantité de chansons et d'airs de danse entre 1905 et 1917 ! Le klezmer américain est évidemment pratiqué par des Juifs d'Europe centrale mais leurs orchestres comprennent de

AMERICANA

très nombreux Américains d'origine irlandaise ou italienne ainsi que de fortes influences afro-américaines ; les Juifs, rejetés ici comme ailleurs, partagent avec les Noirs et pendant plusieurs décennies les mêmes quartiers des grandes villes américaines comme New York, Detroit ou Chicago. Si le klezmer américain retient beaucoup des caractéristiques de la musique d'Europe centrale (nostalgie, notes expressives, chansons humoristiques à l'accent doux-amer, danses furieuses...), il est d'abord américain avec, dès le début du XXe siècle, une majorité de fox-trots, valses, ragtimes à l'ambiance joyeuse et débridée avec une dominante de modes mineurs qui comportent un troisième degré diminué ainsi qu'un swing sans doute inspiré des Noirs. On remarque aussi une constante improvisation de la musique klezmer américaine qui développe et amplifie celle d'Europe centrale car l'improvisation a toujours fait partie de cette musique. Certains orchestres klezmer qui comprennent piano, accordéon, batterie, guitare sont parmi les favoris des circuits du music-hall populaire et du Vaudeville américain, tel le Yiddish American Jazz Band de Joseph Cherniavsky. Son influence sur la musique américaine est considérable, tant par l'impact des orchestres et des disques que par l'importance de compositeurs ou de musiciens juifs américains nourris de cette tradition du klezmer, comme George Gershwin, Benny Goodman ou Harry Finkelman pour ne citer que les plus célèbres.

LES SLAVES

Il y a eu un fort apport de peuples slaves dans toute l'Amérique du Nord qui, selon le nombre et l'implantation géographique, ont laissé une marque culturelle et musicale plus ou moins visible sur l'ensemble américain.

Autres musiques européennes

Les Russes sont présents dès le XVIIIe siècle en Amérique du Nord avec d'audacieux trappeurs (*promysblenniki*) qui permettent à la Russie de prendre possession de l'Alaska dès 1783. Ils fondent plusieurs villes (Kodiak, Sitka) et descendent jusqu'à San Francisco où ils se heurtent aux Espagnols puis aux autorités des États-Unis. En Alaska, les colons russes sont assez nombreux qui se mélangent avec les Indiens, les convertissent à la foi orthodoxe et bâtissent de vastes églises en bois dans lesquelles retentit le chant liturgique orthodoxe revu et corrigé par les traditions Chinooks. Vers 1820, une dissidence de l'orthodoxie, les Molokans, quitte la Russie pour s'installer en Californie du Sud encore mexicaine. Et c'est finalement un Alaska prospère, riche de son commerce des fourrures et de ses pêcheries, que la Russie vend aux États-Unis en 1867. De nombreux Russo-Américains essaiment alors le long de la côte Pacifique jusqu'à San Diego, y développant une culture spécifique (peinture, sculpture), une littérature qui s'intensifie après la création du journal « The Russian Life » à San Francisco. Ils créent aussi une forme de musique populaire (Russian folk) qui mêle traditions indiennes, mexicaines avec des caractéristiques slaves que l'on retrouve dans des airs nostalgiques et des textes où la passion le dispute à la fatalité. Ces Russo-Américains attirent évidemment de nombreux nouveaux immigrants venus de Russie après 1880.

Proches des Russes, les Ukrainiens sont plus de 250 000 à gagner les États-Unis et le Canada entre 1800 et 1914, fuyant misère économique, troubles politiques et persécutions religieuses. On les retrouve travaillant dans les mines de l'Ohio, de Pennsylvanie, dans l'Ouest canadien (Alberta). L'Église catholique

AMERICANA

ukrainienne, au culte particulier, est un lieu d'ancrage vigoureux dans ces régions. Par contre, les musiques qu'ils apportent sont mal dissociables des traditions russes bien que, selon les régions d'où ils proviennent, ces Ukrainiens pratiquent des folklores qu'ils déclinent en sous-catégories (ruthénienne, lemko-russe, lemko-ukrainien, carpates...) qui sont bien difficiles à distinguer les unes des autres dans leurs versions américaines. La musique américano-ukrainienne se caractérise avant tout par le chant dit cosaque : épopées chantées par des chœurs largement masculins et jouées avec une prédominance des balalaïkas et de la bandura, sorte de cithare ukrainienne. Lorsque, au début du XXe siècle, les américano-ukrainiens enregistrent leurs premiers disques, il s'agit d'une musique rurale qui mélange les caractères précités avec de nombreux instruments et manières des Américains venus d'Irlande, de Pologne (auxquels les Ukrainiens sont très souvent associés) ou d'Europe orientale. La touche ukrainienne est particulièrement sensible dans la première musique folk de l'Ouest canadien qui se distingue par l'usage de gammes chromatiques au lieu des diatoniques pratiquement généralisées dans les musiques américaines, voire d'altérations chromatiques de la gamme diatonique, particulièrement originales et répandues dans la région de Winnipeg et dans le nord de la Californie.

Les Tchèques venus de Bohême, Moravie ou Silésie sont présents en Amérique du Nord dès le XVIIe siècle, fuyant les persécutions religieuses. Ils deviennent des agriculteurs réputés, notamment avec la culture du tabac dans le Maryland. Mais c'est à partir de 1848 que les guerres civiles et les famines amènent le plus grand nombre de Tchèques aux États-Unis. Ils occupent de véritables quartiers plus ou moins homogènes à New

Autres musiques européennes

York, Cleveland, Chicago (la deuxième ville tchèque au monde en 1900 après Prague), ainsi qu'au Nebraska, Iowa et surtout au Texas, où ils sont nombreux à travailler dans l'industrie pétrolière. C'est là que leur influence musicale est la plus importante avec un rôle notable dans l'élaboration de la country music et du jazz texans. Des vedettes du disque comme Adolph Hofner adaptent au Western Swing nombre d'airs et de danses tchèques et chantent des folksongs en tchèque avec un irrésistible accent américain ! Il faut aussi citer Baca (Bacova Ceskakapela) qui dirige un célèbre orchestre de swing jouant de nombreux airs populaires tchèques arrangés en jazz !

Les Slovaques, dont les traditions musicales sont très proches de celles des Tchèques, sont aussi très nombreux à venir construire les chemins de fer américains puis mexicains, et à travailler dans les tréfileries des Appalaches. La musique américano-slovaque est personnifiée par le succès de la chanteuse Anna Bakova dont la musique présente de fortes intonations slaves.

Enfin, il y a aussi des immigrants bulgares (environ 50 000 dans le Michigan et l'Ohio), slovènes (dans les mines de cuivre du Michigan et à Cleveland) ou serbes (à peu près 100 000, surtout à Pittsburgh) qui, sur le plan musical, émergent *de facto* aux traditions balkaniques non slaves.

LES INFLUENCES DES MUSIQUES VENUES DES BALKANS

Les Croates, catholiques, sont très présents dans le Sud dès le début du XIXe siècle où ils se spécialisent dans la pêche et l'ostréiculture. Ils fournissent un contingent à l'armée confédérée. On trouve aussi des Croates en

AMERICANA

Californie au moment de la ruée vers l'or, dans les mines du Nevada. Ils fournissent là encore de nombreux militaires dont le général Anton Mazzanovich qui joue un rôle important dans la guerre contre les Apaches. On note aussi la présence substantielle d'immigrés venus d'Albanie, musulmans chassés par les Grecs ou orthodoxes venus chercher fortune dans le Nouveau Monde.

Sur le plan musical, quoi qu'en disent les innombrables associations (Croates-Américains, Serbes-Américains, Albano-Américains), il est souvent impossible de différencier ces traditions particulières venues des Balkans. Celles-ci se concrétisent en Amérique du Nord par de nombreux orchestres de musique (tamburitzas) ou de danses (kolos) dont le succès important engendre des disques dès les années 1920. Les Popovich Brothers enflamment les salles de bal du South Side de Chicago, les Balkan Serenaders celles de New York. Ils sont imités et concurrencés par la Lira Tamburitza à Detroit, le Dunan Tamburitza Orchestra à Chicago ou les Royal Tamburitzans à Saint Louis. Tous ces orchestres présentent des spectacles de danse « du pays » avec costumes folkloriques, prédominance de cithares qui rappellent les Balkans mais aussi de nombreux solos de saxophones, claviers et guitares. Ces ensembles sont en fait des orchestres de danse américains très marqués par le jazz avec de nombreux musiciens d'origine irlandaise, des Italiens, des transfuges des orchestres klezmer et nombre de Polonais !

On peut agréger à ces musiques americano-balkaniques les musiciens « gipsy », tziganes plus ou moins authentiques, parfois venus de Hongrie, de Roumanie ou d'Irlande (pays qui a une forte population gitane). Il s'agit cependant le plus souvent de musiciens américains de toutes origines, qui décident de faire de la

Autres musiques européennes

musique « gipsy » à cause de son succès vers 1880 dans les restaurants et les cabarets de toutes les villes des États-Unis et du Canada.

On peut sans doute relier de façon lointaine à ces « tziganes » américains les Melungeons, étrange peuple fort d'un à deux millions de personnes, concentré dans les Appalaches (Kentucky, Tennessee, Virginie, Carolines). Il s'agit très probablement d'esclaves turcs faits prisonniers par les Espagnols ou les Anglais (Sir Francis Drake) et emmenés dès le XVIe siècle en Amérique du Nord pour y travailler. Les Melungeons semblent assez vite se lier étroitement aux nations indiennes comme les Cherokees (la tulipe ottomane figure comme un insolite emblème cherokee), les Arkansas et surtout les Choctaws (dont le nom serait même dérivé de l'ancien turc *çok dal*). Assimilés à des Indiens par les autorités des États-Unis, les Melungeons subissent le sort de ces derniers : spoliations, déportation forcée vers l'Oklahoma avec les Cherokees ! Ils n'ont véritablement le droit de vote que depuis 1960. Quoi qu'il en soit, il y a dans les danses et les musiques des Melungeons (les airs de fiddle notamment, qui font aussi partie du répertoire cherokee) d'évidentes réminiscences turques, orientales ou en tout cas balkaniques.

Mais ce sont bien sûr les Grecs qui apportent en Amérique du Nord les plus fortes traditions musicales venues des Balkans. Les Grecs sont en fait présents dès les premières explorations (Christophe Colomb est d'ailleurs en partie d'origine grecque) avec Don Theodoros en Floride. Cette forte présence grecque en Floride durera longtemps avec la colonie de New Smyrna.

En 1880, on compte près d'un million de citoyens des États-Unis qui sont au moins partiellement d'origine grecque et qui se regroupent de plus en plus dans des quartiers urbains appelés péjorativement « Greek Towns ». Ces Greco-Américains font en effet l'objet d'un fort rejet autant dans le Nord industriel comme à Chicago – où on parque ceux que le Chicago News qualifie de « lie de l'Europe » dans le quartier insalubre du West Side – que dans le Nevada ou l'Utah, où ils sont fréquemment chassés voire tués par des ligues racistes. Ils se replient alors autour de leurs traditions religieuses orthodoxes, leur cuisine ou leurs fêtes ethniques. Ce rejet explique sans doute la force de la musique gréco-américaine, riche et variée : utilisation de clés orientales, airs de type modal, chant expressif langoureux et d'essence très orientale. On retrouve en Amérique les musiques populaires grecques, tels les Amanedhas (qui vient du mot « Aman, aman », soit « hélas, hélas »), mélopées tristes chantées à la première personne du singulier et interprétées au fiddle, à la cithare grecque (kanonaki), au dulcimer, à l'oud (le luth greco-turc), au saz qui devient au cours du XIXe siècle le célèbre bouzouki. Ces petits ensembles sont aussi très souvent propulsés par le rythme brisé de percussions aux intonations orientales.

Le rembétika apparaît en Grèce vers 1820 parmi les pauvres. Il s'agit d'une sorte de complainte des réprouvés et des marginaux avec de nombreuses sagas brodant sur des faits divers dramatiques ou des personnages mythiques. Le rembétika connaît un énorme succès auprès des Gréco-Américains qui l'interprètent à leur façon et le répandent partout aux États-Unis, du nord au sud, et de la frontière canadienne au nord du Mexique. On trouve presque toujours dans le Rembétika un très long prélude instrumental (le *taximi*) qui permet au musicien d'enchaîner des variations virtuoses durant des dizaines de minutes et qui introduit ensuite la

Autres musiques européennes

chanson, souvent improvisée selon la nature de l'auditoire. L'artiste ne cesse d'interpeller ceux qui l'écoutent, ajoute des commentaires à leur sujet ou sur des événements locaux et nationaux. Cette tradition du rembétika est déjà très forte en Amérique lors des premiers enregistrements effectués à New York et Chicago qui, là encore, auront un énorme impact sur la musique populaire grecque en Grèce même. Le succès du rembétika est important dans toutes les villes et son impact sur les musiques commerciales américaines (de la country music au blues et au jazz) est certainement important.

LES ITALIENS EN AMÉRIQUE DU NORD

Si on trouve des immigrants italiens en Amérique du Nord dès les débuts de la colonisation, il n'y a de mouvement migratoire très important en provenance de la péninsule qu'à partir de 1860. Il s'agit alors de populations majoritairement originaires d'Italie du Sud et de Sicile et qui fuient la surpopulation et la misère. Ils sont près de cinq millions à gagner le Canada, le Mexique et surtout les États-Unis.

Comme les Grecs, à la fois par leur nombre et leurs fortes traditions culturelles, les Italiens se regroupent et demeurent très soudés entre eux. En quelques années, ils forment une communauté italo-américaine d'importance qui a des liens très forts avec la mère patrie, la religion catholique, la famille, le clan aussi. Dans la deuxième partie du XIXe siècle, des quartiers entiers de grandes villes se peuplent majoritairement d'Italo-Américains : le North End de Boston, le West Side de Chicago, Little Italy dans le Bronx et Brooklyn, Little Bologna à La Nouvelle-Orléans et le quartier italien de Taxco au Mexique. Mais on trouve aussi de nombreux Italiens en Louisiane, dans les Appalaches et dans

AMERICANA

l'Ouest où ils sont agriculteurs, mineurs, ouvriers textiles. Ces communautés venant d'Italie du Sud sont très souvent noyautées par les mafias (Main Noire, Camora). Cela accroît la méfiance des autres Américains qui les rejettent et les qualifient de *lazzaroni* obséquieux, crasseux, indolents, malhonnêtes, usuriers et souteneurs !
Sur le plan musical, l'apport italien était déjà très important dans la musique classique et légère américaine, les compositeurs italiens jouissant d'une grande réputation. Les nouveaux immigrants imposent la mandoline dans la musique nord-américaine jusqu'à en faire un des instruments obligés des *string bands* des musiques sudistes, blanche ou noire. La figure du chanteur de charme italo-américain, adaptation libre de leurs homologues des rues de Naples et de Sicile, va très vite s'imposer dans le théâtre populaire et le music-hall américains, au point de devenir même prééminent dans les années 1920 et après, quand presque tous les crooners sont d'origine italienne (Frank Sinatra, Dean Martin, Rudy Vallee, Frankie Laine, Perry Como). Le rôle des musiciens italo-américains dans le premier jazz est tout aussi considérable (Eddie Lang, Joe Venuti...). Ils favorisent l'introduction d'instruments à cordes dans des genres surtout dominés par les claviers et les cuivres.

CHAPITRE IX

MUSIQUES VENUES D'ASIE ET D'OCÉANIE

Bien que tardives, les immigrations asiatiques et océaniennes en Amérique du Nord ont eu un impact parfois considérable sur la construction des musiques populaires, notamment aux États-Unis après que la République eut annexé les îles Hawaï.

INFLUENCE DES MUSIQUES CHINOISES EN AMÉRIQUE DU NORD

C'est d'abord la ruée vers l'or qui attire en Californie à partir de 1851 les premiers Chinois, essentiellement originaires de la Chine du Sud. Attirés par ce que les passeurs nomment « la montagne d'or », ils sont d'abord bien accueillis, la ligue des Jeunes Chinois de Californie défile même sous la bannière étoilée dans les rues de San Francisco. Mais très vite, grands travailleurs, très compétents, se satisfaisant de médiocres conditions de travail et de salaire, ils entrent en conflit avec les ouvriers blancs dont les syndicats dénoncent le dumping des « Jaunes ».

La population chinoise de la côte Pacifique grossit rapidement. Une fois installés, les Chinois développent des réseaux fermés comme la Custom House de San

Francisco qui importe tout de Chine : du riz et du thé aux volailles en passant par l'encre, les feux d'artifice ou l'opium ! À la demande du patronat américain, ces réseaux recrutent d'autres immigrants de Chine à qui ils fixent des conditions de travail et de salaire très inférieures à celles des autres travailleurs américains. Les Chinois deviennent ainsi très nombreux en quelques années dans les mines, le commerce, les emplois de service en tant que blanchisseurs, tailleurs, cuisiniers ou serveurs ainsi que manœuvres des grandes propriétés agricoles qui se bâtissent sur la côte Ouest. Les Chinois sont également majoritaires (plus de 20 000) à travailler sur les chemins de fer, notamment le Central Pacific Railroad, perçant les montagnes Rocheuses dans des conditions si exécrables qu'ils meurent par dizaines et finissent même, fait rare, par se révolter en 1867 ! Un mouvement maté dans le sang par les milices patronales aidées des ouvriers blancs et noirs des syndicats qui saisissent l'occasion de « casser du Jaune » en toute impunité !

En quelques années, la réussite des Sino-Américains est néanmoins spectaculaire. Grâce à leur savoir-faire millénaire, ils ont réussi à irriguer les vallées arides et en ont fait de vastes vergers, ce qui déchaîne encore davantage la haine contre eux. Des journaux ou des livres (comme le brûlot raciste de H.J. West *The Chinese Invasion* en 1873) stigmatisent le « péril jaune » et réussissent à faire adopter en 1882 le Chinese Exclusion Law, un texte raciste qui interdit aux immigrés chinois puis asiatiques en Californie et en Oregon de posséder la terre et le sous-sol. Malgré cela, l'expansion et la réussite chinoises au Canada et aux États-Unis sont irrésistibles. À la fin du XIXe siècle, ils sont nombreux dans une grande partie de l'Ouest américain (Nevada, Arizona, Utah, Idaho) où ils possèdent quantité de mines, de forêts, de

Musiques venues d'Asie et d'Océanie

propriétés agricoles, de commerces, mais aussi un peu partout dans les grandes villes jusqu'à New York qui s'enrichit d'un vaste Chinatown.

Sur le plan musical, les Chinois apportent avec eux la vieille tradition de l'Opéra de Canton, sorte de music-hall immensément populaire en Chine du Sud et qui se répand dans tout l'Ouest américain et canadien à partir de 1852. Les troupes, recrutées par les réseaux sino-américains directement en Chine, amènent musiques, chants, danses et nouvelles du pays à des immigrants qui vivent dans des structures séparées du reste des États-Unis. Mais la qualité de certaines troupes (Tong Hook Company avec 123 danseurs et musiciens!) est telle, le spectacle si exotique et attirant, que nombre d'Américains non Chinois deviennent des fidèles de ces Chinese Theaters que l'on trouve de San Francisco à Winnipeg au Canada ou à Boisé dans l'Idaho. Cela induit la naissance de troupes véritablement sino-américaines avec un mélange de plus en plus fréquent de sketches, de musiques et de danses venus de toute l'Asie et du Pacifique, interprétés par des musiciens de toutes origines, de plus en plus souvent d'ailleurs des Blancs grimés en Chinois. Ces Chinese Theaters se produisent dans l'Amérique profonde de l'Ouest ou du Sud dans des spectacles sous chapiteau. Leur succès est tel que ces éléments chinois ou pseudo-chinois sont les favoris des spectateurs du music-hall puis du cinéma américains.

La musique et la chanson populaires chinoises des premiers travailleurs migrants en Amérique sont mal documentées mais on signale la présence d'instruments de la très riche tradition de Chine du Sud (guzhen, guchin, qin, pipa, zanghu, banhu, di) qui étonnent et ravissent les auditeurs d'autres origines. La musique chinoise du Sud, avec les gammes pentatoniques très

AMERICANA

proches de celles des musiques amérindiennes et noires américaines (et que les musicologues chinois affirment avoir inventées et répandues dans le monde), est développée par des artistes folk sino-américains des deuxième et troisième générations (Peter Liu Xiehan, Johnston Yaolian) qui les adaptent à la guitare, au fiddle, au banjo ou à l'harmonica. Les folksongs sino-américains, arrangés et adaptés, deviennent américano-chinois avant de se fondre, au XXe siècle, dans les musiques populaires ou le jazz qui ont d'évidence incorporé des éléments des musiques traditionnelles chinoises en plus grand nombre qu'on ne l'imagine.

LES JAPONAIS EN AMÉRIQUE DU NORD

Suivant les Chinois à partir de 1870, des travailleurs venus du Japon (souvent *via* Hawaï) ont aussi grossi les rangs d'un sous-prolétariat minier et agricole en Californie, en Alaska et dans les États de l'Ouest. Même si les États-Unis, inquiets de la montée de l'impérialisme nippon, interdisent l'immigration en 1907, celle-ci a eu le temps de s'installer. Comme pour les Chinois, ces immigrants japonais sont recrutés par des agents à la solde du grand patronat américain. Exploités, en butte au racisme et à la misère, beaucoup de ces Japonais-Américains réussissent en une (*Isei*) ou deux (*Nisei*) générations, grâce à la solidarité de la famille, du village, du clan. Leurs coopératives agricoles, leurs commerces sont souvent des réussites exemplaires, telle celle de George Shima qui devient en un temps record l'incontestable « Roi de la patate » des États-Unis.

L'arrivée des immigrants japonais en Amérique du Nord coïncide avec un mouvement considérable d'ouverture culturelle et économique de l'archipel vers le monde occidental. Sur le plan musical, les Japonais-Américains qui restent en contact étroit avec leur première patrie apportent en Amérique des éléments traditionnels de leur pays, en particulier le gagaku, musique rituelle, lente, presque hiératique, ou bien les taïkos, orchestres de tambours et de percussions qui rappellent beaucoup les gamelans javanais. Mais ils amènent aussi au Japon de nombreux éléments musicaux venus des États-Unis avec, encore bien plus tôt qu'en Europe, un jazz japonais qui mélange le ragtime, les stomps et les shuffles américains avec des éléments de la tradition musicale japonaise.

Plus important encore, l'enka se développe au début du XXe siècle autant au Japon qu'en Amérique du Nord. L'enka est une sorte de ballade chantée, plutôt même sanglotée à la façon des vieilles chansons japonaises mais jouée avec des instruments venus d'occident. Le succès de ces enkas engendre une importante production de disques au Japon, que l'on retrouve en Amérique et qui se vend bien au-delà des cercles japonais-américains. Un style américain de l'enka, y agrégeant jazz et country music, se développe à partir de la Californie dans les années 1920 avant de se dissoudre dans les autres musiques américaines non sans les avoir préalablement enrichies.

AUTRES MUSIQUES ASIATIQUES EN AMÉRIQUE DU NORD

Les immigrants coréens suivent un peu plus tard (à l'extrême fin du XIXe siècle) le même circuit que les Japonais. Ils s'installent sur la côte Pacifique, très souvent après avoir travaillé un temps dans les plantations américaines de Hawaï. Au début du XXe siècle, ils fuient l'impérialisme japonais et ses massacres et discriminations. Cependant, au Canada et surtout aux

AMERICANA

États-Unis, ils sont totalement assimilés aux Japonais et subissent les mêmes brimades racistes ! En 1914, les Coréens sont des milliers à travailler dans les mines de l'Utah, du Colorado, du Wyoming, de l'Alaska ainsi que dans l'agriculture et les commerces de Californie et d'Oregon. Mais les immigrés coréens, souvent des chrétiens, se regroupent autour de leur Korean Episcopal Church qui joue un important rôle social et de loisirs avec de nombreuses fêtes dans lesquelles les chants religieux chrétiens, à la mode coréenne sont appréciés d'un public américain de plus en plus vaste. Les danses coréennes, religieuses et profanes, avec leurs superbes costumes traditionnels et les grands chapeaux aux longs rubans, sont également très prisées sur toute la côte Pacifique. Nombre d'Américains non asiatiques y participent.

Ces Coréens-Américains adaptent aux instruments américains leurs très vieilles traditions folkloriques comme le nongak, musique et chant spécifique aux agriculteurs et le samulnori, musique divinatoire d'origine chamanique. Comme toutes les musiques d'Extrême-Orient, elles sont jouées dans les gammes pentatoniques, généralement mineures, ce qui facilite beaucoup l'amalgame de (et aux) traditions folk américaines. Les instruments originaux de la musique coréenne sont riches de cordes pincées (le kayagum), de gongs, de tambours et de percussions. Aux États-Unis et au Canada, ces instruments sont très vite remplacés par fiddles et guitares tandis que des éléments du jazz et du blues deviennent de plus en plus importants dans la musique coréenne-américaine à partir des années 1920.

Colonie espagnole depuis le XVIe siècle, les Philippines deviennent une possession des États-Unis après la guerre de 1898 gagnée contre l'Espagne. Les Philippins

Musiques venues d'Asie et d'Océanie

émigrent alors en nombre dans leur nouvelle patrie, très souvent, là encore, après un passage dans les plantations d'Hawaï. Ils amènent avec eux une musique très originale dont les éléments austronésiens (comme ceux d'Indonésie) sont évidents mais complètement transformés par les très fortes influences hispaniques. Les Philippines, nouvelle possession américaine, engendrent un certain courant d'intérêt aux États-Unis et on trouve très tôt des disques « philippins » généralement enregistrés par des artistes philippins installés aux États-Unis, souvent accompagnés par des musiciens blancs ou noirs de jazz ou de country music. Très vite d'ailleurs, cette musique philippino-américaine trouve une place modeste mais réelle dans la country music, avec laquelle elle finit par se confondre.

L'IMPACT DES MUSIQUES HAWAÏENNES AUX ÉTATS-UNIS

La musique hawaïenne, ou plutôt celle pratiquée par les musiciens hawaïens en Amérique au début du XXe siècle, a considérablement influencé toutes les musiques populaires américaines.

Éloignées de toutes les autres terres par des milliers de kilomètres d'océan, les îles Hawaï, peuplées d'Austronésiens à partir de 600, ont développé au cours des siècles une culture largement poétique et musicale. Le chant (*mélé*) et la danse (*hula*) jouent un rôle majeur dans la vie quotidienne, religieuse et profane. Le chant (narration poétique) est avant tout un moyen d'établir un contact avec les forces divines, volcans et océans, et il s'agit d'imiter leur langage supposé ! Le chant traditionnel hawaïen est composé de notes modulées avec de nombreux effets de falsetto, quasi immuables, qui servent avant tout de véhicule aux textes. Le chanteur ou la chanteuse peuvent être solistes ou accompagnés de chœurs de même sexe. Les instruments de musique sont rares, essentiellement des tambours de peau de requin (*pahu*) ou des percussions (grattoirs de bambou, castagnettes en os). Ce monde insulaire a sans doute vécu à l'écart du reste du monde jusqu'à sa « découverte » par le capitaine Cook en 1778. Les contacts se multiplient alors. Les îles s'ouvrent très rapidement au monde extérieur : escales obligées pour le ravitaillement des navires baleiniers, installation dans les îles réputées paradisiaques d'innombrables aventuriers sans scrupules, d'épaves alcooliques qui profitent du climat, de l'accueil et de la crédulité des indigènes. Pendant plus d'un siècle, l'indépendance des îles est affirmée grâce à l'action d'un remarquable visionnaire hawaïen, le roi Kamehameha Ier le Grand qui établit une monarchie reconnue par les chancelleries. Mais dès 1820, des missionnaires calvinistes américains venus de Boston et dirigés par le pasteur Bingham débarquent à Honolulu pour « convertir les païens ». Une évangélisation intolérante et obtuse impose un christianisme rigide qui tente – sans un succès absolu – d'abolir toutes les manifestations païennes : les fêtes, les costumes nationaux, la musique et les chants traditionnels hawaïens, *hula* et *mélé*. Les pasteurs américains et leurs épouses font souche à Hawaï, acquièrent d'immenses domaines fonciers à l'intérieur des îles, introduisent la culture de la canne à sucre, de l'ananas, du café. Au cours du XIXe siècle, les fils et les petits-fils des missionnaires – les Haoles – deviennent progressivement les maîtres économiques de l'archipel, créant une oligarchie hautaine, avide de luxe et de pouvoir, persuadée que les îles et leurs populations leur ont été confiées par la Providence. Ces grandes familles recrutent en masse une main-d'œuvre agricole polynésienne puis chinoise, japonaise, philippine... Des Portugais arrivent aussi pour les surveiller. Cette immigration

Musiques venues d'Asie et d'Océanie

voulue par les planteurs aboutit à ce que la population d'origine hawaïenne devient largement minoritaire sur son propre territoire. L'idée se répand parmi les planteurs et leurs employés d'une part, certains milieux politiques des États-Unis d'autre part, d'étendre l'empire américain au cœur du Pacifique. Le même système qui avait conduit à l'annexion du Texas et de la Californie aux dépens du Mexique se met en branle à Hawaï. Lorsque le roi Kalakaua décide de limiter l'expansion économique des Haoles, ceux-ci fondent en 1887 la Hawaïan League, un groupe paramilitaire, qui investit le palais royal et force le souverain à adopter une constitution très favorable aux propriétaires terriens (la Bayonet constitution). Liliuokalani, la dernière souveraine hawaïenne, tente de reprendre le pouvoir aux Haoles et lance un programme audacieux de modernisation sur fond de nationalisme hawaïen. Les Haoles, cette fois ouvertement soutenus par Washington qui fait bombarder Honolulu par la marine, fomentent une révolution, déposent la reine et proclament la République d'Hawaï en 1894. Le 7 juillet 1898, la République demande et obtient son annexion par les États-Unis.

La *musique hawaïenne* évolue très rapidement au contact des Occidentaux. Les insulaires font preuve de remarquables capacités d'adaptation et d'innovation. Les missionnaires amènent dans leurs bagages les cantiques, les harmonies vocales et la gamme diatonique. Le premier recueil d'hymnes à destination des populations hawaïennes est publié en 1830. À partir de 1830-1840, les vagues successives d'immigrants à Hawaï apportent à chaque fois des traditions exogènes et des instruments de musique que les Hawaïens sont capables d'adopter et d'adapter avec talent.

L'explorateur George Vancouver ayant fait cadeau en 1794 au roi Kamehameha Ier d'un troupeau de bovins,

AMERICANA

celui-ci place un tabou sur ces bêtes à cornes qui prolifèrent tant et si bien qu'en 1830 le roi de Hawaï doit recruter des vaqueros mexicains afin de contrôler et d'exploiter le bétail. Les Mexicains apprennent aux Hawaïens à monter à cheval et les leçons portent leurs fruits au point que certains des meilleurs cow-boys de l'Ouest des États-Unis seront originaires d'Hawaï.

Les contremaîtres portugais, embauchés sur les plantations, amènent leur traditionnelle braguinha que les Hawaïens transforment en ukulélé et qui prend une place importante dans les Hulas. Mais ce sont les vaqueros mexicains – les « paniolos » comme les Hawaïens les appellent selon la langue espagnole qu'ils parlent – qui révolutionnent le plus la musique hawaïenne. Ils apportent dès 1830 le chant passionné des canciones où les vieilles ballades andalouses se mêlent aux mélopées nahuatl. Les nombreux effets de falsetto utilisés par les chanteurs paniolos marquent particulièrement les Hawaïens. Eux-mêmes en utilisent une forme dans leur chant traditionnel qui est censé évoquer les vagues, la profondeur de l'océan, l'appel des dieux du panthéon maritime si riche de la religion hawaïenne. Au contact des Mexicains, le falsetto hawaïen évolue dans la dernière partie du XIXe siècle, faisant alterner les techniques vocales naturelles et celles en falsetto, créant ainsi le yodle hawaïen caractéristique et évocateur, fort différent de l'européen. Ce yodle hawaïen a un énorme impact sur les chanteurs américains de country music.

Mais, surtout, les vaqueros mexicains introduisent la guitare aux îles. En quelques années, les musiciens hawaïens l'adoptent ainsi que les accords ouverts souvent utilisés par les Mexicains. Dans les années 1870-1880, ils transforment radicalement la guitare à leur façon. Surélevant le sillet, tendant ainsi les cordes bien au-dessus du manche, ils peuvent jouer à plat sur les

Musiques venues d'Asie et d'Océanie

genoux ou sur une table en faisant glisser une bouteille ou un tube de métal sur les cordes. Cette technique, totalement originale, aurait été mise au point par un musicien d'Honolulu, Joseph Kekuku. Kekuku était déjà un excellent guitariste, jouant en glissando d'une façon « régulière », lorsqu'il a cette idée si novatrice de jouer à plat sur ses genoux. Il utilise d'abord un peigne de métal, une bouteille de médicaments puis une barre d'acier qu'il fait glisser sur les cordes. Si on crédite généralement Joseph Kekuku de l'invention de la guitare hawaïenne, deux autres guitaristes Hawaïens, Gabriel Davion et James Hoa ont aussi revendiqué la paternité de cette innovation déterminante pour l'histoire de la guitare. Il faut souligner que cette invention n'est pas fortuite. Les effets de glissando ainsi obtenus correspondent en effet très exactement aux intonations du chant traditionnel hawaïen. Enfin, le guitariste hawaïen joue en général en *fingerpicking* avec des onglets métalliques, la basse avec le pouce et la mélodie avec les doigts, deux ou trois la plupart du temps, quatre parfois, une pratique qui, là aussi, se retrouve dans ce que l'on nomme la guitare folk.

Les guitaristes hawaïens inventent de très nombreuses façons d'accorder la guitare en accords ouverts. En fait, on en dénombre plusieurs centaines. À l'origine, le guitariste hawaïen accorde son instrument sur sa voix et son chant. Peu à peu, ces accords ouverts se répandent. On les désigne souvent selon le nom de leur inventeur réel ou supposé ou bien selon leurs fonctions : *Major* ou *taro Patch* (en *sol*, le plus répandu) ; *Mauna Loa* (le bruit de la vague) ou *Wahiné* (correspondant au timbre de la voix féminine).

Au moment de l'annexion des îles par les États-Unis, la musique hawaïenne connaît un essor très important dans tout l'archipel. Le gouvernement qui mène une

AMERICANA

politique d'occidentalisation qu'il juge nécessaire tout en conservant les caractéristiques de la civilisation insulaire voit dans l'essor de la guitare hawaïenne une preuve du génie de son peuple. Il multiplie les écoles royales de chant et de guitare. Les souverains hawaïens confient à l'Allemand Henry Berger, un musicien classique et ex-officier prussien, la tâche de créer le Royal Hawaïan Band. Berger n'est pas seulement un remarquable organisateur aux méthodes toutes prussiennes, il a aussi l'idée d'arranger les thèmes hawaïens pour les rendre acceptables aux oreilles occidentales, créant le *Hapa Haole* (demi-blanc!), bluettes exotiques de facture hawaïenne mais chantées souvent en anglais. Joseph Kekuku devient, quant à lui, le maître de nombreux élèves – Ernest Kaai, William Ellis, Keoki Awaii, Frank Ferera et July Paka – qui s'imposent dans le monde entier à partir de 1905, enregistrent de nombreux disques qui vont beaucoup marquer la musique populaire américaine. Cette nouvelle génération de musiciens hawaïens possède une maîtrise et une virtuosité qui étonnent bientôt le monde.

L'annexion des îles Hawaï engendre un engouement extraordinaire en Amérique. On rêve de ces terres lointaines, exotiques, aux filles peu vêtues, à la vie facile, un univers qu'on imagine paradisiaque. Avec la revue d'ailleurs intitulée *Bird of Paradise*, présentée à New York en 1904, la mode hawaïenne confine à la folie. Durant les Expositions universelles des premières décennies du XXe siècle – notamment celle de San Francisco (Panama-Pacific) en 1915 –, les pavillons hawaïens attirent des foules immenses. Les troupes folkloriques hawaïennes se mettent à sillonner l'Amérique toute l'année, drainant des foules considérables. Elles se produisent sur les plus grandes scènes de Broadway ou de Chicago mais plantent aussi leurs chapiteaux jusque

Musiques venues d'Asie et d'Océanie

dans les bourgades les plus reculées du Sud profond. La vague hawaïenne déferle alors sur le monde entier, Europe, Japon, Australie... Les guitaristes hawaïens stupéfient leurs auditeurs et la critique. Un des plus connus, Frank Ferera, enregistre dès 1915 et grave en quelques années plus de 1 000 disques. La musique hawaïenne est d'ailleurs (et de loin) le genre qui se vend le plus aux États-Unis avant 1925. De nombreux jeunes guitaristes hawaïens décident alors de faire carrière dans ce qui est leur « nouvelle patrie ». Malgré leur succès, ils y sont considérés comme « gens de couleur » ou « Peaux Rouges » et partagent avec ces derniers brimades et humiliations. Cela ne les empêche pas de s'adapter facilement à la totalité des musiques américaines de l'époque et d'y briller partout : variétés, jazz, blues, airs du Vaudeville, country music... Mais, en même temps, ils introduisent aussi de nombreux éléments des traditions hawaïennes dans les musiques américaines. Elles y demeurent. Ils sont alors censés apporter à tous ces genres une touche d'exotisme mais c'est leur dextérité instrumentale incomparable qui va marquer le plus.

C'est d'abord et avant tout pour ces extraordinaires guitaristes hawaïens que des luthiers américains originaires d'Europe centrale (les Dopeyra et les Rickenbacker) mettent au point les guitares à résonateur métallique ou à corps métallique (National et Dobro). Le roi de ces guitaristes hawaïens est sans conteste Sol Hoopii, salué par le public et les musiciens comme un « génie ». Mais d'autres noms constituent le panthéon des musiciens hawaïens de cette époque : King Benny Nawahi, Jim et Bob, Sam Ku West, Sol K. Bright, longtemps second guitariste de Sol Hoopii, l'excentrique David Kane... La musique hawaïenne a connu bien d'autres guitaristes remarquables, innovateurs, explorateurs de nouvelles techniques et de nouveaux styles, qui ont beaucoup influencé les musiques américaines : Tau Moe, Sam Koki, Dick & Lani Mc Intire, Sam Alama, Andy Iona, Augie Goupil, Kanui & Lula.

Tous ces concerts, ces tournées, ces milliers de disques, ces spectacles, ce triomphe auprès du public et surtout le formidable talent des musiciens hawaïens ont bien sûr profondément marqué les autres musiques des États-Unis. D'emblée, beaucoup d'orchestres et de solistes hawaïens ont pratiqué le jazz de l'époque, notamment le swing, soit dans leurs propres formations, soit au sein de groupes où ils étaient embauchés. Mais Sol Hoopii, Benny Nawahi ou Frank Ferera ont aussi suscité de nombreuses vocations de guitariste chez les Américains du continent. Parmi eux, le virtuose new-yorkais Roy Smeck laisse une œuvre à la fois copieuse et brillante. Véritable homme-orchestre, il n'a jamais été meilleur qu'à la guitare hawaïenne qu'il a adoptée après avoir vu Sol Hoopii en concert. Il a aussi fortement marqué bien des guitaristes de country music, le genre qui a certainement été le plus influencé par la musique hawaïenne. L'influence de ces îles est criante sur nombre de musiciens de la première country music (Jimmie Tarlton, Cliff Carlisle, Dixon Brothers...). La guitare hawaïenne, jouée à plat, devient une composante obligée des orchestres de Nashville jusqu'à aujourd'hui ainsi que du Western Swing, l'ancêtre direct du Rock'n'roll. L'influence de la guitare hawaïenne (et peut-être des thèmes *Hapa Haole* et de la façon de les chanter) sur la musique populaire noire comme le blues est aussi très important.

Si la guitare à plat sur les genoux et jouée avec un *slide* est bien connue et à juste titre qualifiée d'« hawaïenne », elle n'est pas la seule façon hawaïenne de jouer de la guitare. En effet, à côté de celle-ci se développe, et sans doute bien avant, le style dit *slack key*. La guitare est tenue de la façon habituelle, jouée avec les doigts autant de la main gauche que de la main droite. Le guitariste *slack key* utilise aussi des accords ouverts en détendant certaines cordes (d'où le nom *slack key*). Mais pour diverses raisons, la guitare jouée en *slack key* reste très longtemps confinée dans les zones les plus reculées des îles, n'est pas enseignée dans les écoles royales et ne se répand pas vraiment à l'extérieur d'Hawaï avant les années 1940.

Ces influences musicales asiatiques et océaniennes parachèvent les fondements ethniques des musiques américaines, riches, complexes, mobiles. Avec le XIXe siècle et sur les bases de ces musiques ethniques venues du monde entier s'élaborent les musiques proprement commerciales d'Amérique du Nord, et particulièrement des États-Unis, celles que nous connaissons si bien aujourd'hui.

CHAPITRE X

LE MUSIC-HALL :
DES TRADITIONS ETHNIQUES
AUX MUSIQUES COMMERCIALES

Jusqu'au XIXe siècle, les Américains de toutes origines, des Amérindiens aux émigrants d'Europe centrale, n'ont comme seul but indispensable de définir, structurer et faire vivre leur communauté, petite ou grande. L'art et la musique font partie intégrante de la vie communautaire. Le musicien, l'artiste sont avant tout des acteurs de cette communauté. Ils mettent leurs talents, leurs dons au service des autres tout en accomplissant aussi les tâches matérielles nécessaires à la collectivité. Il n'y a pas un musicien qui joue et un public qui écoute, mais une communauté qui nourrit, inspire, recrée les folksongs, ballades, chansons, chroniques, et même les airs de danse, puis les juge en fonction de ce qu'ils apportent à la communauté : resserrement des liens, définition d'une identité, consolidation d'une âme commune. À l'évidence, la musique communautaire sert à communier. De la même façon, dans l'Amérique du Nord de cette époque, la musique religieuse, quelle qu'elle soit, sert aussi à rassembler une congrégation, à lier les fidèles autour d'un lieu commun et à travers un rituel.

Bien sûr, pratiquement dès les débuts de la colonisation européenne, on a vu des musiciens se produire en

AMERICANA

échange d'un service, d'un repas, d'un gîte et d'un couvert, pour de l'argent aussi. Mais même ces premiers musiciens professionnels jouaient et chantaient la communauté ou lui apportaient des éléments extérieurs qui servaient d'abord à lui rappeler ses origines ou à enrichir son imaginaire collectif.

Ce n'est vraiment que dans la dernière partie du XVIIIe et surtout au XIXe siècle qu'émerge de façon importante une musique populaire commerciale en Amérique du Nord. Elle est rendue possible par le formidable développement économique des États-Unis et, dans une moindre mesure, du Canada. Les riches, les puissants, les grands propriétaires ont depuis longtemps favorisé dans leur sphère privée la musique, souvent « savante » tournée très largement vers les origines, les goûts et les évolutions de l'Europe. La prospérité américaine induit l'émergence de classes moyennes qui ont de plus en plus de temps et d'argent à consacrer aux loisirs et à une musique populaire qui est tout autant prisée par les classes laborieuses dont ces nouveaux bourgeois sont issus. Cette musique populaire commerciale qui se développe en Amérique du Nord au XIXe siècle s'appuie en fait sur des traditions extrêmement riches que nous avons développées dans les chapitres précédents, folksongs qui amalgament tout ce que les immigrants ont apporté avec eux en Amérique, musiques de danses, religieuses, de théâtre, orchestres militaires.

Le résultat est qu'au XIXe siècle, l'Amérique du Nord devient le lieu d'une intense créativité artistique et musicale, synthèse originale et absolument unique au monde d'échanges venus de toutes les régions du globe, de toutes les parties de l'humanité.

Le music-hall...

LES ORCHESTRES POPULAIRES DE CUIVRES

Depuis le début d'une importante colonisation européenne, des orchestres de cuivres, généralement composés de colons plus ou moins musiciens, célèbrent les événements de la communauté, les réjouissances et les fêtes, les carnavals, l'arrivée d'une personnalité. Peu à peu, les régiments, britanniques et espagnols, basés dans le Nouveau Monde ont tous des orchestres militaires dont la compétence, le savoir-faire et le professionnalisme servent d'exemple aux musiciens civils. Ils pratiquent leur métier pendant mais aussi très souvent après leur service : ils animent les bals, les cérémonies privées et publiques, donnent des cours, écrivent des thèmes originaux. Ils répandent l'idée qu'un musicien peut répondre à la demande, jouer pour des publics différents, exercer son art hors de sa communauté et, par-dessus tout, en tirer un revenu.

Durant les deux guerres d'indépendance des États-Unis puis celles du Mexique, chaque milice possède, à l'instar des régiments ennemis, son orchestre qui joue marches et hymnes patriotiques. Après les victoires et l'indépendance, les orchestres de cuivres deviennent un des symboles de réussite, d'organisation, une part de la fierté de ces nouvelles nations. À côté des orchestres militaires et nationaux, on assiste en quelques années à une floraison d'orchestres de cuivres locaux, municipaux ou de comtés. Aux États-Unis seuls, on dénombre en 1850 plus de 3 000 orchestres de cuivres composés d'environ 60 000 musiciens. Des villages de 200 habitants ont souvent leur orchestre et des musiciens qui enseignent aussi à leurs compatriotes. Peu sont professionnels mais nombreux sont ceux qui acquièrent ainsi dans ces orchestres la compétence musicale, le sens du public, la capacité à gérer un ensemble et le désir de gagner sa vie totalement ou en partie, simplement grâce à ses talents artistiques.

C'est surtout aux États-Unis après la guerre de Sécession et la vague de prospérité qui s'ensuit (et dans une moindre mesure au Mexique avec l'invasion française et la révolution juariste) que certains de ces orchestres de cuivres se professionnalisent vraiment, commencent à se produire dans leur comté, leur État et, pour les meilleurs, entament une carrière nationale. Le formidable showman Patrick Gilmore attire les foules dans tous les États-Unis d'alors. John Philip Sousa (1854-1932) est d'abord le chef du prestigieux orchestre de la Navy avant de fonder en 1890-1891 son orchestre « civil » sur le modèle de son ancien orchestre militaire. Il dirige d'une façon d'ailleurs toute martiale cinquante musiciens qui, vêtus d'un uniforme de parade, parcourent triomphalement les États-Unis puis, forts d'une extraordinaire réputation, se produisent sur les plus grandes scènes d'Europe et d'Asie, gagnant des millions d'admirateurs et d'émules. Le répertoire du John Philip Sousa Brass Band est bien sûr dominé par des marches qu'il a largement composées lui-même mais aussi riche de toutes sortes d'airs de musique légère ou de danses, de plus en plus basés sur ce qu'il entend dans les régions ou les pays qu'il visite. En particulier, il crée des arrangements aux rythmes syncopés qui ravissent ses auditoires, inspirés d'évidence par les musiques des Noirs américains.

L'influence de Sousa est énorme. À l'aube de la Première Guerre mondiale, on recense aux États-Unis plus de 12 000 orchestres de cuivres, bénévoles ou semi-professionnels et plusieurs centaines complètement professionnels. Le répertoire de ces ensembles est composé de pièces tirées et adaptées du répertoire « classique »

Le music-hall...

comme des symphonies, des ouvertures d'opéras ou d'opérettes, d'adaptations orchestrales de chansons populaires, d'airs de danse, d'hymnes religieux ou patriotiques dont on change parfois les paroles et jusqu'au sens ; enfin de marches dont raffole le public et qui sont la plupart du temps des compositions originales de Sousa. Ces orchestres animent les parades des grandes villes, les foires, les fréquents pique-niques organisés au bord des rivières par des municipalités, des commerçants ou de riches mécènes. Ou bien ils se produisent de manière régulière, les dimanches après-midi ou les samedis soir, dans les kiosques des parcs des villes.

La vogue de ces orchestres de cuivres est telle qu'on en trouve de toutes sortes : « réguliers » bien sûr, mais aussi composés exclusivement de femmes, d'enfants (!), de Peaux-Rouges et beaucoup de Noirs. Ces orchestres de Noirs ont souvent commencé à se produire dès le début du XIXe siècle – tel le célèbre orchestre de Frank Johnson (1792-1844) qui, entre 1830 et 1850, joue exclusivement pour des auditoires blancs. Beaucoup d'orchestres militaires du Nord sont entièrement composés de musiciens noirs même si les organisateurs sont Blancs. Quoi qu'il en soit, ces orchestres acquièrent très vite une réputation qui n'est pas uniquement exotique. La qualité de leur musique, le rythme, l'humour qui permet toutes sortes d'impertinences et d'allusions osées, la fougue débridée des parties dansées bien plus fréquentes dans ces orchestres de Noirs que dans les autres attirent les foules dans tous les États-Unis, au Canada et même jusqu'à Mexico. C'est bien sûr parmi les orchestres à cuivre « de couleur » de La Nouvelle-Orléans que naît le jazz.

AMERICANA

LA MUSIQUE DU THÉÂTRE POPULAIRE : L'INVENTION DE LA COMÉDIE MUSICALE

L'indépendance des États-Unis et le développement économique rapide de la nouvelle nation suscitent aussi la création de théâtres dans chaque ville ou bourg. Ils sont largement ouverts à toutes les classes sociales, notamment les nombreux commerçants, artisans, entrepreneurs qui, partis de rien, acquièrent rapidement aisance voire richesse.

Ces « nouveaux riches » qui « étalent leur argent avec leur mauvais goût et leurs mauvaises manières » – selon le chroniqueur Hobston – snobés par les élites, notamment dans le nord-est des États-Unis et au Canada, sont friands d'opéras-comiques, venus de France en Amérique du Nord *via* La Nouvelle-Orléans ou bien, dans une version britannique, les *comic operas*, depuis Londres. Ces œuvres populaires connaissent un succès auprès de la nouvelle bourgeoisie américaine car, contrairement à l'opéra italien, elles mettent en scène des personnages, des valeurs et des attitudes basés sur ce que connaissent et apprécient les classes moyennes et populaires. On trouve dans ces pièces un livret composé d'une intrigue simple truffée de déguisements, d'identités truquées, de quiproquos, d'amours cachés, de méchants et de héros très typés, le tout sur une musique facile à appréhender et des chansons entraînantes ou sentimentales.

Cependant au fur et à mesure que l'Amérique du Nord, et bien sûr avant tout les États-Unis, prennent une identité nationale particulière, ces *comic operas* qui proviennent d'Europe et renvoient au Vieux continent semblent de moins en moins adaptés aux attentes du public américain.

Le music-hall...

Après des tentatives infructueuses d'américaniser les *comic operas* européens, *The Black Crook* présenté en première en 1866, juste après la guerre de Sécession, connaît un grand succès dans les théâtres américains et peut être considéré comme la première comédie musicale américaine. Écrit par Charles Barras, *The Black Crook* adapte et américanise le thème intemporel de Faust. L'intrigue très mélodramatique est écrite en prose et parlée mais entrecoupée de parties dansées, véritables ballets aux figures très modernes, de musique orchestrale, de chansons, de nombreux effets spéciaux sur la scène et dans le décor, ainsi que d'un grand nombre d'allusions et d'attitudes érotiques adoptées par les actrices américaines dont le sex appeal semble avoir joué un rôle capital dans l'immense succès du spectacle.

Ce succès engendre évidemment une quantité de productions de même nature qui établissent la comédie musicale comme *le* genre en faveur dans les théâtres américains. On cite *Evangeline* ou *The Belle of Acadia*, pièce ultra-sentimentale qui, sur un livret de E. E. Rice, reprend et enjolive le poème de Longfellow consacré à la déportation des Français d'Acadie par les Britanniques. Malgré les obstacles des autorités anglaises au Canada, *The Belle of Acadia* a un énorme impact parmi les francophones canadiens.

À partir de 1875-1880, la production de comédies musicales est considérable aux États-Unis. Elles prennent les caractéristiques américaines que Broadway et le cinéma répandront dans le monde entier. Les intrigues sont plus simples et présentent un grand nombre de scènes d'action et de suspense (duels, bagarres), ainsi que beaucoup d'érotisme, parfois très appuyé. Surtout, ces histoires parlent avant tout de la société américaine, de ses problèmes, de ses attentes. Quant à la musique et les danses qui représentent au moins la moitié du temps

AMERICANA

de la pièce, elles s'inspirent beaucoup des traditions ethniques, telles qu'elles ont évolué parmi les différents groupes d'immigrants, avec un accent particulier mis fréquemment sur les rythmes syncopés, entraînants, largement empruntés aux airs des États du Sud. Les théâtres accroissent aussi considérablement leurs recettes en vendant à l'entracte livrets et partitions très simplifiées de la comédie ainsi que des portraits dédicacés des acteurs et surtout des actrices vedettes.

TIN PAN ALLEY

La demande de ces comédies musicales est telle que des promoteurs créent de véritables ateliers de création, en particulier à Broadway.

New York émerge ainsi comme le centre principal de la musique et du théâtre populaire américains. En 1881, l'éditeur Thomas B. Harms est le premier de son importance à se consacrer exclusivement à la musique et aux airs populaires. Il installe ses ateliers sur la 28e Rue, au cœur de Manhattan. Il est suivi de Whitmark & Sons en 1885 et de nombreux autres dans les quelques années suivantes au point que dans toute la partie de la 28e Rue, qui se situe entre Broadway et la 6e Avenue, s'alignent les maisons d'édition musicale. Il s'agit de véritables ateliers d'écriture qui regroupent compositeurs, paroliers, musiciens, chorégraphes ainsi que les dessinateurs de couverture. Tous ensemble, ils mettent au point des pièces calibrées selon les goûts du public populaire américain et que l'on présente « d'une côte à l'autre » des États-Unis et au Canada durant d'interminables tournées.

Pour décrire la cacophonie qui règne dans ce quartier à cause de tous les musiciens, particulièrement les

Le music-hall...

pianistes, qui jouent en même temps des airs différents au fur et à mesure qu'ils les composent, le journaliste Monroe Rosenfeld invente le terme de Tin Pan Alley : « On dirait le bruit de centaines de ménagères en train de récurer leurs poêles à frire » (*Tin pan* en anglais). Ce terme est d'emblée adopté par les professionnels comme par le public et désigne bientôt tous les éditeurs de partitions et de livrets de musique populaire et ensuite toute l'industrie de la musique populaire quel que soit le lieu où celle-ci s'élabore, New York ou Hollwyood.

Avec Tin Pan Alley, la musique devient un business très lucratif bien davantage qu'un art. Ceux qui y travaillent sont généralement des salariés qui ont souvent aussi un pourcentage sur les ventes à venir. Avec le succès de la comédie musicale et des différentes formes de théâtre populaire américain, le potentiel d'acheteurs est de plus en plus nombreux, autant après le spectacle qu'en dehors de celui-ci. Les livrets comprennent une notation musicale sommaire, généralement pour voix et piano puis pour voix et guitare, ainsi que le texte des chansons. Un soin particulier est pris pour confectionner les couvertures et les illustrations intérieures, une grande partie des clients achetant ces livrets pour les « images ». Dans un style emphatique, le dessinateur croque l'essentiel de la chanson ou bien le moment culminant tandis qu'un petit texte très accrocheur est censé séduire encore le public. On trouve aussi très fréquemment des portraits des grandes stars (notamment féminines) des spectacles, dessins puis photographies. La dramatisation et l'érotisme sont des éléments quasiment constants de ces illustrations. Ces livrets, à l'époque méprisés et vilipendés par les élites intellectuelles et morales américaines, sont aujourd'hui des pièces de collection irremplaçables, en particulier parce qu'ils recèlent souvent les seuls clichés des énormes

AMERICANA

stars du music-hall de la fin du XIXe et du début du XXe siècle.

Pour gagner toujours davantage de public, Tin Pan Alley ne cesse d'innover et de se permettre toutes les audaces : ballades de plus en plus sentimentales ou burlesques, paroles osées, airs lascifs, très syncopés (« *colored* »), danses exotiques latines, hawaïennes ou caraïbes qui permettent aux illustrateurs des audaces encore plus érotiques, gages de succès... La création est doublée d'une forte structure commerciale avec des attachés chargés de tester les compositions auprès d'un public choisi ou limité qui donne son avis, permettant corrections et modifications. Chaque atelier de Tin Pan Alley possède aussi ses agents qui vantent les nouvelles compositions auprès des directeurs de théâtre ou de spectacles itinérants ou bien encore des stars et des divas de ces circuits.

Avec le triomphe de *A trip to Chinatown*, créé dans un atelier de Broadway en 1890 puis de *After the ball* (1892) de Charles K. Harris (dont on vendra cinq millions de livrets, chiffre phénoménal pour l'époque), c'est une véritable industrie de la comédie musicale qui se développe. Les promoteurs des shows, les stars elles-mêmes passent des commandes à Tin Pan Alley en précisant le style, le genre, les épisodes qu'ils désirent. Parfois, ils demandent l'exclusivité d'un compositeur ou d'un parolier particulier. Pour tous, les profits sont gigantesques. Entre 1890 et 1914, Tin Pan Alley égrène les triomphes qui dépassent tous des ventes de plusieurs millions d'exemplaires. *Just behind the times* (1896) et *Hello Central, give me heaven* (1901), toujours de Harris ; *Just tell them that you saw me* de l'influent Paul Dresser ; *In the good old summertime* (1902) ; *Give my regards to Broadway* (1904) ; *Shine on, harvest moon* (1908) ; *Down by the old mill stream* (1910) ; *Let me*

Le music-hall...

call you sweetheart (1910) ; *Alexander's ragtime band* obtiennent des ventes faramineuses non seulement aux États-Unis et au Canada mais aussi en Europe et dans le monde entier. Constamment repris, arrangés, adaptés, ces airs sont devenus des « classiques » des variétés américaines et du jazz, encore interprétés aujourd'hui ! Afin de consolider leur puissance et de se prémunir face aux incertitudes engendrées par l'avènement du disque, du cinéma et de la radio, les éditeurs et les compositeurs créent en 1918 l'American Society of Composers, Authors and Publishers (ASCAP) où se regroupent l'essentiel des professionnels. En assurant le copyright des compositions de ses membres, l'ASCAP devient une énorme force financière et commerciale qui inspire la création de sociétés similaires dans le monde entier.

LES SPECTACLES DE MÉNESTRELS « BLACKFACE »

À partir de 1820, les États-Unis s'urbanisent, s'industrialisent, s'accroissent territorialement. Les besoins de main-d'œuvre sont tels que la nouvelle nation demande une immigration considérable, autant extérieure (de l'Europe vers l'Amérique du Nord) qu'intérieure (des zones rurales vers les villes). Cela engendre un tourbillon humain qui, en mal d'identité, dresse des barrières entre les races, les nationalités d'origine, les religions. La société américaine se fractionne, se hiérarchise. Sur la terre des « réfugiés », dans la « nation de toutes les occasions », il vaut soudain mieux être urbain que campagnard ; propriétaire que prolétaire ; protestant que catholique ; anglais ou allemand qu'irlandais ; blanc que noir ; noir libre qu'esclave.... Chacun tire ainsi une fierté de sa supériorité vis-à-vis de quelqu'un d'autre.

AMERICANA

Cela se traduit évidemment par d'innombrables préjugés dont nous avons déjà fait mention tout au long de cet ouvrage et qui apparaissent en autant de clichés dans la musique et le théâtre populaires. Le Noir étant tout au bas de l'échelle ethnique et souvent sociale devient naturellement la principale victime de ces clichés au point d'engendrer un type particulier de théâtre populaire : le blackface.

Ce qu'on appelle en Amérique blackface était en fait utilisé depuis l'Antiquité en Europe et dans le bassin méditerranéen dans le théâtre comique, la danse ou les ballets, les carnavals. En se maquillant au brou de noix ou au cirage, l'acteur se permet d'être un autre, voire l'autre et ainsi de jeter un regard extérieur, faussement naïf, plein de bon sens pour tourner en ridicule les travers de la société mais aussi les puissants. Il faut noter qu'en Europe et dans le bassin méditerranéen, le fait de se déguiser ainsi n'était guère synonyme d'imitation d'un individu de race noire mais plutôt un grimage pour jouer à l'étranger qui découvre avec des yeux ingénus le monde familier aux spectateurs.

On signale des spectacles de blackface en Amérique du Nord, Canada, États-Unis et Mexique dès la fin du XVIIe siècle. Il s'agit de spectacles de rue, populaires et bon enfant, très similaires à ce qui se fait dans les puissances coloniales en Europe. Mais au fur et à mesure qu'il y a de plus en plus de Noirs en Amérique du Nord, le blackface, tout en conservant ses fonctions scéniques et sociales, figure nommément le « Nègre » à qui on attribue les mêmes qualités (et défauts) que l'« étranger » : naïveté mais bon sens, roublardise, franc-parler, allusions osées et langage plus ou moins cru qui fait rire et se défouler le public. À La Nouvelle-Orléans, encore française, il y a aussi des Noirs qui proposent dans les rues leur propre spectacle de blackface le visage noirci au cirage, tel Mr Epi-de-Maïs qui devient Mr Cornmeal lors de la vente de la ville aux États-Unis ou Jeannot Régisseur qui, ayant rodé son spectacle dans le Vieux Carré, continue à se produire jusqu'à sa mort (1864) sur les bateaux à vapeur du Mississippi sous le nom américanisé de John Butler. Mais pendant longtemps, et à quelques exceptions près, les artistes blackface seront des Blancs.

Avec l'urbanisation de l'Amérique du Nord, l'organisation de la ville, la police des espaces et aussi des « bonnes mœurs », ces démonstrations théâtrales tendent à glisser des rues vers des salles avec un public volontaire et payant sa place, pour qui les allusions politiques, sociales, sexuelles sont de plus en plus osées. Au début du XIXe siècle, on appelle ces shows des *spectacles de ménestrels (minstrels shows)*, sens américain là aussi très différent de celui qu'il a en Europe.

Thomas Dartmouth Rice (1808-1860) est un des grands pionniers du blackface à l'intérieur des spectacles de ménestrels. Acteur de cirque dès son enfance, il connaît un franc succès dès 1830 en créant le personnage de Jim Crow qui est censé représenter pour un public majoritairement nordiste le prototype de l'esclave noir sudiste : grosses lèvres, pieds immenses, grands yeux qu'il fait rouler dans les orbites, habits dépenaillés. Jim Crow parle le langage des « Nègres » avec l'accent et les expressions du Sud, chante et danse, joue aussi du banjo et du fiddle en empruntant considérablement au folklore afro-américain des plantations du Sud. En quelques années, Rice et son Jim Crow sont si populaires que le terme finit par désigner le stéréotype de l'esclave noir.

Le succès de Thomas Rice lance véritablement la vogue du personnage blackface dans le spectacle de ménestrels. Et engendre évidemment de nombreux

AMERICANA

émules. George Washington Dixon (1801-1861) crée Zip Coon qui représente, lui, l'Américain noir nordiste émancipé. C'est un dandy urbain, impeccablement habillé mais de façon très voyante, c'est-à-dire avec un chapeau haut de forme, un manteau jaune et noir à carreaux, un pantalon de même nature tenu par des bretelles bleu blanc rouge aux couleurs des États-Unis et qui porte (mal) un monocle. Mais sous ces atours avantageux, Zip Coon est ridicule dans sa façon de « singer » les Blancs. Son visage énorme, sa coiffure excentrique bouffant hors de son chapeau, son incapacité à parler longtemps correctement malgré ses efforts, il est ce bourgeois urbain qui se veut honorable mais finit toujours par déchaîner les rires de l'assistance avant généralement de s'enfuir de scène à toute allure, tombant et se relevant sous les quolibets. Mais durant son sketch, Zip Coon ne cesse d'asséner quelques vérités bien senties sur le monde urbain, l'attitude des puissants et les travers des uns et des autres. Quand il revient saluer, Dixon/Zip Coon est toujours ovationné par un public populaire qui, d'une certaine façon, se reconnaît en lui.

Le succès de ces shows est bien sûr dû à la réaffirmation de la supériorité des prolétaires blancs nordistes – qui composent l'essentiel des spectacles de ménestrels, ceux-ci étant considérés comme un sous-théâtre populaire – par rapport au Noir qui occupe le tréfonds de l'échelle sociale. Mais cette forme de théâtre est bien plus complexe et subtile que ces apparences : cette représentation du Noir dans la société américaine est aussi celle du chansonnier se déguisant en Noir pour ridiculiser, critiquer et parfois de façon très virulente cette dernière. Au-delà du burlesque, de la parodie, du ridicule, à travers le comédien blackface, c'est le pauvre qui prend la parole dans une société de plus en plus industrielle et urbaine qui, quoi qu'il fasse, l'exclut et l'exploite. Ce théâtre à destination des classes pauvres se sert en fait de la figure du Noir, le personnage social le plus pauvre, le plus humilié, le plus exploité pour démonter l'ensemble d'un système qui opprime aussi les spectateurs. Il y a un fort parfum de Sganarelle, bouffon de la comédie italienne, ou de Petit Jean, le paysan des soties françaises, chez Jim Crow et Zip Coon. Ils sont sans doute avant tout des bouffons qui raillent la prétention, l'arrogance, l'insensibilité des classes possédantes.

Il y a aussi chez Rice, Dixon et tous leurs émules et imitateurs plus qu'une charge parfois très violente contre le Sud, la mentalité des planteurs, l'injustice et l'inhumanité de l'esclavage. Si ces personnages paraissent aujourd'hui d'odieuses caricatures, il faut éviter, ici comme toujours, de juger la société d'hier au travers de nos valeurs et de nos mentalités actuelles, faute de pouvoir en restituer la réalité.

Ces spectacles de ménestrels jouent également un rôle déterminant dans la connaissance par le Nord des musiques afro-américaines venues du Sud, même si cela se fait sous une forme stylisée et sans doute abâtardie. Dès que les comédiens figurant des Noirs apparaissent sur scène, la musique jusqu'alors conventionnelle laisse place à des rythmes syncopés, des mélodies entraînantes, des modes et des gammes exotiques. Tous les ménestrels blackface dansent, jouent fiddle et banjo, chantent des chansons avec l'accent noir sudiste, racontent des blagues. Zip Coon par exemple joue presque toujours *Arkansas traveler*, *Turkey in the straw*, *Miss Lucy Long* ou *Old Joe Clark*, des airs bien connus dans les États du Sud mais souvent jusqu'alors totalement inconnus des oreilles nordistes.

Assez vite, avec le succès, les solistes blackface prennent de plus en plus d'importance dans les spectacles de ménestrels. Ils se produisent en duos, deux Noirs – parfois l'un du Sud, l'autre du Nord – dont les dialogues savoureux remplissent de longs sketches. En janvier 1843, les Virginia Minstrels franchissent une nouvelle étape. Ils sont quatre artistes grimés au cirage qui animent un show entièrement consacré au blackface. Mais, pour durer et sans doute aussi pour gagner une respectabilité qui permettrait d'attirer au spectacle de ménestrels les classes moyennes à revenu plus élevé, les Virginia Minstrels ajoutent à l'esprit et aux manières du blackface des séquences moins chargées ainsi que des musiques plus mélodiques, des danses moins débridées. Leur succès est rapide et impressionnant. De nombreuses troupes s'organisent sur leur modèle et connaissent elles aussi les faveurs d'un public, réussissant à tourner « *from coast to coast* » de l'Atlantique au Pacifique. Il faut citer les Buckley's New Orleans Serenaders, les Kentucky Minstrels, les White's Minstrels, les E.P. Christy's Minstrels qui tournent jusqu'en Europe, en Australie et dans l'empire des Indes ! Quant au succès des Ethiopian Serenaders de Richard Pell, il est autant dû à la grande qualité du show qu'au fait qu'il présente quasiment en vedette l'irrésistible Mister Juba, en fait William Henry Lane, le premier artiste de race noire à se produire en blackface, lui aussi grimé au cirage, au sein d'un spectacle de ménestrels par ailleurs entièrement composé de Blancs.

Cette « audace » lance la mode des spectacles de ménestrels blackface partiellement ou entièrement composés d'artistes, musiciens et comédiens afro-américains. En 1865, W.H. Lee (un Blanc) forme les Georgia Minstrels, composé de quinze anciens esclaves originaires de Macon (en Georgie) et affranchis grâce à la victoire nordiste. Sous des formes bien sûr drôles, le show est largement consacré aux conditions dramatiques qu'ont connues les esclaves. Ovationnés dans tout le pays, les Georgia Minstrels prennent ensuite le nom de leur nouveau promoteur (lui aussi Blanc), la Sam Hague's Slave Troupe of Georgia Minstrels et finissent par être tant demandés en Europe qu'ils s'installent à Londres. C'est sur leur modèle que Charles Hicks (1840-1902) (le premier promoteur de race noire) forme ses New Georgia Minstrels qui n'ont de « Georgia » que le nom car tous les acteurs, danseurs, musiciens sont des Afro-Américains Nordistes qui jouent (avec l'accent et les attitudes) à faire semblant d'être originaires du Sud des plantations. Leur succès est aussi énorme aux États-Unis et au Canada qu'en Europe. Hicks ouvre la voie à d'autres promoteurs et organisateurs afro-américains qui se lancent dans les spectacles de ménestrels. C'est le cas de Lew Johnson (1840-1910), de James Bland (1854-1911) qui se proclame « le plus grand ménestrel du monde » (*The world's greatest minstrel man*) et compose plusieurs centaines de chansons (dont le célèbre *Carry me back to Old Virginia*), de Samuel Lucas ; de William Kersands, Wallace King ; de Gussie Davis, prolifique compositeur, qui est vite embauché dans un atelier d'écriture de Tin Pan Alley à New York ; de Will Marion Cook (1869-1944), violoniste et compositeur noir (du célèbre *Clorindy*) originaire de Washington D.C. qui a ensuite suivi des études musicales à Berlin avant de faire carrière dans le théâtre populaire américain ; de Bob Cole (1863-1911) qui, avec *A trip to Coontwon* amorce nettement la transition du spectacle de ménestrels vers le vaudeville noir.

AMERICANA

LE NÉO-BLACKFACE

Ces évolutions aboutissent à ce qu'on finit par appeler neo-blackface, des spectacle de ménestrels entièrement consacrés au blackface. Tous les artistes, danseurs, musiciens sont déguisés en blackface, tout le monde imite les Noirs américains. Le spectacle habituel de néo-blackface présente six artistes, danseurs et comédiens, qui apparaissent d'abord alignés sur scène sous la direction d'un trio : M. Bones qui joue du tambour avec une baguette façonnée comme un os d'animal (parfois un véritable os) ; M. Tambo qui manie le tambourin ; M. Johnson – sorte de M. Loyal – qui se situe entre les deux percussionnistes, fait les présentations et répond à leurs remarques en déchaînant les rires de l'assistance. Le spectacle commence alors avec un programme extrêmement varié, comprenant de courts sketches satiriques, des saynètes qui commentent ou caricaturent l'actualité immédiate, des blagues plus ou moins osées, des monologues absurdes. Le tout est entrecoupé de nombreuses séquences musicales : chansons, danses, duos de fiddle et de banjo, généralement des virtuoses applaudis à tout rompre. Dans l'ensemble, ce spectacle de néo-blackface est composé de deux longues parties séparées par un entracte. Dans la première, c'est le monde urbain nordiste tel qu'il a été popularisé par Zip Coon qui est le sujet central des scènes et des musiques. La deuxième partie est davantage consacrée à la vie des Noirs esclaves dans les plantations sudistes. Ces shows présentent ainsi sous une forme très amusante un cocktail du music-hall américain qui offre satire, comique, danse, musique, exotisme, érotisme et dépaysement. À la fin du spectacle, la troupe, réunie au complet, entreprend le

Walkaround, apothéose où tout le monde danse, chante, joue et blague et qui est particulièrement caractérisé par le célèbre *I wish I was in Dixieland* de Dan Emmett. Le succès de ce néo-blackface est considérable et suscite l'imitation de la plupart des autres formes de music-hall. Même le théâtre populaire se met à présenter des séquences de blackface. En retour, les spectacles de ménestrels se modifient : troupes de plus en plus importantes, grandes scènes, grosses machines, décors sophistiqués. Mais plus l'audience s'élargit, plus le style se simplifie : la représentation tient davantage du carnaval, le message perd souvent toute ambiguïté. Le spectacle de ménestrels devient un show calibré pour l'Amérique moyenne, de plus en plus conformiste, flattant les valeurs des classes moyennes et supérieures. Inévitablement, la musique de ces shows s'abâtardit elle aussi. Elle emprunte de moins en moins au folklore sudiste, les orchestres s'élargissent, deviennent empesés. À partir de 1870, on ajoute même des interprétations d'airs à la mode, connus des spectateurs mais qui n'ont souvent plus aucun rapport ni avec le Sud ni avec les Noirs !

Malgré tout, l'impact du blackface sous ses différentes formes marque durablement la musique populaire américaine.

L'INFLUENCE DES COMPOSITIONS MUSICALES BLACKFACE

En effet, les emprunts constants durant des décennies du théâtre populaire et surtout du blackface au folklore sudiste, et en particulier aux chansons et airs associés aux Noirs demeure une des caractéristiques les plus originales de la musique américaine et explique largement son impact dans le monde entier

AMERICANA

La carrière phénoménale du compositeur Stephen C. Foster (1826-1864) doit beaucoup à ces emprunts sudistes. Né à Pittsburgh et totalement étranger au monde du Sud, Foster est, encore enfant, employé dans un modeste spectacle blackface itinérant. Il écoute, apprend, se perfectionne et finit par s'imposer en tant que musicien et compositeur. Cette influence initiale est constante et déterminante sur toute son œuvre : mélodies syncopées, textes plus ou moins rationnels, collages fréquents de strophes sans souvent de sens visible de prime abord mais avec une profondeur et une poésie que l'on découvre assez vite et qui émeuvent et font réfléchir. C'est pour le blackface que Foster compose le célèbre *Oh ! Susanna* en 1847. En quelques années, le succès de ce titre est tel qu'il abandonne la vie de musicien itinérant pour ne plus se consacrer qu'à la composition. Les morceaux qu'il écrit et qui triomphent sur les scènes de blackface s'enchaînent. Il compose *Old folks at home* (1850) en imitant le dialecte « nègre » sudiste. Le morceau évoque avec force d'images d'Épinal la vie joyeuse et insouciante d'esclaves noirs sur leur plantation qui ne pensent qu'à la musique, la danse et l'amour ! *Massa's in de cold ground* (1852) met en avant la figure paternelle, bonne, protectrice de Ole Massa. Cette pièce est interprétée par l'esclave qui chante les louanges de son père décédé. Le texte est particulièrement poignant et, volontairement écrit pour toucher tous les publics, il finit par humaniser l'esclave noir, le rendre proche et sympathique aux auditeurs blancs nordistes qui compatissent à sa douleur. Alors qu'au départ, Stephen Foster utilisait les personnages de Noirs pour respecter les conventions du genre blackface, il est certain qu'à force de se documenter pour faire mieux et plus vraisemblable, il s'est très vite ému du sort de ses personnages et a embrassé la cause anti-esclavagiste Avec *My old*

Le music-hall...

Kentucky home (1853), il abandonne définitivement le dialecte « nègre » qu'il juge totalement dégradant. Sur une musique très mélancolique aux véritables accents bluesy avant la lettre, le texte de la pièce, ouvertement anti-esclavagiste, décrit une famille noire qui se lamente car le « bon père » a été vendu par son maître. Celui-ci, totalement insensible aux malheurs de ses esclaves, ne leur laisse aucun espoir : ils doivent travailler sans salaire, sans biens propres (y compris leur corps) et cela jusqu'à la mort. Car telle est la loi du Sud. En très peu de temps, *My old Kentucky home* reçoit un accueil triomphal, est interprété à travers tous les États-Unis, déborde les spectacle de ménestrels pour être joué sur les scènes les plus réputées des grandes villes nordistes. Avec *La Case de l'oncle Tom*, le roman de Beecher-Stowe, *My old Kentucky home* est certainement l'œuvre qui a joué le rôle le plus déterminant pour faire progresser la cause anti-esclavagiste dans l'opinion américaine. L'énorme succès de Foster force tous les spectacles de ménestrels à embrasser, souvent d'ailleurs à leur corps défendant, la cause anti-esclavagiste.

Après la guerre de Sécession et la mort de Stephen Foster en 1864, les spectacles de ménestrels ne tardent pas à revenir à des compositions plus conventionnelles tout en conservant, sur le plan mélodique, les apports de Foster. Will S. Hays (1837-1907), un sudiste du Kentucky, écrit *The little old log cabin in the lane* (1871), une véritable ode au bon vieux temps d'avant la guerre, la défaite du Sud et où régnait encore l'esclavage à la satisfaction de tous. Le succès de Hays engendre toute une série de compositions du même goût, en particulier *The old home ain't what it used to be* (1874), écrit par Charles White (1829-1892), pourtant natif de Boston mais qui, sans ambages, regrette l'ancien ordre des plantations : « *Oh the old home ain't what they used to*

AMERICANA

be / The banjo and fiddle are gone / And no more you hear the darkies singing / Among the sugar cane and the corn. » (La vieille demeure n'est plus ce qu'elle était / Partis le banjo et le fiddle / Vous n'entendrez plus les Noirauds chanter / Parmi les champs de canne à sucre et de maïs.)

Mais le succès de cette nostalgie d'autrefois est aussi le chant du cygne du genre et de tous les spectacles de ménestrels. À partir de 1885, la société américaine qui évolue ne se retrouve plus guère dans un genre qui donne de forts signes d'essoufflement, se répète, rencontre de moins en moins de public. Durant un temps, les shows tentent de reconquérir une audience qui se dérobe : gigantisme des spectacles et des décors, érotisme plus marqué avec des troupes entièrement féminines...

Cependant si le genre continue longtemps d'exister sous des formes réduites et abâtardies, il laisse progressivement la place à une nouvelle forme de music-hall américain : le Vaudeville.

LE VAUDEVILLE

Le vaudeville américain est fort différent de ce que l'on nomme Vaudeville ailleurs. Le terme lui-même remontant au XVIIe siècle serait du compositeur français Olivier Basselin, originaire de la vallée de la Vire en Normandie et qui connaît une heure de gloire avec des chansons légères qu'il appelle « vaux de Vire ». D'autres explications – ayant toutes comme point de départ la vallée de la Vire – ont aussi été avancées. Quoi qu'il en soit, le terme de vaudeville est commun en France au milieu du XIXe siècle et désigne des pièces de théâtre légères voire osées pleine de quiproquos entre maris, femmes, amants et maîtresses.

Le music-hall...

En Amérique du Nord, le terme désigne à la même époque une variété de spectacles réunis en un même lieu et dans le même temps sous un chapiteau ou sur la scène d'un théâtre. Il est en germe dès les années 1820-1830 dans les spectacles itinérants qui se produisent dans les bourgades éloignées du Sud et de la Frontière (l'ouest) et qui mélangent dans la même soirée les séquences habituelles du cirque (acrobates, clowns) avec celles que développe le théâtre populaire américain (chants et danses) ainsi qu'un zeste de théâtre « classique » (des tirades de Shakespeare). Le New York City Opera House, qui ouvre ses portes sur Broadway en 1865, présente le même genre de spectacle mais pour un public urbain qui se lasse du blackface. C'est la Sargent's Great Vaudeville Company qui utilise le terme de « Vaudeville » pour la première fois afin de désigner son spectacle de variétés à l'américaine qu'il inaugure à Louisville (Kentucky) en 1871. C'est Mr Sargent lui-même qui a choisi le mot pour sa saveur française qui évoque pour les Américains exotisme, raffinement, urbanité, civilisation et... mœurs coquines ! Sargent est vite imité par le MB. Leavitt's Vaudeville Show et beaucoup d'autres.

Vers 1885, Tony Pastor, un ancien Mr Loyal du cirque américain devient le manager du New York City Opera House. Il décide de mettre sur pied des programmes destinés aux classes moyennes et aux familles. Pastor délaisse les sujets raciaux obligés des blackface pour se concentrer sur les problèmes qui intéressent en premier chef ses auditeurs : relations entre les habitants des villes et les migrants ruraux, entre les Américains et les nouveaux immigrants, notamment Irlandais. L'Irlandais prend d'ailleurs de plus en plus la place du Noir comme symbole du naïf ignorant, mal dégrossi et au franc-parler. En particulier avec le succès des

AMERICANA

sketches mis au point par Ned Harrigan et Tony Hart, deux New-Yorkais venus d'Irlande et qu'ils intitulent la Mulligan Guard. Pour attirer la petite bourgeoisie, Pastor applique des normes extrêmement rigoureuses en matière de mœurs : spectacles policés, peu d'érotisme, minimum de grossièretés, pas de vente d'alcool. Son succès est immédiat et engendre quantité d'imitateurs. Il faut citer en particulier, Benjamin Franklin Keith, lui aussi un ancien vétéran des cirques itinérants. Keith revient s'installer dans sa ville natale de Boston et y ouvre le Théâtre Bijou avec comme but affiché d'attirer le « maximum de bons Américains » : beaux décors, locaux « sûrs » (avec des protections contre les incendies qui ont ravagé dans une période récente plusieurs théâtres populaires), censure très stricte. Il interdit formellement à ses artistes toute vulgarité, allusion érotique, costume relâché et n'hésite pas à se séparer de celui, même une vedette, qui manquerait à cette règle. Il est très vite soutenu par les Églises et les ligues de vertu qui n'ont cessé de vilipender les spectacles de ménestrels. Dès lors, son théâtre ne désemplit pas.

Entre 1890 et 1900, ce sont des centaines de théâtres fixes et autant d'itinérants qui programment ce qui s'appelle désormais communément le Vaudeville. Associé à Edward Albee, Keith développe ses activités commerciales en vendant les spectacles qu'il a mis au point et créés à New York. À cet effet, il fonde l'United Booking Artists et le Vaudeville Manager's Association. D'autres comme S.Z. Poli, F. Klaw, W. Erlanger, F.F. Proctor, Marcus Loew, Martin Beck volent bientôt sur les traces de Keith, acquièrent des tournées itinérantes, créent des réseaux de théâtres et de salles de spectacles à travers toute l'Amérique. À son décès en 1914, Keith est à la tête d'un immense empire financier et artistique. Il peut se targuer d'avoir très profondément modifié, voire recréé, le music-hall américain. En 1914, on compte environ 25 000 artistes et musiciens professionnels employés dans le seul circuit du Vaudeville et qui se produisent ou tournent en moyenne chacun 45 semaines par an. Cette formule du Vaudeville dure peu ou prou jusqu'en 1925 selon le schéma mis au point par Keith et ses émules : un spectacle permanent de douze heures avec le passage de chaque scène, artiste ou sketch environ trois fois durant ce laps de temps. Cette « permanence » a pour immense avantage de permettre aux spectateurs de choisir leur heure de visite. Durant quelques décennies, le Vaudeville se remplit des sorties de bureau ou des usines, de la fermeture des magasins, des moments libres de chacun durant les matinées et bien sûr les soirées qui sont généralement et un peu partout prises d'assaut. Le langage soigneusement mis au point est rempli de néologismes que le public reprend souvent, créant ainsi un fertile terreau de certains des américanismes les plus utilisés encore aujourd'hui.

Mais le lieu lui-même où se déroule le spectacle de Vaudeville est aussi particulier. Il s'appelle fréquemment Palace et évoque volontairement le palais idéalisé des cours européennes : stucs, tapis de luxe, escaliers de pierre, statues à l'antique, rideaux lourds et colorés, décorations grandiloquentes (gargouilles, arches), piliers de marbre. Il s'agit dans ce lieu comme sur scène de faire rêver les pauvres et d'aider les nouveaux riches à se sentir chez eux. Le spectacle, déjà très rentable, l'est encore davantage par la présence dans les théâtres de boutiques qui vendent programmes, partitions, livrets, photos des artistes, cartes postales, crayons à l'effigie du spectacle, bijoux reproduisant ceux des divas, enveloppes et papier à lettres aux initiales du théâtre... On retrouve bien sûr tous ces

AMERICANA

ingrédients jusqu'aujourd'hui dans les nombreux parcs d'attraction américains.

À partir des débuts du cinématographe, entre 1897 et 1920, de nombreuses vedettes du Vaudeville (qui pour la plupart n'ont pas cru à l'avenir du cinéma) participent à des films tournés en studio pour des raisons techniques alors nécessaires mais qui recréent le plus fidèlement possible la trame, le déroulement, l'ambiance et les décors du Vaudeville. Ces films sont projetés dans les salles de cinéma avant les séances afin d'attirer le public vers le « *vrai* théâtre, celui qui parle et qui présente des acteurs de chair et non des ombres », c'est-à-dire le Vaudeville. On projette aussi souvent ces petits films dans les halls d'entrée des théâtres tandis que les clients font la queue pour acheter leurs billets. Quoi qu'il en soit, ces films promotionnels demeurent autant de formidables documents d'époque sur des spectacles et des artistes dont on n'aurait, sans cela, gardé aucune trace visible.

Mais le Vaudeville avec sa structure, son déroulement et ses ingrédients a aussi eu une influence tout à fait considérable sur l'ensemble du cinéma américain. Longtemps, les producteurs, réalisateurs, acteurs de films ont eu à cœur de reproduire ce qui faisait son succès. La comédie américaine, le burlesque, les drames, le suspense et la mise en scène de l'histoire américaine immédiate, notamment avec le western, sont les ingrédients obligés du cinéma américain qui viennent en droite ligne du Vaudeville.

LES NOIRS PROLONGENT LES SPECTACLES DE MÉNESTRELS ET LE VAUDEVILLE

Même si on trouve nombre de Noirs dans les différents théâtres et spectacles populaires qui se sont développés au XIXe siècle, la ségrégation qui s'installe dans les États du sud à partir de 1875, un système dont le principe essentiel est la séparation des races avec, en filigrane, un statut d'infériorité permanent pour les anciens esclaves, crée un univers à part pour les Noirs, ce qui n'était pas vraiment le cas auparavant.

Dans le monde du music-hall, cela engendre des circuits parallèles et particuliers, réservés aux Noirs et dont la longévité sera bien plus grande que les autres. Les spectacles de ménestrels entièrement composés d'artistes, machinistes, managers... noirs se développent à partir de 1895 et se produisent dans tout le Sud ségrégationniste : le Silas Green Minstrel Show qui devient le célèbre Silas Green from New Orleans, basé en fait, comme la plupart des autres, en Georgie. Il tourne à partir de 1895 à travers tous les États du Sud. Le Mahara's Minstrels Show rend célèbre le trompettiste W.C. Handy qui est surtout connu pour avoir le premier décrit la musique folk noire sous le nom de « blues ». Il faut citer les Rabbit Foot Minstrels, les Cotton Blossom Minstrels, les Florida Blossom Minstrels, les Allen's Big Minstrels, les Dandy Dixie Minstrels. Ces shows ont leurs vedettes, dandys et divas comme Sam Gray, Princess White, P.G. Lowery, Virginia Jones, acrobates tels Coy Herndon, Jonhatan English ou Chief Iron Hand, le « sorcier du vélo », la contorsionniste Viola Kemp, la danseuse au feu Queen Dora ainsi que les comiques Ford Wiggins et Daybreak Nelson. La réputation de ces artistes est immense au début du XXe siècle. Même si nous ne possédons généralement aucun témoignage enregistré de leurs talents, ceux-ci continueront longtemps d'inspirer nombre d'émules dans les sketches et les chansons du cinéma et du disque qui citeront souvent ces figures, faisant des allusions à leurs prouesses, preuve qu'ils étaient, parfois longtemps après qu'ils eurent arrêté de jouer, toujours bien connus d'un vaste public !

La vie de ces artistes noirs des spectacles de ménestrels qui tournent dans le Sud est rendue extrêmement difficile par le racisme institutionnel. Alors qu'une ségrégation implacable règne, comment trouver un hôtel pour une vaste troupe de Noirs ? Des restaurants corrects ? Comment accéder aux services d'une blanchisserie pour ses costumes de scène (nécessairement neufs et impeccables) comme de ville ? Où acheter de nouveaux vêtements ?

Katie Bryant Abraham, une des danseuses vedettes du Silas Green Show vers 1925 témoigne ainsi de ces embûches : « Il était difficile de se fournir en vêtements de qualité. Dans de nombreuses villes du Sud, les Nègres n'étaient pas autorisés à pénétrer dans les magasins des quartiers blancs, les seuls qui existaient et qui vendaient des vêtements décents. Et lorsque par bonheur on vous autorisait à entrer, on ne pouvait essayer ni robes, ni chapeaux de peur que les tissus ne conservent l'odeur de notre peau noire au cas où on ne l'achèterait pas ! Dans le meilleur des cas, on nous mettait un linge sur la tête avant d'y placer le chapeau. Puis la vendeuse jetait le linge comme s'il venait d'être irrémédiablement souillé ! »

En principe uniquement réservés aux Noirs, ces spectacles sont si renommés pour la qualité de leurs artistes, le dynamisme des danses, l'entrain de la musique que le nombre de Blancs sudistes venant assister aux représentations ne cesse de s'étendre. La salle ou le chapiteau

Le music-hall...

dans lesquels le spectacle se déroule est alors strictement séparé entre aire pour Blancs et aire pour « colored », souvent à l'aide d'une simple corde qu'il est totalement interdit de franchir ! Les Minstrel Shows noirs durent dans le Sud presque aussi longtemps que la ségrégation puisqu'on en signale encore vers 1950. Mais l'avènement du disque les transforment. Avec le succès inattendu après 1920 des disques classés en « Race Series », blues, gospel ou autres mais interprétés par des Noirs et donc destinés à être vendus prioritairement à des Noirs, des promoteurs noirs mettent en place les *Traveling bands*, tel le P.T. Wright's Nashville Students, le premier connu. Il s'agit en fait de spectacles de Vaudeville entièrement composés d'artistes afro-américains et destinés bien sûr à un public noir mais centré autour d'une grande vedette du disque, telles Ma Rainey ou Bessie Smith.

LES MEDICINE SHOWS

Ce qu'on appelle *medicine shows* est l'héritier appauvri du Vaudeville, des spectacles à partir de charrettes bâchées où divers artistes attirent le chaland en jouant banjo et violon afin de vendre ensuite l'élixir miracle qui guérit tout, des peines de cœur aux maux de dos. À la fin du XIXe siècle, les medicine shows vont dans les bourgades éloignées, les villages, les campements d'ouvriers et de mineurs, là où il n'y a pas de théâtre et où un vaste spectacle itinérant comme la plupart des Vaudevilles ne juge pas rentable de planter sa tente.

On ne dispose bien sûr pas de chiffres précis mais à en juger par les éphémérides et les gazettes de l'époque, le nombre de medicine shows qui ont lieu aux États-Unis, au Canada et dans une partie du Mexique est absolument considérable, sans doute des milliers de ces petites entreprises « médicales » dont le spectacle, gratuit, n'est là que pour appâter le malade, réel ou imaginaire et à introduire sous les ovations le « Docteur », le « Professeur », le « Savant célèbre » qui a inventé le remède miracle ! Ce spectacle du medicine show est, à l'instar du Vaudeville, composé de sketches comiques, saynètes dramatiques, de démonstrations de jonglage ou d'acrobaties, de magie ou d'un numéro de ventriloque, et surtout de musique, de chants et de danses. Cependant contrairement au Vaudeville, chaque séquence, extrêmement courte (parfois quelques minutes seulement), s'enchaîne sans transition à la précédente. La « troupe » du medicine show type est elle aussi très réduite. Si les plus renommées ont pu compter jusqu'à un équipage de trente personnes, la moyenne se situe entre trois ou quatre artistes qui sont en même temps conducteurs de chariots, palefreniers, cuisiniers... Les plus modestes de ces entreprises ne comptent qu'un seul artiste qui sait tout faire plus ou moins bien !

Il y a aussi des medicine shows spécialisés comme le célèbre Traveling Indian Medicine Show, entièrement composé d'Amérindiens qui vendent leurs potions magiques, tirent les cartes et font des numéros de divination et de voyance. Ce spectacle renommé pour son exotisme et son mystère engendre de très nombreux autres medicine shows « indiens ». Formée vers 1880, la Medicine Company of New Haven qui vend sa potion miracle Kickapoo Indian Oil regroupe 75 medicine shows itinérants et emploie 400 Indiens de toutes les nations ! Il est concurrencé par l'Oregon Indian Medicine Company, originaire en fait de... Pennsylvanie et qui vend son Ka Ton Ka, élixir miracle censé avoir été mis au point par les Indiens Modocs de l'Oregon. Il s'agit en fait d'un simple mélange d'alcool, de sucre et d'aloès ! Rappelons que Coca-Cola comme Pepsi-Cola ont commencé leur entreprise en tant qu'élixirs miracles vendus dans les medicine shows bien avant d'ajouter de l'eau gazeuse et de devenir des marques célèbres de limonade vendues dans les drugstores.

Après l'annexion des îles Hawaï par les États-Unis, on compte aussi un grand nombre de medicine shows hawaïens, très réputés pour la virtuosité des musiciens et le charme des danseuses. Il y a aussi de nombreux medicine shows de Noirs mais dans l'ensemble ils présenteront fréquemment, et cela y compris dans les États ségrégationnistes, des musiciens et des danseurs afro-américains avec d'autres, de race différente.

Dans les contrées isolées où il s'aventure, le medicine show est généralement le seul spectacle professionnel à s'y produire. Le jour de la représentation, l'école et les commerces sont fermés, chacun met ses habits du dimanche et les édiles organisent souvent, avec l'aval des artistes qui en sont les juges, des concours de chants et de musique ouverts aux amateurs de tout le voisinage. Ces concours prolongent le spectacle proprement dit et se terminent par un grand bal en soirée.

Quoi qu'il en soit, ces medicine shows, véritable Vaudeville du pauvre, sont le lieu d'apprentissage d'innombrables musiciens du XXe siècle. D'abord, bien sûr, parmi les musiciens et les chanteurs employés dans ces spectacles : la plupart des futurs grands noms de la musique folk américaine des années 1920 à 1940 (country music comme blues) ont fait leurs premières armes à l'arrière des chariots ou, plus tard, des pick-up de medicine shows. Mais on ne compte pas les jeunes gens venus des campagnes reculées pour assister au spectacle et qui ont décidé, juste après, de tenter leur chance, eux aussi, en tant que musiciens professionnels.

AMERICANA

Après la Première Guerre mondiale, l'élévation du niveau de vie aux États-Unis, l'accélération de l'urbanisation, le développement des drugstores avec la création d'une réglementation de la vente des médicaments provoquent l'arrêt de la plupart des medicine shows. Cependant, ce qui était un des spectacles caractéristiques de l'Amérique rurale du Sud et de l'Ouest continue d'être apprécié par un public de plus en plus âgé et parfois soutenu par des mécènes nostalgiques et des pouvoirs publics locaux. La tradition des medicine shows, mais souvent sans la vente de médicaments, continue ici ou là, notamment dans les États du Vieux Sud, jusque vers 1970.

CHAPITRE XI

AUTRES FORMES DE LA MUSIQUE POPULAIRE AU XIXe SIÈCLE

L'avènement des diverses formes de music-hall en Amérique du Nord induit aussi des changements importants dans les formes comme dans les buts des musiques qui se pratiquent dans la sphère intérieure de la société américaine. Parmi le public des spectacles de ménestrels, blackface, théâtre populaire, Vaudeville ou medicine shows, nombreux sont ceux qui pratiquent un instrument de musique ou qui chantent, ne serait-ce que dans leur chorale d'église. Avec des représentations à travers tout le territoire, la vente de livrets et de partitions, ces spectacles professionnels et payants élargissent considérablement le répertoire des musiciens amateurs, leur donnent de nouvelles idées. Beaucoup de spectateurs qui n'avaient jamais joué d'un instrument de musique décident de le faire après avoir assisté, émerveillés, à ces spectacles. Enfin, pour quelques-uns parmi les plus doués ou les plus volontaires de ces musiciens amateurs, la tentation est irrésistible de tenter, eux aussi, de vivre, totalement ou partiellement, de leurs talents.

AMERICANA

LES FAMILLES CHANTANTES *(Singing Families)*

Les familles chantantes, le père, la mère, les enfants, oncles, tantes, neveux, cousins ou beaux-parents étaient une forme d'organisation musicale fréquente dans toute l'Amérique du Nord sans doute dès les débuts de la colonisation européenne. Le grand isolement, l'absence de tout contact avec l'extérieur, l'abondance de très anciennes traditions musicales chez beaucoup de colons venus en Amérique ont contribué à développer considérablement cette forme d'organisation musicale à une époque et dans des lieux où les loisirs, très rares, ne pouvaient reposer que sur les compétences du cercle privé. Les buts de ces familles musicales et chantantes, dont la virtuosité et la compétence ont souvent été relevés dans des chroniques d'époque, sont bien sûr uniquement communautaires, religieux ou profane.

Avec l'avènement du music-hall, certaines des familles chantantes se produisent progressivement sur scène et pour de l'argent, tournent à travers les États-Unis et le Canada jusqu'à devenir un type répandu et très apprécié d'orchestre américain autant dans le gospel, la country music que les variétés.

La Rainer Family, originaire du Tyrol, a indubitablement ouvert la voie à la vogue commerciale des familles chantantes. Ils chantent et jouent déjà sur scène en Autriche. Venus aux États-Unis en 1839, ils tentent naturellement d'y prolonger leur carrière commerciale. Managers avisés, très bien organisés, les Rainer connaissent vite le succès, se produisent sur les plus grandes scènes des villes de la côte Est et tournent presque constamment de Boston à Toronto. Ils doivent largement leur popularité à la qualité de leur musique (ils jouent bien de tous les instruments), aux mélodies qu'ils

Autres formes de la musique populaire au XIXe siècle

tirent du folklore d'Europe centrale mais qu'ils américanisent intelligemment en leur conférant des rythmes souvent endiablés ainsi qu'à des textes volontaires et optimistes qui cadrent avec les aspirations de l'Amérique d'alors. Avec humour et entrain, les Rainer chantent la vie heureuse du groupe : la famille, la maison, la vie domestique, le village...

À la même époque, Henry Russell (1812-1900), un Anglais, a reçu une éducation musicale poussée en Angleterre puis en Italie mais ne réussit guère à faire en Europe la carrière musicale à laquelle il aspire. Il part alors s'installer au Canada puis à Rochester dans l'État de New York. Après quelques tentatives ratées dans la musique classique, Russell saisit les aspirations de la société des États-Unis et crée alors son propre spectacle populaire sans doute inspiré du succès de la famille Rainer. Multi-instrumentiste et chanteur, Russell se produit seul ou en petite formation d'allure familiale et interprète des chansons, très souvent composées par lui ou adaptées des folksongs américains qu'il a entendus ici et là et arrangés à la façon du music-hall. Les chansons de Russell sont optimistes, amusantes, délassantes mais recèlent toujours une qualité morale qu'il sait devoir toucher le public américain. Un concert typique de Russell traite en chansons tous les sujets et toutes les préoccupations de la société américaine, notamment celle des États du Nord qui s'industrialise très vite : le renforcement du sentiment national (*Charter Oak*) ; la pauvreté des villes et la charité nécessaire (*A Christmas carol*) ; les problèmes rencontrés par les immigrants (*The emigrant's farewell*) ; le démon du jeu (*The gambler's wife*) ; le sort injuste fait aux Amérindiens (*The Indian hunter*) ; la conquête de l'Ouest (*A life in the West*) ; l'alcoolisme (*The total society*)... Ces sujets graves sont entrecoupés de chansons plus légères voire comiques mais jamais osées. Comme les Rainer, Russell vante la famille, Dieu, la figure de la mère, la nostalgie du « bon vieux temps » (*old time*), d'une société rurale idéalisée, celle d'avant la Révolution industrielle et l'urbanisation. Sur le plan musical, Russell s'inspire certes du music-hall et des folksongs américains mais leur ajoute ses propres influences : plus qu'une touche de musique classique européenne, d'opéra italien très simplifié et calibrés pour plaire aux classes moyennes américaines. Avec une présence scénique et un charisme vantés par tous, Henry Russell connaît en quelques années un énorme succès populaire qui se prolonge presque jusqu'à sa mort, se produisant dans tout le nord-est des États-Unis et en Californie. À l'instar des artistes de Vaudeville, il vend des milliers de programmes de ses concerts, de livrets et partitions de ses chansons, beaucoup d'entre elles passant dans le répertoire du music-hall américain.

Issus de familles qui chantent et jouent depuis des décennies pour leur communauté, les Hutchinson Family Singers, trois frères et une sœur, entament une carrière professionnelle en 1843 sur le modèle des Rainer. Bons musiciens et showmen, ils plaisent particulièrement aux classes moyennes américaines en vantant des valeurs « respectables » de la société. Assez vite, ils copient la formule des concerts à la Henry Russell, composent leurs propres chansons, souvent tirées de leur énorme répertoire familial et du folklore américain. Ils empruntent considérablement les textes et les mélodies aux airs folk connus de beaucoup de leurs auditeurs mais les arrangent en leur donnant davantage de rythme, d'entrain et en changeant les paroles afin de les rendre plus contemporaines. *Old Granite State*, un de leurs plus gros succès, permet à chaque chanteur de la famille de raconter son histoire, d'égrener ses opinions politiques et sociales avant d'inviter ceux de l'assistance

Autres formes de la musique populaire au XIXe siècle

qui le veulent à les rejoindre afin de faire de même ! Les Hutchinson s'inspirent des chœurs religieux qui se sont développés en Nouvelle-Angleterre pour chanter les idéaux américains. Contrairement aux vedettes du music-hall, le chant des Hutchinson est naturel, articulé, non affecté, venant du cœur, des façons pratiquées par la plupart des musiciens amateurs dans leur cercle privé ou communautaire mais totalement inédites sur scène à l'époque. En outre, ces excellents musiciens, chanteurs et showmen font tout pour apparaître tels qu'ils sont d'ailleurs en vérité : de « bons » Américains moyens, croyant en Dieu et en leur jeune patrie, amicaux, vivant une vie exemplaire... D'une certaine façon, les Hutchinson incarnent les valeurs américaines, les idéaux d'une société rêvée parfaite, mais perdue ou corrompue quelque part avec l'industrialisation et l'urbanisation. Comme les Rainer et Russell, la Hutchinson Family connaît un énorme succès populaire dans le nord des États-Unis. Ils tournent sans cesse, draine nt des foules considérables et vendent des millions de livrets et partitions de leurs chansons.

Là où les spectacles de ménestrels encouragent l'encanaillement, la marginalité, les emprunts à un Sud exotique mais sensuel et tourmenté, les Rainer, les Hutchinson ou Russell chantent la respectabilité, l'honorabilité, l'effort... les vertus intangibles de la société « Yankee », celles qui ont été les idéaux fondateurs des États-Unis.

AMERICANA

LES DÉBUTS DES PARLOR SONGS, LA MUSIQUE DES SALONS

Dans le nord-est de l'Amérique, les riches, les puissants, les gens influents ou qui se voulaient tels ont constamment calqué leurs attitudes sociales sur leurs homologues européens, notamment de France et d'Angleterre. Nous avons décrit dans le chapitre IV comment les riches industriels américains ou canadiens, les politiciens, les philosophes, les grands bourgeois se piquant de culture ont développé dès le XVIIIe siècle leurs propres salons privés.

Avec l'indépendance des États-Unis, le mouvement s'amplifie encore : débats, poésie, lecture et beaucoup de musique et de chant sont les programmes favoris de ces salons avec une très forte américanisation des mélodies et des textes.

Thomas Moore, qui vit en Grande-Bretagne, est peut-être le premier compositeur de chansons à destination volontaire et spécifique des salons et clubs privés. Il publie en sept volumes les *Irish Melodies*, écrites du point de vue d'un Irlandais qui chante sa patrie « perdue » et qu'il idéalise. Moore utilise des mélodies traditionnelles qu'il simplifie, favorisant presque exclusivement des gammes pentatoniques, et y plaque des textes de sa composition, sentimentaux, émouvants et nostalgiques des « valeurs d'autrefois ». Le succès de ces recueils est quelconque en Grande-Bretagne mais important en Amérique du Nord où la nostalgie du terroir perdu rencontre d'évidentes résonances dans cette nation d'émigrés.

C'est sur le modèle de Moore que John Hill Hewitt (1801-1890) développe véritablement le premier les chansons pour les salons privés des États-Unis, adaptant

Autres formes de la musique populaire au XIXᵉ siècle

le genre aux goûts, aux aspirations et aux modèles musicaux connus des Américains, notamment les spirituals dont il s'inspire très souvent pour calibrer ses textes profanes. Hewitt est ainsi le véritable créateur des *parlor songs*. Avec certains très gros succès comme *The minstrel has returned from war* (1825) dans lequel il décrit avec emphase la vie des volontaires de la deuxième guerre d'Indépendance de 1812, Hewitt invente une formule à succès. Presque invariablement, ses chansons commencent par une introduction pour piano de 8 mesures qui donne la clé et le rythme du morceau mais aussi son esprit. La mélodie de ses chansons, simple et facile à retenir comme à jouer, est contenue tout entière dès le premier verset et la partition donne la possibilité de chanter le morceau en solo mais aussi en triple harmonie, à la façon de nombre de spirituals américains que tous les spectateurs connaissent. Compositeur prolifique et homme d'affaires avisé, Hewitt sait construire une œuvre artistique autant que commerciale.

Stephen Foster dont nous avons bien sûr parlé à propos des spectacles de ménestrels a aussi énormément composé de *parlor songs*, parfois sous le pseudonyme de Milton Moore – référence à Thomas Moore – comme lorsqu'il signe ses... *New Irish Melodies* ! Foster compose avec une facilité étonnante des centaines de chansons qu'il calibre pour les classes sociales moyennes et supérieures des salons : textes ultra romantiques, sentimentaux, nostalgiques jusqu'à la tristesse (une constante de son œuvre) mais toujours ancrés dans la réalité sociale américaine sur des mélodies utilisant presque toujours les gammes pentatoniques avec, ici ou là, une allusion à l'opéra italien comme dans *With thou be gone, love ?* qui américanise la scène du balcon de Roméo et Juliette ! À l'instar de ses compositions pour les spectacles de ménestrels, ses *parlor songs*

AMERICANA

rencontrent les faveurs d'un très vaste public et certaines chansons (*Sweetly she sleeps* ; *Comrades* ; *Gentle Annie* ; *Fill no glass for me*) sont devenues des standards de la musique américaine.

LES CHANGEMENTS DUS À LA GUERRE DE SÉCESSION

La guerre de Sécession consolide beaucoup le genre des *parlor songs*. Ce conflit qui fracture violemment une nation qui se veut exemplaire, fraternelle et vertueuse, résonne au sein de chaque famille tandis que l'effort de guerre aboutit à une réduction drastique des salles de concerts. La musique se réfugie alors dans les salons où on entonne quantité de chansons patriotiques des deux bords ou qui commentent les effets de la guerre. Si les rythmes sont souvent martiaux, les mélodies répétitives, les schémas encore simplifiés (introduction et épilogue au piano), les textes généralement en alexandrins sont souvent bien plus prenants que précédemment parce que sincères et touchant le cœur de familles ou de communautés qui voient partir les combattants et qui, bientôt, comptent les morts et retrouvent des mutilés.

Les chansons patriotiques, composées pour les salons, apparaissent dès le début du conflit et certaines demeurent célèbres. Le nordiste *Battle Hymn of the Republic* (une mélodie de William Steffe avec des paroles de Julie Howe) est un hymne enthousiaste qui conduit avec fougue la « croisade des Justes contre ceux que Dieu déteste » ; *Battle cry of freedom* est un autre hymne nordiste composé par George F. Root ; *Dixie*, un air plein d'entrain et d'effervescence composé à l'origine par Dan Emmett pour être joué en finale de certains spectacles de ménestrels sous le titre *I wish I was in Dixieland*, est

Autres formes de la musique populaire au XIXe siècle

détourné et repris par les combattants sudistes qui en font leur « hymne national » tandis que *The Bonnie blue flag* signé de Harry Mc Carthy est aussi fréquemment entonné par les armées sudistes.

À côte de ces airs guerriers, d'autres chansons, de plus en plus nombreuses tandis que les familles sont dans l'attente anxieuse de nouvelles de leurs êtres chers partis au combat, sont écrites directement pour les salons. Elles décrivent la vie des combattants avec souvent une forte dose de tristesse et de pessimisme. *The old army bean* décrit l'ordinaire peu ragoûtant de la nourriture des armées ; *Tramp ! Tramp ! Tramp !*, de George F. Root ou *The prisoner's hope* relatent la vie des prisonniers de guerre. Au fur et à mesure que le conflit s'éternise, ces chansons prennent une tournure poignante. Dans *Tenting on the old camp ground*, Walter Kittredge décrit avec une terrible minutie la souffrance, la douleur, l'odeur de mort des champs de bataille avant de lancer un singulier message de paix et de tolérance entre les hommes. Dans *All quiet along the Potomac tonight*, John Hill Hewitt relate le sort tragique mais de plus en plus fréquent que subissent les civils innocents tandis que Will S. Hays chante la mort terrifiante d'un enfant dans son chef-d'œuvre, *The drummer boy from Shiloh*.

D'autres *parlor songs* comme *Just before the battle mother* ; *Weeping sad and lonely* tentent de rassurer, sans vraiment convaincre ceux qui, à l'arrière, restent mais vivent dans l'angoisse et doutent de plus en plus des bienfaits de cette guerre fratricide que l'on prédisait, avant le conflit, « brève et joyeuse ». Mais la célèbre *Lorena* est avant tout une chanson empreinte de chagrin et de désespoir sur la séparation interminable d'avec l'être aimé.

Les caractéristiques développées dans les *parlor songs* durant la guerre de Sécession, c'est-à-dire des textes émouvants, pleins de feeling et d'authenticité, sur des musiques simples, déterminent une grande partie du futur de la chanson américaine que ce soit dans les folksongs nordistes souvent désormais de protestation, ou du Sud comme la country music ou le blues dans lesquels on trouve la reprise et l'adaptation de fragments ou de textes entiers de ces chansons de guerre.

Enfin, bien qu'épargné par un conflit aussi dévastateur, le Canada connaît aussi le développement de ce type de chansons pour salons sur des sujets réalistes avec l'accent mis sur l'émotion. *A handful of maple leaves* relate dans des termes similaires les tourments d'un soldat canadien tué à l'étranger tandis que Alexandra Muir, une citoyenne de Toronto, compose *Maple leaf forever*, une ode à la confédération canadienne établie en 1867.

EN MUSIQUE AUSSI, LE NORD ÉCRASE LE SUD

Avec la victoire totale du Nord et le démantèlement partiel de la société et de l'économie sudistes, les États-Unis sont désormais totalement dominés par le Nord où se trouvent les vainqueurs, les richesses, les orientations politiques, économiques et idéologiques de la nation ainsi que le public le plus fortuné.

La chanson et la musique populaires visibles sont ainsi totalement dominées par les normes et les créations nordistes. Le Sud doit dès lors suivre, copier, s'incliner avec révérence devant des valeurs jugées recommandables, civilisées et décentes. Pour parler d'elle, de sa vie réelle, de ses problèmes spécifiques, la société sudiste s'exprime comme le font toujours les peuples soumis et colonisés : de façon fermée voire souterraine, en se repliant sur des musiques identitaires blanches ou noires, selon la séparation ségrégationniste institutionnalisée qui prévaut dans les États du Sud. Ces genres

Autres formes de la musique populaire au XIXᵉ siècle

sudistes n'ont pendant des années aucune ouverture, aucune reconnaissance au Nord de la Mason-Dixon line, celle qui sépare les États de l'ancienne Confédération vaincue des États nordistes triomphants. La chanson sudiste n'est en fait longtemps admise et entendue au Nord que sous une forme au mieux copiée et abâtardie mais, encore plus souvent, sous des formes qui la ridiculisent et la méprisent.

Quoi qu'il en soit, avec la paix, la chanson américaine prend un nouvel essor. Henry Claywork (1832-1884) qui a démarré sa carrière avec des chansons de guerre pour les salons (*Marching through Georgia*) reprend les mêmes canevas pour vanter avec une emphase ampoulée la nouvelle Amérique : travail, famille, maison, patrie, religion. Sa chanson *Grandfather's clock* qu'il publie en 1875, se vend à plus de 800 000 exemplaires.

Bien sûr, ce succès engendre quantité d'émules et d'imitateurs qui reprennent les mêmes clés de ce succès pour en obtenir de nouveaux : *Whispering hope* de Alice Hawthorne ; *Silver threads among the gold* de H.P. Danks ; *I'll take you home again Kathleen* de Thomas Wessendorf.

L'énorme prospérité économique du Nord, le développement rapide des classes sociales moyennes et aisées dans les villes font que la composition spécifique de chansons pour salons, elle aussi presque entièrement trustée par Tin Pan Alley, est mal dissociable des livrets que l'on vend dans les théâtres populaires notamment le Vaudeville. Sauf que l'éditeur et le compositeur s'adressent dans ce circuit privé à des musiciens amateurs qui sont souvent aussi de plus en plus chevronnés. L'accent est dès lors nettement mis sur la virtuosité instrumentale en particulier au piano (dont on vend plus de 25 000 instruments par an) avec une grande abondance d'airs

AMERICANA

de danse tels que valses, polkas, mazurkas, scottishs et de morceaux parfois très complexes à interpréter comme ceux de Louis Moreau Gottschalk (*The last hope*; *The banjo*). À l'aube du XXe siècle (où plus de sept cent mille partitions pour salons sont désormais en vente aux États-Unis et au Canada), l'engouement pour ce qu'on appelle le *parlor piano* engendre des quantités de vocations et prépare d'évidence la voie à la propagation prochaine du ragtime et du jazz à travers toute la nation.

NOUVELLES MUSIQUES POPULAIRES DU SUD

Le Sud, vaincu, démantelé, humilié, ridiculisé se replie sur lui-même, s'enferme dans la persistance de ses « valeurs », maintient le système des plantations et des métairies, refuse l'industrialisation, empêche au maximum les contacts avec le Nord haï. Dans le Sud agricole, les routes, depuis toujours très rudimentaires, sont volontairement laissées dans cet état après la guerre de Sécession. Les États du Sud, jaloux de leurs prérogatives et soucieux d'éviter une nouvelle invasion nordiste, refusent en effet l'ingérence du gouvernement fédéral dans le système routier jusque dans les années 1930. Le réseau est donc complexe, mal entretenu, rarement revêtu, quasiment fermé vers le Nord.

Dans ces conditions de repli et d'isolement, les très riches traditions musicales construites depuis plusieurs siècles par les différents groupes humains qui ont peuplé le Sud et forgé son identité vont évoluer de façon originale. Elles sont, bien sûr, quand même marquées par les différents courants du théâtre populaire et du music-hall américains qui se produisent jusque dans les bourgades sudistes, y compris dans le massif des Appalaches ainsi que par les *parlor songs* qui sont aussi en faveur dans les salons des villes du Sud.

Autres formes de la musique populaire au XIXᵉ siècle

Les différentes formes commerciales de spectacle et de musique qui se développent jusque dans les endroits ruraux les plus reculés donnent l'impression qu'un musicien doué, qui connaît un vaste répertoire pour plaire aux publics les plus divers et qui possède assez d'entregent et suffisamment de bagout peut faire une carrière professionnelle. Alors que la musique est jusqu'alors strictement une activité communautaire appréciée par le voisinage mais sans profit financier, vivre de sa musique ou améliorer grâce à elle un ordinaire bien chiche, devient l'ambition secrète ou avérée de bien des musiciens sudistes. Certains réussissent à être embauchés par un show itinérant, medicine show, spectacle de ménestrels et Vaudeville pour les meilleurs ou les plus chanceux...

D'autres doivent se contenter ou choisissent de colporter chansons, blagues et histoires à travers le territoire, monnayant leurs talents contre un abri pour la nuit, un repas chaud, une bouteille de whiskey, une ou deux pièces... Un salaire souvent bien supérieur à ce que gagne journellement un métayer dans les campagnes du Sud ! On appelle progressivement *songsters* (d'après les recueils de chansons vendus depuis longtemps sous ce nom) ces chanteurs et musiciens itinérants qui sillonnent le Sud après la guerre de Sécession. Ils vont chanter et jouer, raconter des histoires drôles dans les campements d'ouvriers qui construisent ou réparent les routes, les voies ferrées ou les digues, dans les camps de forestiers qui exploitent bois et térébenthine, dans les hameaux du Sud profond où les amuseurs « professionnels » sont inexistants. Partout, ils ouvrent des perspectives à d'autres musiciens amateurs, décident des vocations. Ces songsters sont des petits Blancs et davantage de Noirs qui refusent de trimer toute leur vie dans les champs avec pour seul horizon « le derrière de la mule ». Parmi eux, il y a aussi beaucoup d'handicapés qui ne peuvent tout simplement pas gagner leur vie autrement qu'en mendiant et que le système des métairies et la misère qu'il engendre rejettent totalement. Leurs sources d'inspiration sont les vieilles chansons de toutes origines, les thèmes religieux élaborés par les écoles d'évangélisation, les airs de variétés glanés dans les spectacles de music-hall et que beaucoup de leurs auditeurs connaissent et apprécient ou bien des thèmes tirés des *parlor songs* sudistes. Mais, très souvent aussi, le songster innove : il reprend un thème traditionnel ou une composition récente, en conserve plus ou moins la mélodie mais, à la façon des écoles d'évangélistes – souvent l'unique formation musicale de tous ces artistes – en altère les paroles pour décrire avec plus d'acuité et de justesse la vie quotidienne et les problèmes des auditeurs à qui il s'adresse. Les songsters amalgament tous les genres de la musique et de la chanson populaires américaines, se les approprient et les adaptent avec brio et virtuosité, donnant un caractère « ethnique » à des ballades qui en sont souvent totalement dépourvues. À la fin du XIXe siècle, les songsters constituent une des sources les plus créatives et les plus répandues de la chanson populaire sudiste. C'est de leurs rangs que surgissent autant la country music que le blues.

Mais ces termes, courants aujourd'hui, n'existaient probablement pas avant l'apparition du disque. En tout cas, c'est l'enregistrement qui les installe et les diffuse. Par exemple, le terme *Old Time Music* qui désigne la « vieille musique » des campagnes heureuses, en fait la première country music, a été totalement inventé par les premiers producteurs de disques à la recherche de nouveaux marchés autres que les grandes cités du Nord industriel. Dans les années 1920, ces producteurs

Autres formes de la musique populaire au XIXe siècle

explorent les Appalaches et les États du Sud-Est alors en plein bouleversement. La crise agricole, l'urbanisation, l'industrialisation, l'exploitation de gisements miniers, la substitution d'une économie marchande à celle, figée, des plantations, une nouvelle organisation sociale bâtie sur la transformation d'un prolétariat agricole en prolétariat industriel, de forts mouvements migratoires traumatisent une population encore sous le choc de la défaite de 1865 et de l'occupation nordiste. Les dernières décennies du XIXe siècle deviennent le « bon vieux temps », paré de toutes les vertus : une époque où on vivait simplement, dans l'amour et le respect de Dieu, sans voitures, sans collecteurs d'impôts, sans charbon, sans usines et sans pressions du monde « moderne ». Le terme de « Old Time Music » qui figure sur les 78-t à partir des années 1920 et qui qualifie cette musique sudiste et rurale est avant tout destiné à capitaliser sur ce sentiment de nostalgie sentimentale d'un passé idyllique. Cette Old Time Music semble résumer la condition de vie des petits blancs des Appalaches durant la première partie du XXe siècle : attitude morale rigide, religion d'apparence rigoureuse, vie terriblement difficile, santé brisée par les conditions de travail de l'industrie et de la mine, alcool frelaté, conflit entre l'ancienne et la nouvelle génération de montagnards.

Les songsters sont aussi bien évidemment les ancêtres directs des bluesmen et très probablement les concepteurs de cette ballade noire qu'on appelle *Blues*. La ségrégation, en écartant les Noirs de la société sudiste, en les situant dans un *no man's land* culturel, provoque une fracture dans une société sudiste qui est très hiérarchisée et encadrée mais qui forme un tout jusqu'à la guerre de Sécession. En tout cas, le songster noir qui commence à exercer son art en même temps que l'avènement des lois ségrégationnistes, fabrique des ballades spécifiques pour le public noir. Le répertoire de base n'est évidemment guère différent de celui de ses homologues blancs. Ils puisent aux mêmes sources. Mais le songster noir va progressivement raconter, au moins en partie, des histoires mettant en scène les exploits « exceptionnels » de Noirs, se servant pour ce faire du système habituel d'adaptation et d'appropriation de chansons déjà connues depuis longtemps en Amérique du Nord. Progressivement, le songster noir, sollicité par une communauté en mal de porte-parole, remplace les folksongs traditionnels ou les thèmes du music-hall, qu'il a pourtant déjà largement modifiés, par des chansons de plus en plus personnelles qui reflètent le mal de vivre de l'ensemble de la communauté noire dans le Sud ségrégationniste. On donne à ces chansons le nom de « blues », sans doute dérivé de l'ancien français dont on a conservé de ce côté-ci de la Manche la « bluette ». Blues désigne en effet depuis toujours dans l'anglais populaire, à la fois un sentiment de vague à l'âme, de déprime, de tristesse accablée mais aussi et d'abord l'histoire personnelle, l'aventure intérieure. Le blues-chanson va être tout cela à la fois : la saga personnelle du chanteur noir confronté aux rudesses de la vie sudiste durant la ségrégation. Les auditeurs noirs ruraux et sudistes vont très vite s'y reconnaître. Et imperceptiblement le songster devient bluesman. Il répond à la situation créée par la ségrégation, la commente, la contourne avec humour, l'apprivoise, la rend presque supportable ! Les folksongs racontent les exploits de personnages mythiques auxquels les Noirs peuvent s'identifier. En devenant bluesman, le songster noir va plus loin. Il dit *je*, raconte *sa* vision des choses, *ses* sentiments. Cette prise de parole individuelle est l'affirmation d'une humanité que le système ségrégationniste veut nier.

Autres formes de la musique populaire au XIXe siècle

Quand la ballade noire est-elle devenue blues ? Quand le songster a-t-il laissé la place au bluesman ? Même si on a avancé et affirmé toutes sortes d'hypothèses, il faut bien reconnaître que personne n'en sait strictement rien. Seule certitude : la première mention d'un « musicien de blues » remonte à W.C. Handy en 1903 qui a ensuite affirmé avoir lui-même « inventé » le blues. Cela désigne-t-il un genre de chansons existant depuis longtemps ? Ou bien était-ce une création récente ? Force est de reconnaître que le terme, là encore, n'est pérennisé qu'avec l'industrie du disque dans les années 1920. On peut donc nettement pencher pour la deuxième hypothèse.

Si la vieille country music et le blues ont mis longtemps à émerger vraiment sur le marché commercial, tout autre est le destin du *Ragtime*, la principale forme de musique à surgir du Sud à la fin du XIXe siècle. Musicalement, le ragtime n'est rien d'autre qu'une de ces nombreuses danses syncopées qui sont représentées dans les spectacles de ménestrels ou les salons. Sans doute venu des Caraïbes – comme bien de ces danses « Nègres » – le ragtime était certainement pratiqué depuis un moment dans les ports américains du golfe du Mexique ou du Vieux Sud.

En tout cas, l'Amérique moyenne découvre vraiment le ragtime lors de l'Exposition internationale de Chicago en 1893 où des pianistes noirs font des démonstrations de ce style qui déchaînent l'enthousiasme des visiteurs. Grâce à une vaste couverture médiatique, le ragtime se fraie un chemin rapide dans les salons des États-Unis et du Canada. Par son rythme brisé, entraînant, sa « syncope non naturelle », l'atmosphère de sensualité débridée qu'il évoque le plus souvent, le ragtime devient en quelques années la coqueluche de tous les pianistes des salons et des salles de théâtre. Le terme « ragtime » apparaît sur les partitions en 1897 avec *Mississippi rag* de W.H. Krell, le premier publié. D'innombrables autres suivent dont plusieurs – souvent les plus durables – sont dus à des compositeurs noirs comme Tom Turpin (*Harlem rag*) ou Scott Joplin (*Maple leaf rag*).

Si les Églises et les ligues de vertu ont toujours fustigé la pratique des danses et des musiques très marquées par le Sud et les Noirs, elles se déchaînent contre le ragtime, musique « diabolique qui pervertit (la) jeunesse » ou qui, venue des maisons closes et des tavernes, va « envoûter » les jeunes filles de bonne famille et en faire autant de « prostituées ». Le fait que ce soit d'évidence une musique surgie de la société afro-américaine accroît encore son rejet par les mêmes ligues morales. Leurs gazettes fustigent « le noircissement effréné », la « dégénérescence sociale » que cette danse amène, ce rythme étant le « symbole de l'immoralité naturelle des Nègres ». Un grand journal de Chicago titre : « L'Amérique devient la proie des rapaces noirs. » Mais, comme toujours dans ces cas, la bigoterie, le barrage moral et les interdits ne font qu'accélérer l'engouement pour le ragtime. Des voix, tout aussi nombreuses, prennent aussi le contre-pied des censeurs dont la vertu est qualifiée, avec quelques exemples personnels retentissants révélés public, de « simple façade de jour pour camoufler les passions répréhensibles de la nuit ». Ces journalistes, écrivains, critiques, musiciens le louent pour sa vitalité, ses innovations, l'ambiance stimulante qui reflètent si bien les désirs de l'Amérique entreprenante, active, positive, ambitieuse et optimiste de ce début du XXe siècle, celle qui prend le pas et rejette le monde rural, jugé par ces mêmes auteurs rétrograde, passéiste et sans avenir.

Quoi qu'il en soit, le ragtime est une formidable vague de fond qui, entre 1897 et 1914, parcourt et conquiert

Autres formes de la musique populaire au XIXᵉ siècle

l'Amérique du Nord avant de connaître aussi les faveurs de l'Europe. Ce phénomène est évidemment poursuivi avec la même ampleur par le développement du jazz qu'annonce très nettement le ragtime.

CHAPITRE XII

L'INDUSTRIE DU DISQUE ET LES MUSIQUES ETHNIQUES

Dès 1877-1878, après les expériences de Charles Cros, Thomas Edison invente l'enregistrement sonore sur cylindre. Le son, bien médiocre, suffit cependant à déclencher l'ire de John Philip Sousa qui s'alarme de la menace de cette « effrayante musique mécanique » pour l'avenir de la musique et des musiciens. Mais c'est vraiment avec la mise au point par l'Allemand Berliner en 1895 du gramophone (le tourne-disque) et du disque que peut commencer vraiment une industrie de la musique enregistrée. Le marché se développe lentement. En 1909, la loi sur le copyright s'applique aussi au disque. Pendant un temps, le cylindre et le disque coexistent mais il apparaît vite que le deuxième est bien plus pratique, solide, facile à manier et techniquement supérieur. Vers 1903, le standard du disque 78-t s'impose qui comprend deux titres d'environ 3 à 4 minutes enregistrées sur chaque côté de la galette. C'est à partir de la fin de la Première Guerre mondiale qu'avec l'augmentation du niveau de vie, Tin Pan Alley comme certains industriels et vendeurs s'avisent enfin des possibilités commerciales du disque.

Dès le début et contrairement à ce qui se passe dans la plupart des autres pays industriels, les Américains s'intéressent à leurs traditions ethniques et les enregistrent de façon massive, que ce soit dans un but d'archives ou avec des visées commerciales. C'est ainsi qu'entre 1895 et 1900, les disques Berliner, déjà persuadés que l'avenir de leur machine passe par l'Amérique du Nord, y enregistrent des chants yiddish à New York, de la musique polono-américaine, des chanteurs mexicains des deux côtés de la frontière ainsi que des musiciens et chanteurs franco-canadiens.

Les conséquences sont considérables pour la musique nord-américaine elle-même et particulièrement sur les musiques « ethniques » qui, par nature non écrites, ne sont connues que par la tradition orale ou à travers les adaptations édulcorées du music-hall. Soudain dévoilées au-delà de leurs groupes d'origine où elles étaient jusqu'alors cantonnées, ces traditions particulières étonnent, enthousiasment auditeurs et musiciens de toutes origines qui incluent certains de leurs éléments dans tous les autres types de musiques. Mais en devenant commerciales et en visant un public bien plus large et divers, ces musiques ethniques se modifient elles aussi beaucoup.

ENREGISTREMENTS COMMERCIAUX

Columbia et Victor, les deux principales compagnies américaines de disques, enregistrent très tôt certains artistes de Vaudeville (souvent réticents) mais aussi les musiques des minorités ethniques qui ont constitué le peuplement des États-Unis. Ces populations disséminées désormais autant dans les villes que dans les zones rurales plébiscitent les disques qui les concernent. Dès lors, les ventes conséquentes encouragent les labels à accroître le nombre d'enregistrements et à découvrir les nouveaux talents dans les domaines les plus variés. En

L'industrie du disque et les musiques ethniques

quelques années, même si c'est dans un but commercial, l'industrie du disque établit une vaste documentation dans la sphère américaine qui va des musiciens hawaïens aux corridos mexicains en passant par les sztajareks polonais ou le rembétika grec.

Dès 1906, le catalogue de Columbia est impressionnant par le nombre de disques (ou de cylindres) enregistrés sur le sol américain par des musiciens américains traditionnels (avec quelques visiteurs venus des pays d'origine). Le concurrent Victor lui emboîte le pas et explore à son tour tous les pans de la société américaine, même les plus obscurs (tels les Albano-américains). Les morceaux sont chantés en anglais mais aussi souvent dans la langue d'origine de ces émigrés, avec des américanismes, des innovations et des accents que ne reconnaissent pas toujours ceux qui sont restés au pays. On trouve des milliers de disques américains en allemand, en italien, en français, en tchèque, en suédois, en danois, en norvégien, en polonais, en yiddish, en russe, en lituanien, en roumain, en slovaque, en finlandais, en arménien, en syrien, en slovène, en arabe, en turc, en chinois (cantonais et mandarin), en croate, en danois, en hollandais, en portugais, en suédois.... Pour certains domaines tel l'espagnol, les ventes sont si considérables qu'un catalogue entier de chansons leur est consacré avec un numéro de série spécial, une publicité importante et bientôt des subdivisions en genres qui ont de fait jeté les bases des appellations actuelles, les musiciens qualifiant ensuite leur musique dans les termes et d'après les catégories créés par les compagnies de disques.

Le but des labels américains est bien sûr de vendre ces productions aux communautés d'où proviennent ces musiciens mais aussi de déborder le plus possible et toucher un vaste public américain en insistant sur

AMERICANA

l'exotisme de la musique. Cela marche très souvent et, dans certains cas (musiques irlandaise, hawaïenne, polonaise, ukrainienne, hispanique) les disques se vendent même très au-delà des attentes. La production s'accroît évidemment au fur et à mesure du succès commercial de ces disques « ethniques », devient aussi plus sophistiquée, encore plus américaine.

Quelles que soient les traditions concernées, on utilise de plus en plus des musiciens professionnels souvent totalement étrangers aux traditions qu'ils interprètent. Les studios sont, avant 1918, situés pour l'essentiel à New York. Les musiciens de studio sont souvent en fait des Américains de longue date, d'origine anglaise, allemande et surtout italienne, juive ou afro-américaine qui fournissent alors l'essentiel des talents. Pour le besoin de ces productions ethniques, leurs noms sont maquillés avec des patronymes nationaux plus ou moins hâtivement confectionnés ou sous des noms d'orchestre (Columbia Polish Orchestra, Victor International Orchestra) qui permettent d'y inclure n'importe qui. Afin d'élargir encore l'audience de ces disques, on les publie souvent sous différents noms dans différentes langues, notamment les instrumentaux et les airs de danse qui font fureur dans toute l'Amérique du Nord. À chaque fois, les noms des musiciens ou des orchetres sont modifiés selon la langue choisie. On enregistre aussi souvent les chansons dans différentes langues (généralement quatre dont l'anglais et l'espagnol) en utilisant, parfois mais pas toujours, des chanteurs différents tandis que l'orchestration demeure la même. Enfin, quantité de compositions sont, sous des apparences traditionnelles et ethniques, dues aux plumes très professionnelles et adaptatives des ateliers d'écriture de Tin Pan Alley. Lorsqu'on ouvre en 1919 à Chicago des studios importants et dotés des meilleures avancées

L'industrie du disque et les musiques ethniques

techniques, ce sont les musiciens de ces régions industrielles, véritables creusets du melting pot américain, qui se mettent à leur tour à enregistrer des musiques « ethniques », généralement selon ce qu'ils ont entendu ici ou là, sans se rappeler toujours de quels pays d'origine proviennent véritablement les emprunts musicaux qu'ils ont grappillés.

La vente de ces disques est assurée aux États-Unis et au Canada par un réseau de vendeurs et de distributeurs de plus en plus efficace. Mais elle l'est aussi en Europe, à mesure que les compagnies américaines exportent leurs productions, notamment dans les pays d'origine des émigrés vers l'Amérique. Juste après la Première Guerre mondiale, au moment de la restructuration nationaliste du continent consécutive aux traités de paix, on considère que 70 % des catalogues de disques américains sont disponibles en Europe. La plupart des traditions musicales populaires européennes n'ont en fait jamais été enregistrées. Beaucoup d'entre elles, ignorées voire méprisées par la noblesse et la bourgeoisie locales, ont d'ailleurs plus ou moins disparu ou considérablement changé depuis le départ des nationaux vers le Nouveau Monde.

Les peuples européens accueillent donc ces disques avec la ferveur d'une fierté nationale retrouvée et l'étonnement émerveillé de parents qui reçoivent des nouvelles de leurs descendants partis il y a bien longtemps. Les musiques que ces anciens nationaux renvoient via les disques américains à leurs pays d'origine sont à la fois familières et étrangères. Bien sûr basées sur des traditions nationales séculaires, ces musiques « ethniques » n'en ont pas moins été élaborées en Amérique, loin de leur terreau d'origine, ont mûri parfois pendant très longtemps et se sont certainement considérablement américanisées et transformées au contact des musiciens

AMERICANA

d'autres traditions. Les éléments musicaux des États-Unis sudistes (rythme, harmonie, gammes) sont presque toujours visibles, assez souvent revisités par le music-hall américain mais aussi apprivoisés et adaptés à la sensibilité et aux habitudes des musiciens des communautés européennes. L'ajout d'instruments américains ou américanisés est général. Un vrai patchwork d'influences pour des musiques qui, au-delà de leur apparence ethnique, sont avant tout américaines : irlando-américaines, polono-américaines, ukraino-américaines, etc.

Ce sont les disques de ces émigrés qui servent en fait de modèles aux très nombreux musiciens européens de chaque nation qui, à leur tour, forment des ensembles imités des Américains, se produisent en concert, entreprennent des tournées nationales et internationales et, eux aussi, gravent des disques. On peut raisonnablement affirmer que la grande majorité des musiques traditionnelles européennes telles que nous les connaissons aujourd'hui et dont on pense qu'elles proviennent de siècles de préservation sur leurs territoires d'origine sont en fait des versions très modifiées et américanisées. Ce sont les disques américains qui ont de facto fixé les canons et les règles de ces musiques.

Mais ces disques ethniques enregistrés en Amérique ont aussi une influence énorme sur l'évolution des musiques américaines elles-mêmes. Parmi d'innombrables exemples, citons l'œuvre de l'Urkraino-américain Myron Surmach et du fiddler polono-américain qu'il fait enregistrer Pawlo Humeniuk dont le 78-t *Ukrainian Wedding* (sorti aussi sous le nom de *Ukrainskaia Wesilie*) atteint des ventes astronomiques en combinant chant fougueux, prouesse instrumentale, dialogue, rythme de danse endiablé, les ingrédients d'un mariage dans un village ukrainien idéalisé... Ce

L'industrie du disque et les musiques ethniques

succès ouvre la voie à quantité de disques sur ce modèle, notamment ceux de l'ensemble appalachien des Skillet Lickers (avec Gid Tanner, Riley Puckett et Clayton Mc Michen) qui enregistrent en 1927 *A fiddler's convention in Georgia* et *A corn licker still in Georgia*, sketches sur la vie rurale sudiste rassemblés en sept 78-t vendus sous forme de classeur. L'influence de Humeniuk y est plus qu'évidente et engendre un véritable tournant dans le style et la production des disques de la première country music. Ils sont le modèle obligé de la plupart des premiers programmes de radio populaire qui fleurissent aux États-Unis et au Canada à la fin des années 1920.

Après la Première Guerre mondiale, le désir d'élargir au maximum leurs catalogues poussent les compagnies américaines à organiser également des expéditions avec matériel mobile et techniciens au Mexique, dans les Caraïbes, en Amérique centrale afin d'y dénicher des talents dotés de suffisamment de potentiel commercial. On leur fait enregistrer au moins deux titres pour un disque 78-t. Ceux qui se vendent suffisamment sont ensuite invités à venir à New York ou Chicago afin d'y enregistrer dans de bien meilleures conditions techniques, de se produire en concert en Amérique, d'être arrangés pour le commerce du disque et photographiés pour la publicité aux États-Unis et dans les pays d'où ils viennent. Il est à noter que ce procédé est utilisé de la même façon pour les musiques sudistes comme la Old Time Music, le blues ou la tradition franco-acadienne de Louisiane. Le parallèle est d'ailleurs saisissant. Dans tous les cas, il s'agit de remplir un vide important, de fournir à un marché d'acheteurs potentiels considérables des produits à leur goût et qu'ils peuvent acquérir !

Au début des années 1920, les ventes de disques et de phonographes se comptent par millions tandis que le

AMERICANA

développement de la technologie accroît considérablement la fidélité acoustique et la qualité matérielle des disques. Bientôt, Victor et Columbia sont concurrencés par de nombreuses autres compagnies aux dents longues comme Pathé, Vocalion aux innovations technologiques déterminantes, Emerson... Le bouillonnement du secteur amène de vastes restructurations, favorisées par la faiblesse des labels européens consécutive à la guerre. La General Phonograph Corporation commence à éditer des disques en 1918 sous le nom de Okeh et rachète le vaste catalogue allemand Lindström ainsi que l'européen Odeon, sortant des séries Okeh-Odeon multilingues. Le label Brunswick acquiert les petits Balke, Collender, rachète Vocalion en 1924 afin de profiter de sa technologie et se lance de façon intensive sur le fructueux marché ethnique. Ils sont suivis de tous les autres : Gennett, Paramount...

En fait, le mouvement ne marque un temps d'arrêt qu'avec l'avènement de la radio en 1925, concurrence évidente au disque mais en même temps une possibilité de promotion. Puis, surtout, la crise de 1929 marque vraiment la fin de cet âge d'or des premiers enregistrements ethniques.

Mais à ce moment-là, les catalogues commerciaux des labels américains offrent au public d'alors comme aux historiens d'aujourd'hui des dizaines de milliers de titres de musiques « ethniques » généralement réalisés en Amérique du Nord dans des dizaines de langues. La production considérable de disques ethniques américains par des labels américains durant la première partie du XXe siècle a vraiment recréé la plupart des musiques traditionnelles d'Amérique du Nord mais aussi d'une grande partie du monde.

En fin de compte, et c'est pour cela que nous prolongeons notre ouvrage dans le XXe siècle par ce chapitre,

L'industrie du disque et les musiques ethniques

les premières décennies du disque ont d'une certaine façon effectué la synthèse sur galette de toute l'étude de ce volume !

LES ENREGISTREMENTS DE TERRAIN

Parallèlement aux enregistrements commerciaux des musiques ethniques, l'Amérique du Nord a de la même façon été novatrice et pionnière en matière d'enregistrements de terrain.

Après la Guerre de Sécession, les États-Unis dont la nation semble enfin pérennisée ont aussi construit leur identité en recherchant leurs racines ethniques. Dès la fin des années 1870, un grand nombre d'Américains, chercheurs, enseignants, universitaires ou simples curieux, décident d'aller collecter, annoter, étudier des exemples de musiques, histoires et folksongs racontés, chantés et joués dans leur voisinage, leur communauté d'origine ou présente, leur comté, leur État ou une région quelconque du vaste espace occupé désormais par leur nation. Leurs buts sont variés : préserver des traditions qu'ils aiment, dont ils sont issus, qu'ils sentent en train de disparaître, participer à l'élaboration de l'histoire de leur pays ou simplement se faire plaisir. Quoi qu'il en soit, le résultat est saisissant : très vaste documentation ; analyses profondes basées sur les interviews de musiciens et de conteurs qui n'auraient jamais rien laissé sans cela ; archives copieuses et collections privées ensuite données à des institutions ou qui ont servi de base à la constitution de ces dernières ; publications abondantes dans des livres, des journaux, des magazines... L'invention du phonographe puis du gramophone décuplent encore les possibilités de ces collecteurs de musiques traditionnelles et suscitent l'intérêt de plus en plus de chercheurs et d'institutions. Le travail

AMERICANA

accompli et ce qu'il en reste est gigantesque et tout à fait unique dans le monde.

Dans son numéro d'avril-juin 1888, le Journal of American Folklore Society annonce solennellement la création de l'American Folklore Society afin de « collecter rapidement les restes qui disparaissent trop vite du folklore de la terre américaine » puis précise le champ prioritaire des recherches : « Les ballades, contes, histoires et dialectes des Anglo-irlandais en Amérique du Nord ; le folklore des Nègres des États du Sud ; le folklore des nations indiennes d'Amérique du Nord, musique, chant, mythes, légendes, histoires et témoignages ; le folklore du Canada français et des Français aux États-Unis ; le folklore et les histoires des Mexicains du Mexique et des États-Unis... »

Jesse Walter Fewkes, anthropologue à Harvard Universit, enregistre en 1890 sur cylindre les Indiens Passamaquoddy du Maine. C'est le tout premier enregistrement de terrain au monde. Fewkes confie à la revue *Science* du 2 mai 1890 : « Les possibilités de cette invention [le phonographe] en ethnologie et sans doute dans d'autres disciplines semblent considérables... Le chercheur et l'étudiant pourront désormais non seulement lire les études sur le langage, le chant, les contes mais également les entendre à satiété comme il le ferait d'un livre imprimé... »

L'exemple de Fewkes est rapidement suivi. Certaines universités comme Harvard ou Columbia financent l'achat d'appareils à enregistrer ainsi que les expéditions sur le terrain. Elles sont assez vite rejointes par le gouvernement américain qui sponsorise également expéditions et machines à enregistrer. Avant 1900, on a déjà largement utilisé la possibilité d'enregistrer des chants, des musiques, des histoires ou d'interviewer des Américains dépositaires d'une tradition ethnique.

L'industrie du disque et les musiques ethniques

C'est le cas des sept mille cylindres enregistrés avant le XXe siècle par des Indiens des plaines et dont nous avons parlé dans le chapitre consacré à la musique des Amérindiens. En 1907, le Smithsonian's Institution Bureau of Ethnology embauche la remarquable Frances Densmore (1867-1957), compositrice, pianiste, militante féministe, passionnée de culture indienne après sa rencontre avec les tribus Chippewas du Minnesota en 1893. Aidée par le Smithsonian Institute, Densmore va parcourir l'ensemble des États-Unis. En quinze ans environ, elle dirige une importante équipe d'excellents indianistes, enregistre ainsi plus de 15 000 cylindres de musique, de chants, d'histoires et d'interviews d'Amérindiens et publie quantité d'articles. Mais, outre son travail sur les Indiens, Densmore fait encore davantage. Intelligente, ouverte, cultivée, curieuse et innovante, elle établit véritablement les normes et les règles de l'enregistrement de terrain tel qu'il est pratiqué par des chercheurs américains presque tout au long du XXe siècle et dans les domaines musicaux les plus variés.

C'est sur ses traces et en suivant son exemple que le folkloriste John A. Lomax enregistre les ballades du Texas avant 1917 ; que Howard W. Odum et Guy Johnson de l'Université de Caroline du Nord réalisent les premiers enregistrements dans la région des Appalaches ; que Nathalie Curtis Burlin de l'Hampton Institute démarre ses expéditions de terrain.

Le mouvement s'amplifie au début des années 1920 : Frank C. Brown est en Caroline du Nord ; Phillips Barry, Helen Hartness Flanders, Eloise Hubbard Linscott poursuivent son œuvre. Robert W. Gordon collecte 1 000 cylindres en Californie et en Georgie avant de venir diriger l'Archive of American Folk Song, une branche de la Bibliothèque du Congrès créée en

AMERICANA

1928 justement pour susciter, étudier et préserver ces enregistrements de terrain du folklore américain.

Le disque, bien plus fiable, solide, pratique et à l'acoustique bien plus fidèle, remplace le cylindre et permet une extension encore plus importante de ces expéditions de terrain qui sont encouragées par l'administration de Franklin D. Roosevelt. Ainsi en 1934 John Lomax, accompagné de son fils Alan Lomax, entame sa grande œuvre d'enregistrements de terrain sur disque, collectant jusqu'en 1943 plus de 10 000 enregistrements déposés à la Bibliothèque du Congrès et rédigeant 30 000 pages de notes et de transcriptions !

En ce qui concerne le domaine français d'Amérique du Nord, Marius Barbeau enregistre dès 1916 au Canada des folksongs sur cylindres, tandis que Joseph Carrière fait de même en Louisiane et dans le Missouri. Un domaine qu'explore aussi l'omniprésent John Lomax en 1935.

Charles F. Lummis du South West Museum of Los Angeles est un pionnier du domaine espagnol. Il enregistre en 1903 chansons et musiques des Mexicains et des Indiens de tout le Sud Ouest. Une œuvre qui est suivie par de nombreux émules autant Mexicains qu'Américains. D'autres domaines sont très tôt documentés, telle la communauté des Amish de l'Indiana qui chantent en allemand.

Nous avons vu que dès le XIXe siècle des festivals de musique des « nations en Amérique », selon le vocable de l'époque, se tiennent assez souvent ici et là aux États-Unis. Ces festivals prennent évidemment une tout autre dimension lorsqu'ils peuvent être enregistrés. C'est le cas de quelques trop rares cylindres effectués dans les années 1919-1924. Enfin, le National Folk Festival crée en 1934 par Sarah Knott et abondamment enregistré sur disques, ouvre la voie à une documentation en

L'industrie du disque et les musiques ethniques

profondeur de ces rencontres qui présentent des musiciens professionnels mais encore davantage d'amateurs perpétuant des traditions très particulières qui n'auraient sans cela probablement jamais trouvé le chemin des studios. George Hibbit et Walter Garwick font de même avec le Pennsylvania Folk Festival qui se tient à Allentown en 1935.

Charles Seeger obtient des fonds nationaux de la Ressettlement Administration pour un vaste projet visant à « enregistrer en détail les traditions ethniques des différentes nations qui ont composé les États-Unis d'Amérique » et qui couvre autant les traditions anglo-irlandaises que scandinaves, polonaises, lituaniennes... Cela se concrétise en mai 1937 avec l'enregistrement presque intégral par la remarquable Sidney Cowell, une émule de Frances Densmore qui travaille pour Seeger, du très important National Folk Festival de Chicago. Extraordinairement active, particulièrement apte à dénicher les talents les plus authentiques dans les endroits les plus inhabituels, Sidney Cowell enregistre un grand nombre de disques dans la région des Grands Lacs avec un accent particulier sur les traditions scandinaves et finlandaises. Puis elle se rend en Californie où elle dirige le Folk Music Project de l'Université de Californie à Berkeley, enregistrant là encore quantité d'interprètes américains d'origine hispanique, autant des citoyens des États-Unis que du Mexique ainsi que des Indiens hispanisants de la réserve de Pala dans le sud de la Californie. Mais son coup de maître reste la formidable collecte d'une centaine d'airs joués par des Californiens descendants des Portugais des Açores (c'est l'un d'entre eux, Cabrillo, qui a d'ailleurs découvert la Californie en 1542) et qui ont plus ou moins préservé de très vieilles traditions musicales jouées sur des instruments de musique de conception très ancienne qu'on ne rencontre plus nulle part dans le monde.

AMERICANA

Dans les années 1930, le mouvement de collecte d'enregistrements de terrain est énorme, autant sur le plan national que local. Presque chaque université américaine finance des travaux et des expéditions de ce genre. On peut citer parmi les principaux programmes le Florida Federal Music Projects qui enregistre dans le Sud-Est quantité de musiques et de chants d'origine grecque, slovaque, tchèque, cubaine, porto-ricaine et même... arabe. Ou aussi le University of Wisconsin Project qui grave des disques dans cet État par des musiciens et des conteurs d'origine suédoise, finlandaise, galloise, tchèque, croate ou polonaise.

Le résultat de cette œuvre tout à fait pionnière et originale : pratiquement aucune étude musicologique européenne (et même africaine : parmi ses 200 000 items de traditions musicales, les Archives du Folklore de l'Université de Bloomington conservent les plus anciens cylindres de musique africaine réalisés en Haute-Volta) ne peut se passer du fonds glané, annoté et préservé en Amérique du Nord.

Discographie

Chapitre I

Authentic Music of the American Indian (tous les volumes) (Tempel/Spalax)
Le catalogue des disques Canyon (500 disques!), un label basé à Phoenix (Arizona) et fondé en 1951 par Ray Boley. Le plus gros catalogue de disques amérindiens. Il comprend tous les styles de tous les peuples indiens d'Amérique du Nord, de l'Alaska à la Floride : des chants et danses traditionnels, du Gospel, de la Country Music ou du Rock indiens
Sioux & Navajo Music (Folkways/Smithsonian Institute)
Recording Canadian Indians (Folkways/Smithsonian Institute)

Chapitre II

Anthology of Mexican Sones (Corason)
Jose Alfredo Jimenez (Sony Discos)
Los Camperos de Valles : Sones de la Huasteca (Arhoolie)
Lydia Mendoza (Arhoolie)
Mexico's Pioneer Mariachis (Arhoolie)
Musiques traditionnelles du Nord du Mexique (Ocora)
Narciso Martinez : Father of the Tex Mex Conjunto (Arhoolie)
Santiago Jimenez Sr : Best of early sides (Arhoolie)

AMERICANA

Spanish songs of New Mexico (Folkways/Smithsonian Institute)
Tejano Roots Vol. 1 & 2 (Arhoolie)
The Earliest Mariachi Recordings 1906-36 (Arhoolie)

Chapitre III

Cajun Early Recordings (JSP)
Cajun Hot Sauce (Ace)
Cajun, 1928-39 (Frémeaux & Associés)
Folk Songs of French Canada (Folkways/Smithsonian Institute)
Louisiana Cajun French Music Vol. 1 & 2 (Rounder)
Music of French America (Rounder)
Swing La Baquaise (Carnaval)

Chapitre IV

A Taste of Atlantic Canada (Ground Swell)
American Sea Shanties and songs (Library of Congress))
Anglo American ballads Vol. 1 & 2 (Folkways/Smithsonian Institute)
Ballads From British Tradition (Global Village)
Ballads of the Revolution (Folkways/Smithsonian Institute)
Ballads of the war of 1812 (Folkways/Smithsonian Institute)
Echoes Of The Ozarks (County)
English Folksongs in America (Folkways/Smithsonian Institute)
Folk Songs USA (Frémeaux & Associés)
Folkways American Roots Collection (Folkways/Smithsonian Institute)
Harry Smith's Anthology Of American Folk Music (Revenant)
O Canada (Folkways/Smithsonian Institute)
Old-Time Mountain Ballads (County)
Rural String Bands Of Tennessee/Virginia (County)
Seeger (Pete) : American Favorite Ballads Vol. 1, 2 & 3 (Folkways/Smithsonian Institute)
The Cornshucker's Frolic (Yazoo)

Discographie

Chapitre V

Good Bye Babylon (Dust To Digital)
Gospel Country (Frémeaux & Associés)
Old Harp singing (Folkways/Smithsonian Institute)
The Half Ain't Never Been Told (Yazoo)
The Social Harp : Early American Shape-Note Songs (Rounder)
Urban Holiness Services (Folkways/Smithsonian Institute)

Chapitre VI

African Popular Music/Archives (Buda)
Angola Prison Spirituals (Arhoolie)
Before the blues (Yazoo)
Deep River of Song (Rounder)
Folk Music of Congo (Folkways/Smithsonian Institute)
Gospel Vol. 1, 2 & 3 (Frémeaux & associés)

Chapitre VII

Early Traditional Irish music : From Galway to Dublin (Rounder)
Farewell to Ireland (Proper Box)
Irish in America (Fremeaux & Associés)
The Wheels of the World (Yazoo)
Traditional Irish Music in America (Rounder)

Chapitre VIII

German Folk Music from America (Library of Congress)
Klezmer Music, Early Yiddish Instrumental Music, The First Recordings 1908-1927 (Arhoolie)
Klezmer Pioneers, 1905-52 (Rounder)
Klezmer ! Jewish Music from Old World to our World (Yazoo)
Lithuanian Folk Songs in the United States (Folkways)

AMERICANA

Polish American dance music/The early recordings (Folklyric/Arhoolie)
Scandinavian American Folk Dance Music (Banjar)
Siirtolaisen Muistoja : Finnish-Americans 78s (RCA)
Songs of the Slavic Americans (New World)
Stranded in the USA/Early songs of Emigration (Trikont)
Ukrainian American fiddle & dance music (Folklyric/Arhoolie)
Yikhes : klezmer 1911-1939 (Trikont)

Chapitre IX

Hawaïan Music 1927-44 : Honolulu to Hollywood (Frémeaux & Associés)
Hawaiian Guitar Hot Shots (Yazoo)
Hawaiian Steel Guitar Classics (Arhoolie)
Korean Traditional Music Vol. 1 & 2 (SKC)
Ono Gagaku Kai Japan (Ocora)
Samulnori : Record of changes (CMP)
The History Of Slack Key Guitar (Hana Ola)
Tickling The Strings (Harlequin)
Vintage Hawaiian Music Vol. 1 & 2 (Rounder)

Chapitre X

Comedy, Drama & Sound Sketches before radio (Archeophone)
Henry Burr Anthology, 1903-28 (Archeophone)
Minstrel Banjo styles (Rounder)
Ragtime 1900-1930 (RCA)
Real Ragtime, 1898-1919 (Archeophone)
Songs and Ballads of American History (Library of Congress)
Stomps and Swerve/American Music gets hot 1889-1925 (Archeophone)
The Phonographic Yearbook 1900-1913. 13 Volumes (Archeophone)
The Phonographic Yearbook The 1890's Vol. 1 & 2 (Archeophone)
The Sound of Vaudeville Vol. 1 & 2 (Archeophone)

Discographie

Chapitre XI

Field Recordings Vol. 1-15 (Document)
Ritchie (Jean) : Field trip (Greenhays)
Riverside Folklore Series : American Roots (Riverside)
Southern Journey Vol. 1-12 (Rounder)
The Rough Guide to American Roots (Rough Guide)

Bibliographie

AH HUAIA (Thomas), *Hawaii through its music*, Hawaii University Press, Honolulu : 1989
ALLEN (W. F.), PICKARD WARE (C.) & GARRISON (L.), *Slave songs of the United States*, Peter Smith, New York : 1867-1951
ALTER (Judy), *Vaudeville : The Birth of Show Business (First Books-Performances and Entertainment)*, Franklin Watts, New York : 1998
AMTMANN (Willy), *Music in Canada : 1600-1800*, Habitex, Montreal : 1975
BAILYN (Bernard), *The peopling of British North America*, Knopf, New York : 1986
BALEN (Noel), *Histoire du Negro Spiritual et du Gospel*, Fayard, Paris : 2001
BALEN (Noel), *L'Odyssée du jazz*, Liana Levi, Paris : 1992
BEERS (Henry Putney), *The French in North America*, Louisiana State University Press, Baton Rouge : 1957
BOARD OF MUSIC TRADE OF THE U.S.A. : *Complete Catalogue of Sheet Music and Musical Works*, Da Capo, New York : 1871-1973
BRITTON (Allen Perdue) & LOWENS (Irving), *American Sacred Music Imprints, 1698-1810*, American Antiquarian Society, Worcester, Mass. : 1990
BURT (Jesse) & ALLEN (Duane), *The history of Gospel Music*, K & S Press, Nashville : 1971

AMERICANA

BUZELIN (Jean), *Negro Spirituals and Gospel Songs*, Éd. du Layeur, Paris : 1998

CARLES (Philippe), Ed., *Dictionnaire du jazz*, Laffont, Paris : 1988

CARRIERE (J. M.), *The French folklore of Missouri*, Northwestern University Press, Evanston : 1937

CHASE (Gilbert), *America's Music : from the Pilgrims to the present*, University of Illinois Press, Urbana : 1992

COFFIN (Tristram P.), *The British traditional ballad in North America*, American Folklore Society, Philadelphie : 1958

COGDELL DJEDJE (Jacqueline), *Africa : The Garland Encyclopedia of World Music*, Garland, New York : 1998

COLCORD (Joanna C.), *Songs of American sailormen*, W.W. Norton, New York : 1924-1938

CONSTANT-MARTIN (Denis), *Filiation or Innovation ? Some hypotheses to overcome the dilemma of Afro-American Music's origins*, Center For Black Music Research, Columbia : 1991

CONSTANT-MARTIN (Denis), *Le Gospel afro-américain*, Actes Sud, Paris : 1998

COPANS (Sim), *Reflets de l'histoire américaine*, Minard : 1965

CRAWFORD (Richard), *America's Musical Life/A History*, W.W. Norton, New York : 2001

CURTIN (Philip D.), *The Atlantic Slave Trade : A census*, Madison : 1969

DANCHIN (Sebastian), *Encyclopédie du Rhythm & Blues et de la Soul*, Fayard, Paris : 2002

DENSMORE (Frances), *The American Indians and their music*, The Woman's Press, New York : 1926

DENSMORE (Frances), *The study of Indian Music*, Smithsonian Institution Press, Washington DC : 1941

EMBER (Carol R. & Melvin), *Cultural anthropology*, Prentice Hall, New Jersey : 1996

EPSTEIN (Dena Jean), *Black folk music to the Civil War*, Urbana : 1977

ETHNIC RECORDINGS IN AMERICA, Library of Congress, Washington D.C. : 1982.

Bibliographie

FANTLE (David) & BYRNE (Patrick), Ed, *The Vaudeville Songbook*, Hal Leonard, New York : 1995
FISHER (Miles M.), *Negro slave songs in the United States*, Russell & Russell, Secaucus : 1953-1969
FONER (Philip S.), *American Labor Songs of the 19th Century*, University of Illinois Press, Urbana : 1975
FRAISSE (Marie-Hélène), *Indiens*, Éd. du Chêne, Paris : 2004
FURIA (Philip), *The poets of Tin Pan Alley : A history of America's great lyricists*, Oxford Univesrity Press, New York : 1990
GAGNON (Ernest), *Chansons populaires du Canada*, Beauchemin, Montreal : 1880-1968
GREEN (Douglas B.), *Country Roots. The origins of Country Music*, Hawthorne, New York : 1976
GREENE (Victor), *Old Time Ethnic Music in America*, University of California Press, Los Angeles : 1992
GRUZINSKI (Serge), *Histoire de Mexico*, Fayard, Paris : 1996
GUSHEE (Lawrence), *The Nineteenth Century Origins of Jazz*, Center For Black Music Research, Columbia : 1994
HAMM (Charles), *Music in the New World*, W.W. Norton, New York : 1983
HAMMOND (Paul Garnett), *Music in urban revivalism in the Northern United States, 1800-1835*, SBTS, 1974
HAZEN (Margaret & Robert), *An illustrated history of brass bands in America, 1800-1920*, Smithsonian Institution Press, Washington DC : 1987
HERZHAFT (Gérard) & BREMOND (Jacques) : *Guide de la Country Music et du Folk*, Fayard, Paris : 1999
HERZHAFT (Gérard), *La Grande Encyclopédie du Blues*, Fayard, Paris : 1997-2004
HESS (Jacques B.), *Le Ragtime*, P.U.F, Paris : 1992
HEYWOOD ALEXANDER (J), *To stretch our ears : a documentary history of America's music*, W.W. Norton, New York : 2002
HITCHCOCK (H. Wiley), *Music in the United States*, Prentice-Hall, Englewood Cliffs, NJ : 1981

AMERICANA

HOOD (George), *A history of Music in New England*, Wilkins, Boston: 1846

HOUSEWRIGHT (Wiley L.), *A history of Music and Dance in Florida, 1565-1865*, University of Alabama Press, Tuscaloosa: 1991

HOWARD (John Tasker), *Stephen Foster, America's troubadour*, Crowell, New York: 1934

JACKSON (George P.), *Spirituals and folk songs of early America*, Locust Valley, New York: 1932

JACKSON (George P.), *White spirituals in the Southern uplands*, University of North Carolina Press: 1933

JACQUIN (Philippe) & ROYOT (Daniel) & WHITFIELD (Stephen), *Le Peuple américain*, Seuil: Paris, 2000

JACQUIN (Philippe), *Histoire des Indiens d'Amérique du Nord*, Payot, Paris: 1976

JACQUIN (Philippe), *Les Indiens d'Amérique*, Flammarion, Paris: 1996

KENNEDY (N. Brent), *The Melungeons : The Resurrection of a Proud People*, Mercer Press, Macon: 1997.

KULIKOFF (Allan), *The Development of Southern Cultures, 1680-1800*, University of Chapel Hill, NC: 1968

LABAT (R.P.), *Voyages aux Isles de l'Amérique*, 1693, Rééd. Phébus, Paris: 1994

LAFORTE (Conrad), *Le Catalogue de la chanson folklorique français*, Presses de l'Université Laval, Québec: 1958

LAWS Jr (G. Malcolm), *Native American balladry*, American Folklore Society, Philadelphie: 1964

LEWIS (Meriwether) & CLARK (William), *Journal de la première traversée du continent nord-américain, 1804-1806.* Édition par Michel Le Bris, Phébus, Paris: 1993

LOMAX (Alan), *The Land where the blues began*, Pantheon, 1993

LOMAX (John & Alan) & SEEGER (Charles & Ruth), *Folk Song USA*, Meridian, New York: 1947

LOTT (Eric), *Blackface minstrelsy and the American working class*, Oxford University Press, New York: 1993

LOTZ (Rainer E.), *The Black Troubadours, 1896-1915*, Center For Black Music Research, Columbia: 1990

Bibliographie

LOWENS (Irving), *Music and musicians in early America*, Norton, New York : 1964

MACKENZIE (W. Roy), *The Quest of the ballad*, Pinceton University Press, Princeton : 1919

MALONE (Bill C.), *Southern Music, American music*, University Press of Kentucky, Lexington : 1979

Mc GEE (Timothy J.), *The Music of Canada*, W.W. Norton, New York : 1985

MULCAHY (Michael) & FITZGIBBON (Mary), *The Voice of the people : songs and history of Ireland*, O'Brien Press : Dublin, 1982

MYERS (Helen), Ed, *Ethnomusicology : historical and regional studies*, Norton, New York : 1993

NATHAN (Hans), *Dan Emmett and the rise of early negro minstrelsy*, University of Oklahoma Press, Norman : 1962

NETTL (Bruno), *Music in primitive culture*, Harvard University Press, Cambridge : 1956

NICHOLLS (David), Ed., *The History of American Music*, Cambridge University Press, Cambridge : 1998

NUTE (Grace), *The Voyageurs and their songs*, Minnesota Historical Society, St Paul : 1931-1955

ODUM (Howard W.) & JOHNSON (Guy B.), *The Negro and his songs*, University of North Carolina Press : 1926

PATTERSON (Daniel W.), *The Social Harp*, Athens, University of Georgia Press : 1973

PÉTRÉ-GRENOUILLEAU (Olivier), *From Slave trade to Empire : Europe and the colonisation of Black Africa*, Routledge, New York : 2004

PÉTRÉ-GRENOUILLEAU (Olivier), *Les Traites négrières : essai d'histoire globale*, P.U.F., Paris : 2004

RAWLEY (James A.), *The Transatlantic slave trade : a history* : 1981

ROBERT (F. Spencer) & JESSE (Jennings), *The Native America*, Harper and Row, New York : 1977

RUSSELL (Tony), *Blacks, Whites & Blues*, Londres, Studio Vista : 1970

SACRE (Robert), *Les Negro Spirituals et les Gospel Songs*, PUF, Paris : 1993

AMERICANA

SACRE (Robert), *Musiques Cajun, Créole et Zydeco*, P.U.F, Que Sais-je ? n° 3010, 1995

SAMUELS (C. & L.), *Once upon a stage*, Dodd, Mead & C°, New York : 1974

SANDBURG (Carl), *An American songbook*, Harcourt, New York : 1927

SANJEK (Russell), *American popular music and its business : the first 400 years*, Oxford University Press, New York : 1988

SAUNDERS (Steven) & ROOT (Deane L.), Ed, *The Music of Stephen Foster : A critical edition*, Smithsonian Institution Press, Washington D.C. : 1990

SCARBOROUGH (Dorothy), *A song catcher in Southern Mountains : American folk songs and British ancestry*, Columbia University Press, New York : 1937

SCHLARMAN (Joseph H.), *From Quebec to New Orleans : The story of the French in America*, Buechler Inc., Belleville : 1929

SCOTT (John Anthony), *The ballad of America : The history of the USA in songs and stories*, Bantam, New York : 1972

SHARP (Cecil J.), *English folk songs from the Southern Appalachian*, Oxford University Press, Londres : 1932

SMART (James), *The Sousa band*, Library of Congress, Washington D.C. : 1970

SMITH (Bill), *The Vaudevillians*, MacMillan, New York : 1976

SNYDER (Robert W.), *The Voice of the City : The Vaudeville*, Ivan Dee, Chicago : 1989

SOUTHERN (Eileen), *Histoire de la Musique noire américaine*, Buchet-Chastel, New York-Paris : 1983-1993

SPAETH (Sigmund Gottfried), *A History of Popular Music in America*, Random House, New York : 1948

STEIN (C.W.), *American Vaudeville as seen by its contemporaries*, Da Capo, New York : 1985

STEMPFEL (Theodore), *Fetschrift. Fifty Years of Unrelenting German Aspirations*, German American Center, Indianapolis : 1898-1991

Bibliographie

SUTTON (Allan) & NAUCK (Kurt), *American Record Labels & Companies: An Encyclopedia*, Mainspring Press, New York: 2003

THOMAS (Rosemary Hyde), *French folktales from Missouri*, University of Missouri Press, Columbia: 1981

VAN DER MERWE (Peter), *Origins of the popular style: The antecedents of 20th Century popular music*, Clarendon Press, Oxford: 1989

VASSAL (Jacques), *Folksong*, Albin Michel, Paris: 1977

WHITE (B.F.) & KING (E.J.), *The Sacred Harp*, Broadman Press, Nashville: 1859-1968

WHITE (Newman Ivey), *American Negro folk songs*, Harvard University Press: 1928

WILSON (Charles Reagan) & FERRIS (William), Ed, *Encyclopedia of Southern Culture*, University of North Carolina Press, Chapel Hill: 1989

WOLFE (Richard J.), *Early American Music publishing*, University of Illinois Press, Urbana: 1980

Index

A

Abraham, Katie Bryant : 216.
Adgate, Andrew : 80.
African Methodist Episcopal Church : 124.
Alama, Sam : 186.
Albee, Edward : 212.
Allen : 88-89, 124, 215, 261.
Allen's Big Minstrels : 215.
Allen, Richard : 88, 124.
Almeida, Santiago : 43.
American Folklife Center : 13.
American Indian Dance Theater : 28.
American Society of Composers, Authors and Publishers (ASCAP) : 199.
Americo Paredes : 42.
Archive of American Folk Song : 251.
Armour, George : 102.
Arne et Shield : 69.
Ast de Daleyrac, Renaud d' : 63.
Avila, Menendez de : 34.

B

Baker, Theodore : 29.
Bakova, Anna : 167.
Balen, Noël : 105.
Balkan Serenaders : 168.
Barbeau, Marius : 252.
Barkdell, reverend : 126.
Barras, Charles : 195.
Barry, Phillips : 251.
Basselin, Olivier : 210.
Battell, Andrew : 114.
Battuta, Ibn : 109.
Beck, Martin : 212.
Beckerman, Solomon : 163.
Beecher-Stowe : 209.
Berger, Henry : 184.
Berliner : 241-242.
Bilal, Sidi : 108.
Billings, William : 91-92.
Bingham, pasteur : 180.
Bland, James : 205.
Bliss, Philip : 101-102.
Boca Del Rio : 49.
Bon Temps, ordre du : 57.
Borde, Claude de : 63.

AMERICANA

Boston Concert Hall : 71.
Brandwein, Naftule : 163.
Brangel, Josh (Jozef) : 154.
Breaux, Cleoma : 64.
Brébeuf, Jean de : 59.
Brenner, James : 73.
Bright, Sol K. : 185.
Broncq, Jonas : 157.
Brothers, Popovich : 168.
Brown, Frank C. ; 251.
Brown, William : 80.
Brownell, George : 70.
Brûleur, Marais : 64.
Brunswick : 248.
Bryan, Andrew : 124.
Buckley's New Orleans Serenaders : 204.
Burlin, Nathalie Curtis : 251.
Burroughs, John : 78.
Burton, Frederick : 30.
Butler, John : 201.
Buzelin, Jean : 105.

C

Cabeza de Vaca : 12, 32.
Cabot, Jean : 51.
Campa, Arthur : 42.
Cantina Tenampa : 46.
Careri, Gemelli : 131.
Carlisle, Cliff : 186.
Carmen & Laura : 43.
Carr, Benjamin : 80.
Carrière, Joseph : 252.
Carter, Elliott : 30.
Cartier, Jacques : 51, 53.
Celtic Hall : 145.

Ceskakapela, Bacova : 167.
Champlain : 51, 57.
Champlain, Samuel : 51.
Charles Quint : 130.
Cherniavsky, Joseph : 164.
Chicago Music Club : 144.
Clarke, capitaine : 137.
Claywork, Henry : 231.
Cobos, Ruben : 42.
Cole, Bob : 205.
Coleman, Michael : 148-149.
Columbia : 147-148, 155, 242-244, 248, 250, 262-264, 266-267.
Columbia Polish Orchestra : 244.
Commuck, Thomas : 28.
Como, Perry : 172.
Cook, capitaine : 180.
Cook, Will Marion : 205.
Cooley, Spade : 155.
Coon, Zip : 202-203, 206.
Coronado, Francisco Vasquez de : 32.
Cortes, Fernand : 32.
Cotton Blossom Minstrels : 215.
Cowell, Henry : 30.
Cowell, Sidney : 253.
Cromwell, Oliver : 140.
Cros, Charles : 241.
Crow, Jim : 201, 203.

D

Dablon, père Claude : 12.
Danchin, Sebastian : 105.

Index

Dandy Dixie Minstrels: 215.
Danks, H.P.: 231.
Daulé, père Jean-Denis: 94.
Davion, Gabriel: 183.
Davis, Gussie: 205.
Davisson, Ananias: 97.
De Marees, Pieter: 111.
Deblois Concert Hall: 71.
Deblois, Stephane: 71.
Dencke, Jeremiah: 90.
Densmore, Frances: 29, 251, 253.
Dergröben, Otto von: 111-113.
Devon, Lord: 140.
Diaz, Porfirio: 46.
Dixon Brothers: 186.
Dixon, George Washington: 202-203.
Dopeyra: 185.
Dora, Queen: 215.
Drake, Francis: 34, 169.
Dresser, Paul: 198.
Dukla, Frank (Francisez): 154.
Dunan Tamburitza Orchestra: 168.
Dylan, Bob: 78.

E

E.P. Christy's Minstrels: 204.
Edison, Thomas: 241.
Eisteddfod: 138.
Ellis, William: 184.
Emerson: 248.
Emmett, Dan: 207, 228, 265.
English, Jonhatan: 215.
Ennis, Tom: 148.
Epi-de-Maïs, Mr: 201.
Equianoh, Olandah: 111.
Erlanger, W.: 212.
Espinosa, Aurelio M.: 42.
Espinosa, Jose Manuel: 42.
Essex, John: 76.
Esteban: 32.
Ethiopian Serenaders: 204.

F

Falcon, Joe: 64.
Farwell, Arthur: 30.
Federal Cylinder Project: 12.
Ferera, Frank: 184-186.
Fewkes, Jesse Walter: 250.
Fiddlers, Fools and Farces: 79.
Figuredo, Roque de: 36.
Finkelman, Harry: 164.
First American Baptist Church: 124.
Fitzpatrick, Patrick: 144.
Flagg, Josiah: 71.
Flanders, Helen Hartness: 251.
Fletcher, Alice: 29.
Fleurtel, Pierre: 62.
Florida Blossom Minstrels: 215.
Ford, John: 150.
Fosse, Jarle: 158.
Foster: 208-209, 227, 264, 266.
Foster, Stephen C.: 208-209, 227, 264, 266.
Free African Society: 125.
Frontenac, Louis de: 58.

AMERICANA

G

Gage, Thomas: 131.
Gagnon, Ernest: 60.
Gardens, Vauxhall: 72.
Garwick, Walter: 253.
Gennett: 248.
Gérin-Lajoie: 61.
Gershwin, George: 164.
Gilmore, Patrick: 192.
Glackmeyer, Frederic-Henri: 84.
Glass, Philip: 30.
Goodman, Benny: 164.
Gordon, Robert W.: 251.
Gottschalk, Louis Moreau: 232.
Goupil, Augie: 186.
Gray, Hugh: 56.
Gray, Sam: 215.
Gretry, Sylvain de: 63.
Griffin, John: 151.
Guillaume le Conquérant: 84.
Gustaf, Pakkos: 158.
Guthrie, Woody: 78.

H

Hallam, Lewis: 72.
Handy, W.C.: 215, 237.
Harms, Thomas B.: 196.
Harrigan, Ned: 212.
Harris, Charles K.: 198.
Hart, Tony: 212.
Hastings, Thomas: 99.
Hawthorne, Alice: 231.
Hays, Will S.: 209, 229.

Herborn, Eddie: 148.
Herbst, Johannes: 90.
Herndon, Coy: 215.
Herzog, George: 29.
Hewitt, James: 80.
Hewitt, John Hill: 226-227, 229.
Hibbit, George: 253.
Hicks, Charles: 205.
Hill, Joe: 78.
Hillegas, Michael: 78.
Hoa, James: 183.
Hofner, Adolph: 167.
Holt, Henry: 76.
Hoopii, Sol: 185-186.
Hopkins, John: 89.
Hopkinson, Francis: 78.
Houston, Sam: 128.
Howe, Julie: 228.
Huapangos: 48.
Humbert, Stephen: 93.
Humeniuk, Pawlo: 246-247.
Hutchinson Family Singers: 224-225.

I

Indian Shaker Church: 27.
Iona, Andy: 186.
Iron Hand, Chief: 215.

J

Jacquin, Philippe: 10.
Jalisco, Son: 45.
James D. Vaughan Organization: 100.
Jansson, Eric: 157.

Index

Jilal, Moulay Abdelkader : 108.
Jilalas : 108.
Jim et Bob : 185.
Jimenez, Jose Alfredo : 45, 255.
Jimenez, Santiago : 44, 255.
Jogues, père : 59.
Johnson, Frank : 193.
Johnson, Guy : 251.
Johnson, Lew : 205.
Johnson, Richard : 109.
Jones, Virginia : 215.
Joplin, Scott : 238.
Journal of American Folklore Society : 250.

K

Kaai, Ernest : 184.
Kalakaua : 181.
Kamehameha Ier le Grand : 180.
Kandel, Harry : 163.
Kane, David : 185.
Kanui & Lula : 186.
Keith, Benjamin Franklin : 212-213.
Kekuku, Joseph : 183-184.
Kelly, Gene : 151.
Kemp, Viola : 215.
Kentucky Minstrels : 204.
Keoki Awaii : 184.
Kersands, William : 205.
Killoran, Paddy : 148-149.
Kimmel, John J. : 147.
King, Elisha J. : 98.

King, Wallace : 205.
Kittredge, Walter : 229.
Kivi, Erik : 156.
Klaw, F. : 212.
Kmiec, Joseph : 154.
Knott, Sarah : 252.
Koki, Sam : 186.
Korean Episcopal Church : 178.
Kosciuszko, Thaddeus : 153.
Krell, W.H. : 238.
Kulikoff, Allan : 118.
Kurath, Gertrude : 29.
Kylander, Arthur : 156.

L

La Fayette : 83, 126.
La Page du Retz : 121.
Labat, père : 121.
Laine, Frankie : 172.
Lalemant, Gabriel : 59.
Lane, William Henry : 204.
Lang, Eddie : 172.
Lassen, Peter : 157.
Laval, François-Xavier de : 53.
Law, Andrew : 89, 92.
Le Jeune, père Paul : 60.
Le Moyne, Jean-Baptiste : 62.
League, Gaelic : 144.
Leavitt, Joshua : 101.
Lee, W.H. : 204.
Leile, George : 124.
Lejeune, père : 12.
Leland, John : 125.
Leon, Ponce de : 12, 32.

AMERICANA

Lescarbot, Marc : 53, 58.
Lewis, capitaine : 55, 72, 137.
Lickers, Skillet : 247.
Lieurance, Thurlow : 30.
Liliuokalani : 181.
Lindström : 248.
Linscott, Eloise Hubbard : 251.
Little, William : 96.
Loew, Marcus : 212.
Lomax, Alan : 252.
Lomax, John A. : 42, 251, 252.
Longfellow : 195.
Longoria, Valerio : 44.
Los Camperos de Vales : 48.
Louis, Jean : 63.
Lowery, P.G. : 215.
Lucas, Samuel : 205.
Lummis, Charles F. : 42, 252.
Luxembourg, Raphaël de : 62.

M

Mahara's Minstrels Show : 215.
Maher, Cotton : 82.
Marmolejo, Jose : 45.
Marrant, John : 124.
Martin, Dean : 172.
Martinez, Narciso : 43, 255.
Mason, Lowell : 99.
Mazzanovich, Anton : 168.
MB. Leavitt's Vaudeville Show : 211.
Mc Carthy, Harry : 229.

Mc Cormack, John : 150-151.
Mc Dowell, Edward : 30.
Mc Gettigan, James : 148.
Mc Gettigan, John : 151.
Mc Intire, Dick & Lani : 186.
Mc Michen, Clayton : 247.
Mc Phee, Colin : 30.
Medicine Company of New Haven : 218.
Mendoza, Lydia : 43, 255.
Minstrels, Georgia : 204-205.
Mister Juba : 204.
Moe, Tau : 186.
Moody : 101-102.
Moody, Dwight L. : 101.
Moore, Thomas : 146-147, 150, 226-227.
Moraviens : 88, 90, 123, 158.
Morgan, J. Pierpont : 102.
Morgan, Justin : 92.
Morgan, Sampson : 71.
Morrison, James : 148-149.
Muir, Alexandra : 230.
Muller : 111.

N

Napoléon Ier : 63.
Narvaez, Panfilo de : 32.
National Folk Festival de Chicago : 252-253.
Native American Church : 23-24.
Nawahi, Benny : 185-186.
Nawahi, King Benny : 185.
Nelson, Daybreak : 215.
Nettl, Bruno : 28.

Index

Nettleton, Asahal : 101.
New Georgia Minstrels : 205.
New York City Opera House : 211.
Newport Gardner : 89.
Niza, père Marcos de : 32.

O

O'brien, George : 151.
O'Byrne, Ellen : 147.
O'Byrne, Justus : 147.
O'Neill, Francis J. : 145.
O'Odham fiddlers : 27.
Occom, Samson : 88.
Ochrymowicz, Wladyslaw : 154.
Odeon : 248.
Odum, Howard W. : 251.
Okeh : 248.
Old Time Music : 234-235, 247.
Oregon Indian Medicine Company : 218.

P

P.T. Wright's Nashville Students : 217.
Pachelbel, Theodore : 72.
Padilla, Juan de : 33.
Paka, July : 184.
Paramount : 248.
Partch, Harry : 30.
Pashia, Charlie : 62.
Pastor, Tony : 211-212.
Pathé : 248.
Pee Wee King : 155.

Pell, Richard : 204.
Penn, William : 72.
Persson, Cleng : 157.
Peter, Joahnn Friederich : 90.
Pétré-Grenouilleau : 106.
Philippe II : 130.
Playford, John : 77.
Poli, S.Z. : 212.
Politte, Joe : 62.
Poutrincourt, baron de : 58.
Pratt, Rose : 62.
Prince, Hezekiah : 125.
Proctor, F.F. : 212.
Przybylski, Frank : 155.
Puckett, Riley : 247.
Pulaski, Casimir : 153-154.

Q

Quinn : 148-149.
Quinn, Frank : 148.
Quiñones, Cristobal de : 35.

R

Rabbit Foot Minstrels : 215.
Rael, Juan : 42.
Ragtime : 237, 258, 263.
Rainer Family : 222.
Rainer, les : 222-225.
Rainey, Ma : 217.
Rawley, James A. : 106.
Read, Daniel : 92.
Régisseur, Jeannot : 201.
Régulateurs : 136.
Rice, Thomas Dartmouth : 195, 201, 203.
Rickenbacker : 185.

AMERICANA

Robb, J. D. : 42.
Roberts, Helen : 29.
Roosevelt, Franklin D. : 252.
Root, George F. : 228-229.
Rosenfeld, Monroe : 197.
Royal Hawaïan Band : 184.
Royal Tamburitzans : 168.
Russell : 223-225, 263, 266.
Russell, Henry : 223-224.

S

Saint-Joseph, Agnès de : 60.
Sajewski, Wladislaw H. : 154.
Salomaa, Hiski : 156.
Sam Hague's Slave Troupe of Georgia Minstrels : 205.
Sankey : 101-103.
Sankey, Ira : 101.
Sargent : 211.
Sargent's Great Vaudeville Company : 211.
Saucier, François : 63.
Sauvagin, Hubert : 63.
Schwartz, Abe : 163.
Seeger, Charles : 98, 253.
Selby, William : 71.
Seymour, Joseph : 135.
Silas Green from New Orleans : 215.
Silas Green Minstrel Show : 215.
Silva, Graciana : 50.
Sinatra, Frank : 172.
Sinn Fein Music House : 147.
Smeck, Roy : 186.
Smith, Bessie : 217.

Smith, William : 96.
Smithsonian Institute : 251, 255-257.
Société d'Harmonie du Québec : 84.
Société des Nègres : 88.
Société pour la Propagation de l'Évangile : 88, 123.
Société Saint-Jean-Baptiste : 54.
Sosa, Don Nicolas : 50.
Soto, Hernando de : 32.
Sousa, John Philip : 192, 241.
Stamps-Baxter : 100.
Stark, John : 158.
Steffe, William : 228.
Sternhold, Thomas : 89.
Stoch, Karol : 154.
Sullivan, Dan : 148.
Surmach, Myron : 246.
Swan, Timothy : 92.
Sweeney, Paddy : 148.

T

Talon, Jean : 54.
Tanner, Gid : 247.
Tans'ur, William : 91.
Tarlton, Jimmie : 186.
Tarras, Dave : 163.
Tong Hook Company : 175.
Touhey, Patsy : 147.
Traveling Indian Medicine Show : 218.
Tryon, William : 136.
Tuckey, William : 72.

Index

Turner, William: 71.
Turpeinen, Viola: 156.
Turpin, Tom: 238.

U - V

Ueloa, Francisco de: 32.
United Booking Artists: 212.
Vallee, Rudy: 172.
Vancouver, George: 181.
Vanderbilt, Cornelius: 102.
Vargas, Mariachi: 48.
Vaudeville Manager's Association: 212.
Velazquez, Guillermo: 48.
Venuti, Joe: 172.
Veracruzno (Son Jarocho): 48.
Victor: 147-149, 242-244, 248, 263.
Victor International Orchestra: 244.
Villa, Pancho: 40.
Villareal, Bruno: 43.
Virginia Minstrels: 204.
Vocalion: 248.
Voyageurs: 55-56, 60-61, 265.

W

Walker, William: 97.
Wanamaker, John: 102.
Wanat, Jan: 154.
Washington, George: 126, 202.
Watts, Isaac: 93.
Wessendorf, Thomas: 231.
West, H.J.: 174.
West, Sam Ku: 185.
Wheeler, John: 148.
Wheelock, reverend: 88.
White's Minstrels: 204.
White, Benjamin Franklin: 98.
White, Charles: 209.
White, Princess: 215.
Whitehouse, capitaine: 137.
Whitfield, George: 73.
Whitmark & Sons: 196.
Wiggins, Ford: 215.
Williams, Aaron: 91.
Williams, Tex: 155.
Wolfe, James: 84.
Wood, Abraham: 92.
Works Progress Administration: 129.
Wowoka (Jack Wilson): 22.
Wright Jr, J. Leitch: 28.
Wyeth, John: 97.
Wyper, Peter & Dan: 147.
Wyskowski, John: 154.
Xiehan, Peter Liu: 176.

Y - Z

Yaolian, Johnston: 176.
Yiddish American Jazz Band: 164.
Yoder, Joseph: 159.
Young, Brigham: 157.
Zapata: 40.
Zenger, John Peter: 82.

TABLE

Introduction 7

CHAPITRE PREMIER

Les musiques des Indiens d'Amérique du Nord 11

Unité et diversité des musiques amérindiennes, *13*. – Les territoires musicaux des Indiens, *15*. – *Les musiques des Indiens des régions forestières de l'Est*, 15. – *Les musiques des Indiens des plaines*, 16. – *Les musiques des Indiens du Grand Bassin*, 17. – *Les musiques des Indiens du Sud-Ouest*, 18. – *Les musiques des Indiens du Nord-Ouest*, 20. – *Aux marges de l'Arctique*, 20. – Évolutions des musiques amérindiennes, *21*. – *La Ghost Dance (La Danse des Esprits)*, 22. – *La Native American Church (l'Église amérindienne)*, 23. – *Le Pow Wow*, 24. – Les influences extérieures sur les musiques amérindiennes, *27*. – L'influence des Amérindiens sur les musiques américaines, *28*.

CHAPITRE II

Les musiques hispaniques en Amérique du Nord ... 31

Conquête et évangélisation des territoires du Nord, *32*. – Les musiques hispaniques des territoires du Nord jusqu'au

AMERICANA

xix⁰ siècle, *33*. – *En Floride*, 33. – *Du Texas à la Californie*, 34. – L'évolution au xix⁰ siècle, *37*. – Transcriptions et enregistrements de musique hispanique, *42*. – Les autres musiques du Nord du Mexique, *44*.

CHAPITRE III

Les musiques françaises en Amérique du Nord 51

Les musiques de la Nouvelle-France, *53*. – Le Missouri français, *61*. – La Louisiane, *62*.

CHAPITRE IV

Installation des musiques populaires britanniques .. 67

Musiques des centres urbains de la Nouvelle-Angleterre, *69*. – Le Vieux Sud quand il était encore jeune, *74*. – Les fonctions de la musique dans les colonies britannniques, *77*. – La musique d'origine anglaise au Canada, *82*.

CHAPITRE V

Les musiques d'inspiration religieuse 87

La musique religieuse chez les immigrants européens jusqu'au xix⁰ siècle, *89*. – Les particularités du Canada britannique, *93*. – Les camp meetings, *94*. – Les shape notes, *96*. – Le développement des écoles de chant dans le Sud au xix⁰ siècle, 99. – L'apparition du gospel, *101*.

CHAPITRE VI

Les musiques des Africains en Amérique du Nord .. 105

Le trafic négrier transatlantique, *106*. – Les traditions musicales d'Afrique, *107*. – Première phase d'américanisation *via* les Caraïbes, *115*. – Africanisation des musiques d'Amérique du Nord au xviii⁰ siècle, *119*. – Les musiques afro-américaines au xix⁰ siècle, *126*. – Les Africains dans l'Amérique du Nord hispanique, *129*.

Table

CHAPITRE VII

Les traditions irlandaises et celtiques............ 133

Les Écossais, *134*. – Les Gallois, *136*. – Des vagues d'immigration successives. L'Irlande, une île qui se vide de ses habitants, *138*. – La musique populaire en Irlande, *141*. – L'Irlande en Amérique, *143*. – La musique irlandaise en Amérique, *145*. – Le disque, *147*. – Le répertoire irlando-américain, *149*.

CHAPITRE VIII

Autres musiques européennes (XIXe et première partie du XXe siècle)................................. 153

Les musiques polonaises d'Amérique du Nord, *153*. – Les Baltes en Amérique du Nord, *155*. – Les musiques germaniques, *158*. – Le klezmer : la tradition juive d'Europe centrale en Amérique du Nord, *161*. – Les Slaves, *164*. – Les influences des musiques venues des Balkans, *167*. – Les Italiens en Amérique du Nord, *171*.

CHAPITRE IX

Musiques venues d'Asie et d'Océanie 173

Influence des musiques chinoises en Amérique du Nord, *173*. – Les Japonais en Amérique du Nord, *176*. – Autres musiques asiatiques en Amérique du Nord, *177*. – L'impact des musiques hawaïennes aux États-Unis, *179*.

CHAPITRE X

Le music-hall : des traditions ethniques aux musiques commerciales 189

Les orchestres populaires de cuivres, *191*. – La musique du théâtre populaire : l'invention de la comédie musicale, *194*. – Tin Pan Alley, *196*. – Les spectacles de ménestrels

AMERICANA

« blackface », *199.* – Le néo-blackface, *206.* – L'influence des compositions musicales blackface, *207.* – Le Vaudeville, *210.* – Les Noirs prolongent les spectacles de ménestrels et le Vaudeville, *215.* – Les medicine shows, *217.*

CHAPITRE XI
Autres formes de la musique populaire au XIXe siècle 221

Les familles chantantes *(Singing Families)*, *222.* – Les débuts des *parlor songs*, la musique des salons, *226.* – Les changements dus à la guerre de sécession, *228.* – En musique aussi, le Nord écrase le Sud, *230.* – Nouvelles musiques populaires du Sud, *232.*

CHAPITRE XII
L'industrie du disque et les musiques ethniques .. 241

Enregistrements commerciaux, *242.* – Les enregistrements de terrain, *249.*

DISCOGRAPHIE 255

BIBLIOGRAPHIE 261

INDEX 269

Livre composé en caractère bodoni
et mis en pages
par Jean-Louis PAUL

Composé en France

www.ingramcontent.com/pod-product-compliance
Lightning Source LLC
Chambersburg PA
CBHW050433240426
43661CB00055B/2369